U0596853

Gordon Childe
Revolutions in Archaeology

当 代 世 界 学 术 名 著

柴尔德
考古学的革命

[加] 布鲁斯·G.特里格(Bruce G.Trigger)／著

何传坤　陈　淳／译

中国人民大学出版社
·北京·

"当代世界学术名著"
出版说明

　　中华民族历来有海纳百川的宽阔胸怀，她在创造灿烂文明的同时，不断吸纳整个人类文明的精华，滋养、壮大和发展自己。当前，全球化使得人类文明之间的相互交流和影响进一步加强，互动效应更为明显。以世界眼光和开放的视野，引介世界各国的优秀哲学社会科学的前沿成果，服务于我国的社会主义现代化建设，服务于我国的科教兴国战略，是新中国出版工作的优良传统，也是中国当代出版工作者的重要使命。

　　中国人民大学出版社历来注重对国外哲学社会科学成果的译介工作，所出版的"经济科学译丛"、"工商管理经典译丛"等系列译丛受到社会广泛欢迎。这些译丛侧重于西方经典性教材；同时，我们又推出了这套"当代世界学术名著"系列，旨在迻译国外当代学术名著。所谓"当代"，一般指近几十年发表的著作；所谓"名著"，是指这些著作在该领域产生巨大影响并被各类文献反复引用，成为研究者的必读著作。我们希望经过不断的筛选和积累，使这套丛书成为当代的"汉译世界学术名著丛书"，成为读书人的精神殿堂。

　　由于本套丛书所选著作距今时日较短，未经历史的充分淘洗，加之判断标准见仁见智，以及选择视野的局限，这项工作肯定难以尽如人意。我们期待着海内外学界积极参与推荐，并对我们的工作提出宝贵的意见和建议。我们深信，经过学界同仁和出版者的共同努力，这套丛书必将日臻完善。

中国人民大学出版社

目　录

第八章　科学的史前史

第九章　社会考古学

第十章　新考古学之外

前　言

　　近年来，对柴尔德的生平和著作有一种重燃的兴趣。尽管已有各
种文章考察了他工作特定的方方面面，但是本书是对他整个学术生涯
思想发展进行分析的首次尝试，而对其一生和著作的全面分析则可以
写好几本书。本书不想提供一本详细的个人传记，也不想将他思想中
与考古学无关的某些方面与他生活和工作的学术和社会背景联系起
来。由于缺乏对东欧语言的知识和马克思主义哲学史错综复杂关系的
了解，因此无法对柴尔德思想与苏联考古学和马克思主义错综复杂的
关系做深入的研究。本书的目的是将其思想的主线与20世纪西欧和
英语世界考古学理论与实践的发展联系起来。本书想要讨论，他的思
想是如何从一种既有的考古分析传统中脱颖而出——这点受其所处时
代社会倾向的影响很大，还有就是他后来如何为这种传统的发展做出
了贡献。本书也表明，柴尔德思想的原创性和生命力保证了直到今
天，他的著作仍蕴含着许多远远超越时代关注的内容。

　　我要感谢萨利·格林（Sally Green）、彼得·盖瑟科尔（Peter
Gathercole）和乔治·芒斯特（George Munster）为我提供了有关柴
尔德工作各方面的信息，以及与他们讨论柴尔德的机会。他们三人都

对他生平的各个方面进行研究。乔治·芒斯特也为我提供了柴尔德一些信件的复印件，否则我无缘知晓。罗伯特·布雷德伍德（Robert J. Braidwood）教授欣然为我提供了他与柴尔德所有的往来信件。从我的注释中可见，这对我了解柴尔德帮助极大。

我也要感谢格拉厄姆·克拉克（Grahame Clark）教授，他是柴尔德遗稿的保管人，还要感谢考古研究所允许我复印这些材料。

我也欠罗伯特·亚当斯（Robert McC. Adams）、格拉厄姆·克拉克教授、格林·丹尼尔（Glyn Daniel）教授、基尔布赖德-琼斯（H. Kilbride-Jones）先生、乔治·奥根（George Eogan）教授、斯图尔特·皮戈特（Stuart Piggott）教授、罗杰·萨默斯（Roger Summers）博士和特恩布尔（A. R. Turnbull）先生一份人情，他们和我讨论了有关柴尔德工作各方面的情况。第三章得益于 1977 年 5 月 9 日在剑桥大学对这些内容所做讲座之后的讨论。第六章以及第七至第九章分别是 1978 年上半学期在麦吉尔大学人类学学生会两场报告的内容。我对提供照片的人表示由衷的感谢。手稿由维多利亚·福克斯（Victoria Fox）和艾莉森·麦克马斯特（Alison McMaster）打字成文。

本研究是 1977 年在英国进行的，当时正值我暂离麦吉尔大学进行学术休假，同时本研究也获得了加拿大议会休假基金（Canada Council Leave Fellowship）的资助。书稿的完成也得到了麦吉尔大学研究生院研究基金的支持。

将这本书献给我的母亲是合适的。正是她，在 1946 年把柴尔德的《历史发生了什么》赠送给她 9 岁的儿子，这是他的第一本柴尔德著作，并仍然被他所珍藏。

布鲁斯·特里格
1978 年于麦吉尔大学

第一章　谜一般的人物

维尔·戈登·柴尔德（Vere Gordon Childe）于 1957 年逝世，享
年 65 岁。然而，对于他的遗产，仍不能如考古学教科书对已经作古
的学者所做的评价一般，用习见的方式加以总结。许多认识他的同
僚，仍然和以前一样，要么把他看作一个充满灵感的人物，要么认为
他走火入魔，中邪太深。在年轻一代的英国考古学家眼里，他既是一
位想要叛逆的严父式人物，又被尊为羽翼丰满的马克思主义考古学权
威。[1]他浩瀚渊博的著作，以重点和方向的多变著称，而由于不同原
因，终其一生，也未能被同时代的考古学家所充分理解或接受。尤其
是最近几年来，对于他的著作意义所持的争议，愈加热烈。虽然，就
时间上说，我们离柴尔德还是太近，而无法全然不带感情色彩地评价
他的著作，但是，我们能够开始对其具有世界意义与持久影响的理论
基础做一番审视。

柴尔德于 1892 年 4 月 14 日出生于澳洲悉尼。1914 年自悉尼大
学毕业后，转赴牛津大学求学。因为受到亚瑟·伊文思爵士（Sir
Arthur Evans）和约翰·迈尔斯爵士（Sir John Myres）的影响，他
的兴趣由古典哲学转向史前考古学。两年之后，他回到澳大利亚。在

那里，他参与了左翼政治活动，并一度成为新南威尔士州州长的私人秘书。1922 年，他对自己祖国的政治感到幻灭而回到英国，并靠翻译、兼任教职以及在皇家人类学研究所图书馆的工作为生。但是，他的大部分心血都投入东南欧的史前研究上。1925 年，他出版了《欧洲文明的曙光》（*The Dawn of European Civilization*）*，这本书在他生前出了六版。翌年，它的姐妹篇《雅利安人》（*The Aryans*）问世。

1927 年，柴尔德就任爱丁堡大学新设立的考古学阿伯克龙比教职（Abercromby Chair）。于是，他成为当时英国仅有的几位专业考古学家之一。紧接着，他出版了一系列的著作，奠定了他在欧洲和近东史前史的专家地位。这些著作包括 1928 年出版的《最古老的东方》（*The Most Ancient East*），1929 年出版的《史前期的多瑙河》（*The Danube in Prehistory*），1930 年出版的《青铜时代》（*The Bronze Age*），1934 年出版的根据《最古老的东方》修订并多次再版的《最古老东方的新认识》（*New Light on the Most Ancient East*）。1927 年以后，为了对他第二故乡的史前史有更好的了解，他也参加了苏格兰许多地点的发掘，并发表了许多研究成果，其中包括 1935 年出版的《苏格兰史前史》（*The Prehistory of Scotland*）。

1930 年代，柴尔德对文化进化论的研究兴趣日增。这种兴趣在他最畅销的两本书《人类创造了自身》（*Man Makes Himself*，1936）** 和《历史发生了什么》（*What Happened in History*，1942）***，还有两本比较专门的著作《进步与考古学》（*Progress and Archaeology*，1944）和《苏格兰人以前的苏格兰》（*Scotland Before the Scots*，1946）中体现出来。在这些著作中，他试图从文化发

---

* 中译本：戈登·柴尔德. 欧洲文明的曙光. 陈淳，陈洪波，译. 上海：上海三联书店，2008. ——译注

** 中译本：戈登·柴尔德. 人类创造了自身. 安家瑗，余敬东，译. 陈淳，校. 上海：上海三联书店，2008. ——译注

*** 中译本：戈登·柴尔德. 历史发生了什么. 李宁利，译. 陈淳，校. 上海：上海三联书店，2008. ——译注

展中描述各种规律。他希望借此有助于对欧洲过去的一个空白阶段提供一种较为均衡的了解。

1946 年，柴尔德离开爱丁堡大学，成为伦敦大学欧洲考古学教授和考古研究所所长。二战后，他的注意力转向考古学的概念问题。该趋势反映在下列几本主要著作里：《历史》（History，1947），《社会进化》（Social Evolution，1951），《历史的重建》（Piecing Together the Past，1956）*，《社会与知识》（Society and Knowledge，1956）。在他的最后一本著作《欧洲社会的史前史》（The Prehistory of European Society，1958）里，柴尔德为欧洲和近东史前史的解释，提出了非常新颖的洞见。

1956 年，柴尔德从考古研究所退休，并于次年春天，在离家 35 年之后回到澳大利亚。同年 10 月，在攀登悉尼附近的蓝山（Blue Mountains）时坠崖身亡。

柴尔德的声望

在 1920 年代，柴尔德根据他对欧洲史前史，特别是公元前第二和第三千年的系统研究确立了他的学术地位。他对这些材料的综述为一代乃至几代欧洲考古学家开启了如何对其进行研究的先河。[2] 在《人类创造了自身》出版之前，对柴尔德著作的了解主要限于欧洲考古学家。之后，他从一种唯物主义或理性—实用主义观点为近东文明发展提出进化论阐释，从而赢得了一种颇有争议的和世界性的声誉。在美国，他有关欧洲史前史的著作鲜为人知，柴尔德常被看作一位近东的专家，对此他曾坚决否认。[3] 美国考古学家也认为他和自己的同人朱利安·斯图尔特（Julian Steward）、莱斯利·怀特（Leslie White）一样，是"新进化论"的奠基者之一。[4]

11

---

* 中译本：戈登·柴尔德. 历史的重建. 方辉，方堃杨，译. 陈淳，校. 上海：上海三联书店，2012. ——译注

同辈考古学家尤其折服于柴尔德对欧洲和近东考古材料的详细了解。为了获得这方面信息，柴尔德经常周游欧洲，造访博物馆和发掘工地，借以积累专业知识和心得。他具有一种过目不忘的敏锐记忆力，这使得他能够从相隔遥远的区域器物中发现共性，而这种共性为那些地方专家所茫然不知。[5]他有阅读多种欧洲语言的能力，以在各种无名杂志里辛勤寻找材料，并在他《欧洲文明的曙光》的各修订版中引用而著称。欧洲考古学家对此也十分了解，把自己的著作寄赠给他。斯图尔特·皮戈特教授声称，柴尔德最终将此视为不只是一种尊重更是一种权益，是对一名学者卓越成就的应得回报。[6]

　　在他的整个学术生涯，柴尔德为世界各地的考古学家提供了他所发现的对他们自己材料分析有用的想法。因此，并不令人惊讶的是，他的离世引发了考古学界前所未有的悼念和追思浪潮。著名的美国考古学家称赞他是"我们时代顶尖的史前考古学家"[7]和"考古学界极少数最伟大的综述者之一"[8]。在英国，皮戈特克服了英国人的谦逊，形容柴尔德是"英国也可能是世界上最伟大的史前学家"[9]，而一位顽固的人文主义者莫蒂默·惠勒爵士（Sir Mortimer Wheeler）声称，柴尔德使得"对人类的研究几乎成为一门科学，而且也被这刚愎自用的科学所承认"[10]。在其故乡澳大利亚，柴尔德被形容为"可能是最高产和被翻译著作最多的澳大利亚作家"[11]。他的书被翻译成中文、捷克文、丹麦文、法文、德文、匈牙利文、意大利文、日文、波兰文、俄文、西班牙文、瑞典文和土耳其文。

　　最近发表的几篇文章，从一种历史视角观察柴尔德工作各个方面的研究。[12]这就使对他的了解变得很有必要，因为自他去世以来的时间流逝，已经能使今天大多数考古学家自动排除从其原始背景来看待他的这些著作。反而他的观点因为与当时的争议有关而有一种被断章取义地引用或加以谴责的倾向。彼得·盖瑟科尔提醒我们，这样一种做法"有将历史仅当作虚构来处理的危险或予以认可或加以嘲弄……以便证明时尚态度的正当性"[13]。

　　本研究并不关注柴尔德对特定考古材料的阐释，而是聚焦造就了这些阐释的思想。其各个时期的思想对考古学的发展产生了显著的影响。不过，柴尔德思想的发展有足够的连续性，而为了便于人们了解他一生的工作，任何将其归于刻板阶段序列的做法是高度主观性的。我们无法将其思想以一系列范式的彼此取代来进行解释，一如托马斯·库恩（T. S. Kuhn）描绘的一种科学学科发展的特点。[14]

塑造一位社会科学家思想的那些影响的复杂性确保了考古学理论的发展，至少在短期内不会是一种线性的过程。在某特定时段看似重要或有吸引力的许多思想，从长远来看会证明是错误的或毫无价值的。然而，思想的发生从塑造考古学理论的长远发展而言，只不过像突变单独对某生物物种发展所起的作用。考古学家最终会根据他们解释体量不断扩增的考古材料的功效来判断这些思想。这个选择过程有助于他们克服一时的错误和时尚，并发展一种累加的理论实体，以便增进和扩大对过去的了解。在不同考古学传统中常见的理论趋同，见证了这一过程的力量和必然。任何对柴尔德思想的评价必须考虑，在何种程度上，他改善和扩展对考古材料理解的能力，与其时代的总体发展同步或比其超前。这一分析必须考虑当时他所能获得的不断增加的材料，以及他所掌握的发现和分析这些材料的方法。

我们将从观察柴尔德思想的缘起，以及这些思想如何被他所修改，并形成较宏大的理论性系统陈述，并具有令同时代考古学家信服并获得启发的能力开始。那时，最重要的源头，特别在其学术生涯的早期，是高度成熟的西欧考古学传统。在过去一个多世纪里，它已经作为一门科学学科而确立。他的研究和著作主要采取的形式就是为这个传统的发展做出贡献。但是，他的思想也受到来自苏联考古学、美国人类学，以及其他关系较为疏远学科思想的影响。他对哲学和政治学有一种附带的兴趣，并比他同时代考古学家更加关注证明考古学的社会价值。他的思想过程也明显受到他对当时社会和经济问题所做出的个人反应的影响。

争议

考古学家对柴尔德工作不同方面的相对重要性一直有不同意见。许多英国考古学家视其理论除了为其解释欧洲史前史的主要工作构建了主要框架之外没有什么意义。皮戈特把他形容为"一位伟大的综述者和系统分类者，是第一位也是最后一位将整个欧洲史前史领域掌握在一个学者脑子里的人"[15]。在其他地方，皮戈特谈道，"对于专业考古学家来说，柴尔德首先是一位孜孜不倦的年代学框架构建者，他能够以学者的条分缕析来俯瞰欧洲全景，并总是能从考古学细目的史前密林中分辨出树木"[16]。这种观点与传统历史学家如利奥波德·冯·兰克（Leopold von Ranke）相一致，后者认为事实是构建他们这门学科的坚实核心，而阐释被认为与个人观点无异。其他评论者如埃莉森·拉弗茨（Alison Ravetz)[17]和彼得·盖瑟科尔[18]同意柴尔德在自己学术生涯之末所下的结论，即他对史前学最有用的贡献是"阐释的概念和解释的方法"[19]。科林·伦福儒（Colin Renfrew）持中间立场。他称赞柴尔德"根据对具体文化组合的详细研究和非常清晰的方法论，用一种宏观调查取代了民族主义有限研究争论不休的矛盾"[20]。伦福儒以持续不断的努力来对柴尔德的成果进行再阐释，其本身就是对柴尔德工作持久意义的证明。

与他们的观点相同，柴尔德对区域史前史的综述构成了他一生工作的核心，有些英国考古学家对其著作做了区分：技术性著作，主要针对学界同行；其他不太重要的推理性著作，主要针对大众。大部分技术性著作被等同于他的区域性综述，《欧洲文明的曙光》就是这类综述的祖型（archetypes）。柴尔德因声称《人类创造了自身》不是一本考古学手册，而是写给一般读者看的一本书而助长了这样的看法。[21]这种说法没有考虑到柴尔德的声明，即他最重要的区域性综述之一《苏格兰史前史》是为激发"苏格兰广大民众"对考古学的兴趣

14

而写的。[22]《最古老的东方》也是打算作为学生读物和为"路人"而写的一本近东考古学概论。[23]

对于哪些书属于通俗一类也存在分歧。大部分考古学家同意，《人类创造了自身》和《历史发生了什么》属于这类；格林·丹尼尔添加了《社会进化》[24]，而皮戈特添加了《进步与考古学》、《历史》与《欧洲社会的史前史》[25]。拉弗茨十分正确地声称，柴尔德的"小册子"不是对他区域性综述的普及，而是他另一种学术性的表现。[26]丹尼尔承认这点，他把《人类创造了自身》、《历史发生了什么》和《社会进化》形容为"本世纪迄今为止史前史宏大综述最重要的著作"[27]。柴尔德的著作如不考虑这两种题材就无法予以了解。

美国考古学家对柴尔德的思想做了一种相关的二分。罗伯特·布雷德伍德声称，"如要了解这个人，就有必要强调柴尔德在人文学科的早期训练，以及他早年对历史唯物论的期许"[28]。欧文·劳斯（Irving Rouse）说，"在柴尔德的兴趣与学术方法中有种尖锐而冲突的二分，这贯穿他整个学术生涯"[29]。他认为，一方面柴尔德是一位人文学者，比他同辈的其他学者更好地利用了归纳法，从历史学观点来对考古材料做出综述；另一方面，他作为一名社会主义者，受到了马克思主义文化进化理论的强烈影响，这令他在撰写理论著作时，从辩证唯物论的立场来解释这些材料。劳斯认为，在后来的研究中，柴尔德采取了演绎法，这包括假设某些理论是真实的，并选择考古材料来加以说明。他有这样的看法，即柴尔德在采用这种方法时，无视与他理论相悖的事实。

对他英国的考古学同人而言，"柴尔德最大的谜团是，在何种程度上他是一位马克思主义者"[30]。甚至在苏联，对他的著作也表现出不同的看法。《苏联大百科全书》称赞他是"20世纪最杰出的考古学家"[31]，而考古学家亚历山大·蒙盖特（Alexander Mongait）在他题为《资产阶级考古学的危机》的演讲中，坚称柴尔德没有成功"克服资产阶级科学的许多错误"，即便"他了解科学的真理是在社会主义阵营之中，并恬不知耻地自称为苏联考古学家的学生"[32]。实际上，蒙盖特将柴尔德归入受人鄙视的资产阶级经验主义者之列。拉弗茨认为，当英国马克思主义者和古典主义学者乔治·汤姆森（George Thomson）批评柴尔德没有把阶级冲突看作社会革命的一个基本要素时，他表达了许多西方马克思主义知识分子的观点，他们认为柴尔德并没有取得"预期的结果，因为他偏离正道，努力不够"[33]。但是，《古与今》（*Past and Present*）的主编约翰·莫里斯（John Morris）断言，柴尔德在他的考古学著作中曾设法"塑造马克思主义哲学"[34]，精力也许没有白花。柴尔德在牛津时的好友帕姆·达特（R. Palme Dutt）说，柴尔德一直"与马克思主义运动心系魂牵"，并声称正是柴尔德对马克思主义的理解，使得他成为他的时代顶尖的考古学家。[35]

盖瑟科尔同意达特的意见，即马克思主义是柴尔德第一本书中"贯穿始终的学术力量"，这使其著作成为一个逻辑整体。[36]不过他认为，当柴尔德对马克思主义的理解变得越来越完善时，他以一种令人失望的有限方式，就用这种理解作为解释欧洲史前史的一种工具。[37]盖瑟科尔特别指出，在他后来的著作中强调科学知识的客观作用，柴尔德开始偏离了较为灵活的马克思主义概念，即生产力和生产关系之间一种辩证互动。马克思本人从未厘清技术和社会互动形态之间的关系，而任何社会都是以这种关系来生产社会成员生存所需的东西。然而，他视"生产关系"最终决定了每个社会的"社会意识"在政治、法律和宗教上的表现形式。拉弗茨在柴尔德1930年代的马克思主义和较晚的马克思主义之间做了区分，她认为前者以一种天真、乐观和机械的理解为特点，而后者较为巧妙和原创。她说，在该时期的著作中，柴尔德意识到不大可能将马克思主义理论现成地用于考古材料，他试图在马克思主义理论与考古学事实之间开启一种较有成效的对话。拉弗茨将此视为对马克思主义哲学的一项重要贡献，其意义并未被英国的马克思主义者所承认。[38]拉弗茨似乎将柴尔德的著作视为当时西方学者中流行的较为自由的马克思主义的早期表现。

大部分认识柴尔德的英国考古学家，倾向于降低马克思主义在其 16
著作中的重要性。惠勒说，马克思主义为柴尔德的阐释增色而非造就
了这种阐释。[39] 皮戈特认为，柴尔德不时地尝试马克思主义有关社会
发展的理论，并将这些理论看作是或许能证明对了解过去十分有用的
模型。他也认为，"这位腼腆、理想主义和别扭的"澳大利亚年轻人
很可能把共产主义视为社会的蓝图，其中知识分子享有一种光荣的地
位，而里面的一位"外来者"会比较容易地承认其权威。尽管如此，
皮戈特还是将柴尔德的大部分专业兴趣说成是一种"复杂的智力笑
话"[40]。格林·丹尼尔承认，柴尔德充满情感和严肃地对马克思主义
进行了探索，以寻求考古学问题的答案。但是丹尼尔也指出，在他生
命的终点，柴尔德对苏联考古学的学术性变得更具批判性，并认为这
意味着他对马克思主义也产生了厌倦。[41] 丹尼尔告诫说，因为柴尔德
在政治上是个马克思主义者，所以推测他在考古学上必然是一位马克
思主义者是错误的。[42]

格拉厄姆·克拉克对柴尔德马克思主义立场的看法不以为然，并
就这种立场对他著作的影响提出了有力的否定意见。他声称，马克思
主义被柴尔德用于考古学后，在他中年严重影响到他的学术工作。只
是到他生命的终点，柴尔德才意识到"他的主张欺骗了他"，马克思
主义无法解释文化过程。[43] 然而，克拉克所说的表明柴尔德对马克思
主义的幻灭的这段话，实际上是指苏联语言学家和史前学家尼古拉·
雅科夫列维奇·马尔（Nicholai Yakovlevich Marr）的学说，1950 年
斯大林对马尔进行了公开的批判。[44]

当柴尔德的工作成果斐然时，就出现过许多不同的意见。劳斯显
然认为，他的功力在去世的时候达到了巅峰[45]，而拉弗茨认为他最后几
年的工作是极具创造力的，如果不是在所有方面都十分成功的话[46]。克
拉克说，柴尔德的创造性阶段在 1930 年已经结束，他进一步的研究因
为深陷马克思主义而日趋衰微。马尔瓦尼（D. J. Mulvaney）否认，柴
尔德 1936 年之后的文章大体上都是对老的论题进行修改或完善。[47] 而盖
瑟科尔则认为，他 1950 年以后的著作因为拒绝考虑大量的考古学和民

族志信息而存在瑕疵，他本应该用这些信息来检验他的假设。[48]

其人其事

17　　虽然柴尔德是一位高产作家，但是对于传记研究而言，他是一个棘手的话题。他显著的深藏不露、不愿透露其个人意见和反应，以至于在传记问题中进而对他学术生涯评估的关注甚至都产生了问题。柴尔德对他工作仅发表过两篇很短的评价如盖瑟科尔所见，"过于约略，无法给予读者有关他想法比惊鸿一瞥更多的线索，而这已经快接近他生命的终点"[49]。其论著及大部分考古通信的非个人性质，赋予了蕴含其个人观点的罕见表达以特别的重要性，就像他专著中的引人注目——常常是暧昧的点睛之笔。这表明，不管我们对其个人信仰和感情知道得如何之少，但是将柴尔德简单看作其工作的具体表现是不对的。[50]

　　对于柴尔德所谓的腼腆、社交上的笨拙以及缺乏亲密朋友的传闻很多。斯图尔特·皮戈特对他的外貌着墨尤多，柴尔德本人对此否认。而马克斯·马洛温（Max Mallowan）很不友好地形容他是如此丑陋，以至令他看一眼就感到痛苦。[51]澳大利亚作家杰克·林赛（Jack Lindsay）觉得他的外貌"古怪而讨人喜欢"，并同时认为这可以说明他的含蓄。[52]但是，格拉厄姆·克拉克对这种推测表示怀疑，指出柴尔德"就像其他男人一样喜欢照相"[53]。皮戈特认为，柴尔德个人和学术关系被这样的事实而弄得有点复杂：作为一名澳大利亚人，他在英国是外来者。[54]克拉克和盖瑟科尔将他与欧洲的学术及感情牵连说成是对他澳大利亚籍贯的一种逆反。[55]然而，林赛对柴尔德的描述认为，他的个性早在他离开澳大利亚之前就已形成，他是在1921年认识柴尔德的。[56]我们在下面会说到，柴尔德在他著作中所表现的欧洲中心论，很可能来自他作为一名牛津大学学生所表露的考古学传统。

最近，格林·丹尼尔对柴尔德是一个怪人和没有朋友的看法做了及时的纠正，他说"柴尔德是极为友善的人，很好相处，很会享受美好的生活以及许多认识和喜欢他的同事和学生的友谊"[57]。莫蒂默·惠勒也同样提到了他一贯和友善的热情好客。[58]虽然柴尔德常常被看作是一位特别不善演讲的人，但是当研究生来找他时，他在时间上十分慷慨，在考古所的研究生中深受爱戴。在苏格兰的考古调查和发掘中，他和民众有广泛的接触。在国外旅行中，他求助外国同行，并和他们交朋友。他最严厉的批评者也承认，柴尔德都能使自己融入各种场合，并为他的雅典娜俱乐部*会员身份而感到高兴。他喜欢听戏剧、参加音乐会和打桥牌，并在朋友和学生陪同下远足和开车。虽然柴尔德远离政治，但是他小心谨慎地服务于各种杂志和协会的委员会。尽管他避免个人关系过近的纠缠，但是他显然不是愤世嫉俗，对社会的热情和责任也并非无动于衷。

虽然柴尔德十分明白他作为一位学者所取得的声望，但大部分认识他的人都因为他的低调谦虚而对其印象深刻。这种性格也许可以解释他不愿意把自己的想法强加给别人，还有就是他深受诟病的不修边幅。然而，柴尔德的谦虚被他无处不在的幽默感所补偿，从狡黠到滑稽模仿。他看来十分欣赏自己所穿的破旧而古怪的衣服。他曾穿着短裤冒犯过苏格兰人，并因身着澳大利亚宽檐礼帽和飘逸斗篷而让芝加哥公交司机大吃一惊。有一次他告知布雷德伍德，他所穿的破裤子是他二十年前在访问贝尔格莱德时所买，并想知道式样是否还行。[59]他对自己的寓所也毫不在意。因为与他同名，他明显对爱丁堡那家阴暗的"维尔旅馆"（Hotel de Vere）十分心仪。在伦敦，他挑选了一处名叫"莫斯科大厦"（Moscow Mansion）的公寓楼居住了一段时间。从 1927 年到 1946 年在苏格兰工作期间，柴尔德把自己当作一个本地苏格兰人那样写作，在某种程度上无疑惹恼了那些反对任命一个外国

*雅典娜俱乐部（the Athenaeum）是伦敦的一家私人俱乐部，成立于 1824 年，其成员主要是在科学、工程和艺术领域有专长的知识分子，会员中有众多诺贝尔奖得主。——译注

人当爱丁堡大学考古学主任的人。他也喜欢炫耀自己的左翼兴趣，在信件上用西里尔字体签名，在漂亮的旅馆里索取《工人日报》（*Daily Worker*），并在他办公室里展示这份报纸，在公开演讲里引用斯大林语录。这些做法大体被说成是用一种顽皮的方式来吓唬中产阶级的朋友和听众[60]，但也有人认为，这也很可能是故意所为，企图来掩饰自己马克思主义倾向的严肃性，并避免可能产生的不利社会影响。[61]更有可能的是，这种举动只不过是他学术上马克思主义倾向的真实反映，基本上并不带什么政治（因此无害）性质。

19　　柴尔德的同时代人提出了这样的问题：他是如何将这种玩世不恭延伸到考古学写作中去的。有人认为，《苏格兰人以前的苏格兰》中明显的马克思主义是被设计来诋毁苏格兰古物学会的听众，并在苏格兰人中制造分裂。皮戈特说柴尔德把这样做看作是一种刺激的智力游戏，但是这种游戏容易让那些并不认为这是游戏的人感到困惑。[62]

　　柴尔德对他的观点显然并非采取同等严肃的态度。他为某些人献身，对某些人试试分寸，并很可能仍然拿某些人开玩笑或认为他们有点古怪。然而，甚至今天的考古学家仍无法对他的各种观点归入哪种范畴而达成一致。虽然以比他对待自己更严肃的态度来对待他是不对的，但是猜测他对我们所不赞同的观点不够严肃也是危险的。一个比较客观的办法就是，确定他的哪些观点在很长时间里一直受到青睐，而哪些观点在他的著作中意义短暂。在下面的章节里，我将努力追踪柴尔德较为重要的观点在他学术生涯中是如何发展的，并依此来确定这些观点的长远意义，以及它们在不同时期里的相互关系。

　　最后，我试图对柴尔德著作仍能对考古学发展做出的巨大贡献做一评价。这需要仔细厘清影响柴尔德最后思想的那些原则，以及我认为是最成熟的状态。他的后期思想没有详细地应用于欧洲史前史的特定问题，这掩盖了这项工作的重要性。然而在此时，柴尔德发展出一套十分完整的概念，从许多重要方面预见了1960年代初以来在美国兴起的新考古学的一些原理。但同样十分明显的是，他对马克思主义哲学的理解（不应与盲目信奉政治教条相混淆），令他采取了与新考古学直接相悖的立场。而这对于什么是考古学或它应该怎么做产生了巨大的影响。而这点仍然是柴尔德思想争议尚未探究的领域，并仍然是对考古学的一项重大的挑战。

第二章　柴尔德之前的考古学

　　柴尔德的工作是立足于作为启蒙运动产物的科学考古学传统。它
发轫于 19 世纪初，得到了西欧不断壮大的中产阶级中被工业革命所
唤起的技术进步魅力的培育。科学考古学脱胎于古物学，进而肇始于
16 世纪的北欧。其发展与民族主义的早期萌动相伴，因此在某种程
度上与宗教改革运动（Reformation）有关。它也为不甚富裕的饱学
之士提供了收藏和研究希腊和罗马古物可接受的替代办法。起先，这
些古物学家关注记录本地历史和史前时期的地表纪念物。但是，他们
的兴趣逐渐扩展到小型的人工制品，特别是来自新大陆的民族志材
料，它们毫无悬念地证明了人类打制和磨制石器的起源。但是，古物
学家无法单从纪念物中为史前时代得出一个可信的年代学。他们的发
现即使有解释，也必须从文献记录来说明。实际上，他们的发现一般
被认为是早期文献已有说明的实证。普遍信奉大主教厄谢尔（Ussh-
er）的世界是在大约公元前 4004 年被创造的理论，阻碍了对史前文
化变迁的关注。某地区的史前遗存一般被归属于古史期居民来进行
解释。[1]

进化考古学

现代启蒙运动的哲学家最早强调了文化进步的愿景或必然性。他们也强调心理同一性的信条，认为人类的本性和能力在各方面都十分相似，因此无论何时都会倾向于沿一条直线方式演进。法国的安·罗伯特·杜尔哥（Anne Robert Turgot）、玛丽-让·孔多塞（Marie-Jean Condorcet）、孟德斯鸠（Baron de Montesquieu）和伏尔泰（Voltaire），以及苏格兰的亚当·弗格森（Adam Ferguson）、约翰·米勒（John Millar）和威廉·罗伯逊（William Robertson）提出了各种假设框架，对人类的进步以自然过程从蒙昧到文明进行追溯，包括运用人的推理来改善人类的条件。这些哲学家中的大部分依靠民族志材料来说明他们的序列，虽然也依靠很少的考古材料作为参考。[2]

随着古物学家日益明白，在过去很可能存在一段只用石器而没有金属的时代，这种方法启发了一位年轻的丹麦人克里斯蒂安·汤姆森（Christian Thomsen）探索其国家的古物是否能以石器、铜器和铁器三个连续的时代来构建。作为一种假设的框架，该三期论可以追溯到罗马诗人卢克莱修（Lucretius）。早在19世纪，它们被丹麦历史学家韦泽尔-西蒙森（L. S. Vedel-Simonsen）所普及。运用他早年从钱币学研究中所获得的类型学知识，将从单一墓葬和其他背景中出土的器物加以归组，汤姆森在1816年到1819年建立了一种可信的形制序列，为丹麦建立了三期论。于是，他能够将铁器时代的青铜器与之前青铜时代的青铜器区分开来。[3]他的成果不仅证明了他的技术模型作为一种手段能够为北欧的文化发展制订一个序列，而且也能论证，在不依赖文献或口述传统的情况下，能够对考古材料进行年代学的排序和解释。以这种方式，一种科学的史前考古学从古物学中脱胎而出。

汤姆森的三期论年表被他的学生沃尔塞（J. J. A. Worsaae）在丹麦湖沼地区进行的地层学发掘所证实。[4]瑞典动物学家斯文·尼尔森

21

(Sven Nilsson）扩大汤姆森的研究，将史前工具与民族志标本进行对比，力图确定前者的用途。尼尔森模仿了古脊椎动物学家乔治·居维叶（Georges Cuvier）的方法来研究这些材料。他特别强调均变论的概念，认为过去器物的发展过程可以从现在所见的过程以及心理同一性的原理来进行解释。然而，尼尔森也通过研究史前工具上的使用痕迹来确认他的解释。[5]

沃尔塞的《丹麦的原始古物》（*Primeval Antiquities of Denmark*）1849 年被翻译成英语，比丹尼尔·威尔逊（Daniel Wilson）出版的《苏格兰的考古学与史前编年史》（*Archaeology and Prehistoric Annals of Scotland*）仅早了两年。[6]后一本书是首次采用三期论分析英国考古材料的扎实著作，并标志着英国现代考古学阶段的开始。公众对考古学的进一步兴趣，是由 1854 年在瑞士发现的史前"湖居遗址"所激发。遗址位于早已是欧洲旅游的一个重要中心，不仅出土了简单的石制品，而且有装着原来木柄的石斧和其他工具，并伴有大量迄那时为止在许多考古遗址所不见的有机物。这些发现有助于在受过教育的公众脑子里确立文化进化的真实性，并增强考古学的声望。[7]

那时考古学关注最多的是寻找中产阶级高度重视的进步证据，它不仅是今天而且是整个人类历史的特点。然而，尽管考古学家相信，考古材料从整体上论证了文化进化的事实，但是更重要的是，他们也将传播和迁移视为塑造考古材料的重要力量。沃尔塞相信，丹麦三个时代的直接过渡是突然的，并将青铜器以及后来铁器的引入归因于"比早期居民具有更高耕作程度"的新人种群体。[8]同时，在中欧和北欧缺少有地层的遗址，这激发了考古学家利用类型学比较作为他们构建相对年代学的主要手段。[9]

1859 年查尔斯·达尔文的《物种起源》（*On the Origin of Species*）的出版，以及雅克·布歇·德·彼尔德（Jacques Boucher de Perches）在索姆河谷发现的石器古老性被确认，为考古学研究开启了一个新的维度。在此之前，没有考古学家能找到理由质疑人类起源的年代和解释。1859 年后，考古证据对于解决人类如何以及何时起源的热点问题变得十分关键。那些支持进化论、努力确立人类古老性的人士促进了旧石器时代考古学的发展，并导致考古学家、古脊椎动物学家和历史地质学家之间的合作。在西欧，汤姆森的三期论因将各时代细分为一系列相继的时段而得到扩展和完善，每个时段都以特定的类型来区分。法国考古学家加布里埃尔·莫尔蒂耶（Gabriel de Mortillet）将他的特定系列看作是地质学年代连续性的一种构建。在其颇为教条主义的声明中，他认为这代表了世界上所有地方人类都经历过的一种普遍序列，只是速率和时间有所不同。与地质学家和古脊椎动物学家的合作，也鼓励考古学家不是把人工制品看作过去人类活动的证据，而是看作用来将考古组合指认为特定文化发展阶段的"标准化石"。结果，无助于这种目的的许多器物类型被漠视，而且记录人工制品出土背景与确定它们特定的层位看来也没有什么特别不同。[10]

　　虽然许多考古学家认识到这种方法只能用于某特定的地理区域，但无论如何它增强了考古学家对人类心理同一性的信念，以及在缺乏历史接触的情况下平行直线发展的可能性。它也鼓励考古学家将技术落后的人群所处的阶段看作是较进步文化早已经历过阶段停滞不前之实例。考古学家的成果刺激了民族学家在 1860 年到 1890 年对直线进化论兴趣的重要复炽。[11]相信考古学家能够从相同发展层次的现代社会研究中来了解他们想要知道的史前社会的一切，压抑了对尼尔森那种史前工具功能研究的兴趣。它将对人工制品的关注局限在标志特定发展阶段的作用上。尽管直线进化论将考古学与民族性结合到一起，但是这种结合妨碍了考古学家在了解人类行为方面发挥重要的作用。这种用途使得考古证据被用来确定某地区在何时处于某个发展阶段。要了解这种阶段，考古学家和民族学家一样求助于民族志材料。

　　尽管对技术发展的热情在 19 世纪大部分时间里到处弥漫，但是该世纪也见证了培育了这种感情的启蒙运动原理的销蚀。拿破仑征服

23

激起了整个欧洲民族主义情绪的发展。这导致了心理同一性被某些特征作为族群成员所固有而感到自豪的心理所取代。到了19世纪中叶，这种情感促成了一种新的、智化的和明确的种族主义形式。查尔斯·达尔文的思想给了心理同一性以更大的重击，因为它认为由于自然选择，不同文化发展层次的人群所获得的智力天赋也不同，最进步的群体最聪明。启蒙运动的理想被那些希望社会发生革命性变革的人士所坚持，因此特别重视人性的可塑性。另外，保守派人士和自由派人士则倾向满足于将人性视为不变的，并习惯于传统的价值观。

对人类这种较为悲观的新看法在1865年后被约翰·卢伯克（John Lubbock）这样的学者引入考古学。[12]在他论证文化进步确实改变了人类行为各方面的期望里，卢伯克误入歧途，将落后的人群看作是蒙昧者。所谓的原始人群被视为缺乏创造力，甚至到这样的程度，即现代原始人常常被认为在生物学上已经无法开化。考古材料上的变化几乎全被归因于传播和迁移而非独立发明。皮特−里弗斯（A. Pitt-Rivers）用序列而非进步建立起类型学的基础，并越来越诉诸传播论，他不再以一种刻板的单线方式看待进化。[13]单线进化论的衰微促进了对考古材料器物功能及历史和族群解释兴趣的复炽。

族群的史前史

到了19世纪末，欧洲日益加剧的经济和社会冲突导致了对工业革命巨大的幻灭。根据特雷维利安（G. M. Trevelyan）的说法，约翰·罗斯金（John Ruskin）激起了年轻一代作家和思想家"对他们父辈感到骄傲的工业文明深恶痛绝"[14]。在1893年的罗曼尼斯讲演（Romanes lecture）中，托马斯·赫胥黎（Thomas Huxley）断言，进化论无法在一千年里提供依据。[15]在所有社会科学中，宏大的进化论框架被批评为毫无根据而被摒弃，人们转而偏好特殊论的归纳法。历史学家强调不带偏见收集事实的重要性，并把解释看作只是互不相干的个人观点；人类学家专注于无穷尽的文化传播的细枝末节，而地理学家则在决定论和可能论方法之间徘徊。在文化变迁的解释中，人类行为的复杂性得到重视，偶然、怪异的选择和观念等因素也被认为会发挥重要的作用。许多社会科学家根本就怀疑可以对人类的本性做出解释。他们声称，人类固执的想法就是他们的一种法则，不会受自然规律的影响。[16]

同时，学者和政客等日益偏好求助于种族和民族身份认同的概念，来应对日益紧张的阶级对立，并提倡一种民族团结的意识。这些想法被他们用传奇的方式，以追溯悠久的古老性来做到。人类被认为具有抵制变化的本性，而文化是特定人群固有本性的表现。文化的变化被看作是族群的变化。

考古学家对人类这种后启蒙运动观点的反应，就是试图将考古材料中所见的明显变化几乎完全从传播和迁移的角度来解释。约翰·迈尔斯爵士在写到蒙昧人中憎恨和压制发明者时，只不过表达了当时的传统看法而已。[17]这种观点在以下二人的表述中达到了极致，比如皮特里（W. M. F. Petrie）在解释埃及前王朝时期时，把所有文化发明都归因于新族群的到来[18]；而乔治·赖斯纳（George Reisner）在解释努比亚史前史时，把相继的文化说成是一个族群被另一个族群取代的结果[19]。这类论题在奥斯卡·蒙特柳斯（Oscar Montelius）的著作中表现得较为适度，他试图从文明来自近东的传播论观点解释欧洲文化的发展，因为那里文明发展的年代更早。这种观点与"文明来自东方"的说法不谋而合。[20]蒙特柳斯采用类型学方法，将三期论进一步细分的方案用于整个欧洲。通过将这种序列与近东的历史时期文化进行交叉断代，他便能够为欧洲建立绝对年代。通过设想欧洲人能够从来自近东的这些思想中获益，蒙特柳斯要比当时许多考古学家对人类本性的看法持更加乐观的态度。

对德国文化的吹捧表现在古斯塔夫·科西纳（Gustaf Kossinna）的工作中，他从语言学转到考古学上来，以便证明印欧人群以及可能与其相关的芬兰人和苏美尔人的原始家园，可能在德国北部最近吞并的石勒苏益格和荷尔斯泰因这片领土。通过将德国的年表扩充到与这些地区拉上关系，科西纳试图证明，德国文化是世界上最富有创新性的，甚至在史前期也是如此。这便证明了德国人的优越性。科西纳把其他地方的文明看作是来自德国人或印欧人的入侵和征服，甚至在缺乏证据的情况下也是如此。他把德国人看作是印欧人，后者受其他人群和文化的沾染最少，因为只有他们一直留在印欧人的故土。他们在印欧人群中也最聪明和最具创造性，因为他们没有受到污染。在1912年以后，科西纳日益从种族主义理论来看待德国人的优越性，这种理论在德国已经十分流行。[21]虽然二战之前英国也有种族主义的历史学解释，但是科西纳的理论在那里并不流行。这并非仅因为他的观点是指德国人。英国人从历史材料上很了解他们自己过去族群的复杂性，于是倾向于强调种族和文化交融的优点，但只是在白种人当中。因此不像德国人，他们无意把成就归因于人种或文化的纯洁性。[22]

从1911年开始，格拉夫顿·埃利奥特·史密斯（Grafton Elliot Smith）和他的门生威廉·佩里（William J. Perry）在他们的著作中极力提倡一种非种族主义，但仍较负面的人类创造性的极端传播论观点。[23]他们两人都不是考古学家，佩里是人类学家，而史密斯是解剖学家，后者作为一名体质人类学家为努比亚考古调查所工作，并着迷于古埃及文化的古老性。虽然史密斯后来的论著，还有佩里的论著是以民族学而非考古学为特点，但是他们在自己陈述中提出的历史解释对史前考古学产生了重大影响。史密斯和佩里并不否认技术会进化，但是他们声称，这一发展并非自然的，而是与人类本性相矛盾的。人类自然适应的条件是狩猎和采集。他们声称，农业的发明和后来文明的兴起是由于发生在埃及和西欧的一系列偶然事件，正如工业革命是在西欧发生的一系列偶然事件之结果一样。他们宣称，埃及文化通过埃及商人和寻找矿石、宝石和其他原料的探险者传遍世界各地，这些材料被他们认为具有魔力而极具价值。他们相信"生命赐予者"会赋予它们的拥有者以健康和长寿。于是，宗教符合作为促进文化发展的一种重要角色。外国人仅采纳了埃及文明很少一部分特征，远播至墨西哥和秘鲁的次生文明一旦与埃及的持续影响隔绝就会以崩溃而告终。所有文明无论怎样固有都是不稳定的。它们大部分在几个世纪之后就会陷入政治动乱，从此再也无法恢复。于是，单线进化论者想竭力压制的退化概念再次成为人类历史所提倡的一种重要因素。尽管几乎没有什么考古学家在意史密斯对考古材料多样性的总体解释，但是他有关人类创造性的悲观论与 1920 年代影响了大部分英国考古学家思想的其著作诸多方面的时代精神十分吻合。

当欧洲考古学家比较了特定地区日益增加的材料之后，日益清楚的是，考古材料中存在明显的地区差异，这是无法用单线进化予以解释的。早在 1851 年，丹尼尔·威尔逊曾指出苏格兰和斯堪的纳维亚铁器时代晚期人工制品之间的明显区别，他将这种区别归因于不同的文化传统。[24] 只是在七年之后，沃尔塞才提出，欧洲的青铜时代应该从地区差异来研究。这个建议在欧内斯特·尚特雷（Ernest Chantre）1875—1876 年出版的《青铜时代》（*Age du Bronze*）一书中付诸实施，其中的证据都从考古学区域如乌拉尔、多瑙河和地中海来进行讨论。[25]

19 世纪后期，地理差异被说成是不同史前人群的反映。这重新激发了一种兴趣，即试图从考古材料中追溯已知人群的史前发展，这种兴趣早在进化考古学发展之前就在古物学家中十分强烈，而且在古典考古学中从未消失。1862—1865 年法国在阿莱西亚〔Alesia，奥苏瓦山（Mont Auxois）〕的发掘，明确说明了罗马征服时期凯尔特文化的遗存。这使得考古学家意识到，从纳沙泰尔湖（Lake Neuchatel）的拉坦诺（La Tène）出土的一批铁制工具十分相似，因此可以推定为凯尔特人的，而在 1871 年，单线进化论者莫尔蒂耶仍将意大利北部的其他相似武器归因于凯尔特人的一次入侵。[26] 1874 年，博伊德·道金斯（Boyd Dawkins）认为，莫尔蒂耶的各旧石器时代之间的差异可能是族群差异，而非进化序列中不同阶段的差异。[27] 到 1890 年，亚瑟·伊文思毫无困难地将肯特郡艾尔斯福德（Aylesford in

Kent）的晚期凯尔特人瓮棺葬归于比利时人的入侵者。1898 年，索弗斯·穆勒（Sophus Müller）把丹麦不同的墓葬和巨石建筑说成是两群人的东西，而 1901 年，约翰·阿伯克龙比将大口杯人群认定为不列颠史前史的一个要素。[28]在地中海东部，受古典学传统训练的考古学家采用地理学名词和神话名称如迈锡尼（Mycenaean）、米诺斯（Minoan）和基克拉迪（Cycladic）等来指称同时代的各种史前文化序列。[29]

28　　到 20 世纪初，德国和捷克考古学家把当地的地理差异描述成早在中欧新石器时代就开始了。他们把这些单位叫作"文化"，并在大部分情况下根据特殊的陶器类型来命名。在德国，"文化"这个术语自 18 世纪以来就用来指称个别社会的习俗。也是在德国，文化和文化区的民族学概念从 1880 年代初开始，被地理学家弗里德里奇·拉策尔（Friedrich Ratzel）所发展和普及。[30]

　　考古学文化概念被科西纳用来把中欧大部分地区的考古材料组织起来。他将考古学文化等同于特定的部落如撒克逊，而区域或相关文化的集合体则等同于诸如日耳曼人这样较为广泛的族属范畴。将文化等同于人群对于科西纳是如此重要，使得相比于文化，他更加偏爱文化群这样的表述，因为这突出了他的这些单位的明确族群性质。采用直接历史学法将已知族群身份的历史文化的考古学祖先追溯到更遥远的过去，科西纳试图论证德国人的当地起源。[31]

　　通过科西纳的工作，考古学文化作为一种重要的概念而确立。因为每种文化是根据与特定时空里某些遗址相伴的特征定义的，而非对某时代或某时期的细分，因此它独立于三期论而存在，虽然它无论如何并没有排除对汤姆森技术发展方案的关注。然而，就像许多当时的其他考古学家那样，科西纳对文化发展的一般性框架不再感兴趣，而是设法用考古材料来追溯特定地区或族群在文字记载之前的历史。这种特殊论和历史学的方法重新关注史前人群的生活方式。为了满足这种兴趣，科西纳试图从所有标准来描述文化，不只是从一些标准化石来定义一个时代那样对其做出定义。

这种新历史主义促进了从考古材料中提炼更多信息的努力。对史前环境以及人类对这些环境适应的兴趣越来越大，沃尔塞曾论证了丹麦泥沼区植被类型的兴替，并约略将这些植被与他的文化变迁的序列相对应，而爱德华·拉尔泰（Edouard Lartet）将更早的旧石器时代材料根据古脊椎动物的标准进行分类。[32] 1898 年，罗伯特·格拉德曼（Robert Gradmann）提到了中欧新石器时代的聚落分布与黄土相关，并试图从早期农人无法清理土地，因此只能居住在林木稀少的地区来解释这种相伴关系。格拉德曼的理论得到了许多中欧考古学家的热情赞同，并很快为全欧洲所熟知。[33]

哈弗菲尔德（F. J. Haverfield）论证了罗马占领范围与不列颠地理之间的关系，而约翰·迈尔斯借鉴麦金德（H. J. Mackinder）和埃德温·盖斯特（Edwin Guest）的地理学传统来介绍地理学方法对考古材料的价值。[34]克劳福德（O. G. S. Crawford）受到他在牛津大学训练的启发，投入大量时间研究史前史与地理环境的关系。通过与英国地形测量局一起工作，他通过早期制作的人工制品分布图，从遗址地理学观点来详细研究特定文化阶段，并特别强调原始植被形态的重建。克拉克、威廉-弗里曼（J. P. Williams-Freeman）、赫伯特·弗勒（Herbert Fleure）、怀特豪斯（W. E. Whitehouse）和西里尔·福克斯（Cyril Fox）也从事不列颠各地区史前聚落与植被覆盖的关系研究。在 1932 年出版的《不列颠的个性》（*The Personality of Britain*）一书中，福克斯将格拉德曼和克劳福德的生态—分布（ecological-distributional）方法与麦金德的位置地理学（positional geography）以及法国地理学家的可能论相结合，得出了格林·丹尼尔所谓的"探究史前史事实耳目一新的新方法"[35]。

1908 年，在安诺（Anau）的发掘报告中，美国考古学家庞佩利（R. Pumpelly）提出了一种农业起源的绿洲理论，该遗址位于今天土库曼苏维埃社会主义共和国的阿什哈巴德（Ashkhabad）附近。[36]这个理论后来几十年里在旧大陆的考古学家中变得非常流行，认为近东在最后一个冰期之后变得日趋干旱，人们被迫聚集在残留的水源附近，并采取驯化野生动植物来获得新的维生方式。

瑞士湖居遗址出土的动植物早年记录，证明了专门的科学研究能够获得对史前史有更好了解的有价值材料。1878 年，皮特-里弗斯认识到柱洞对追寻萨塞克斯（Sussex）已经消失的木头建筑平面图的作用，而 1892 年到 1902 年，罗马—德国边界委员会系统地将柱洞研究扩大到各种土壤之中。对史前社会结构的兴趣也导致对整个遗址的发掘，比如 1899 年至 1901 年对米洛斯（Melos）岛上菲拉科皮（Phylakopi）的发掘，以及 1911 年对格拉斯顿伯里（Glastonbury）的发掘。[37]

在 19 世纪晚期，海因里希·谢里曼（Heinrich Schliemann）在特洛伊、迈锡尼和爱琴海地区其他地方的发掘引起了极大的轰动。他新发现的迈锡尼文明成为有关欧洲文明起源争论的一个重要焦点。有些考古学家，特别是德国考古学家将迈锡尼文明看作是来自北方的雅利安入侵者所创造。在 1893 年出版的《东非幻影》（*Le Mirage Oriental*）中，所罗门·赖纳赫（Salomon Reinach）宣称，东方的因素被夸大得过头，迈锡尼文化就像其他欧洲文化一样，基本都是本土起源的。相反，奥斯卡·蒙特柳斯和他的"文明来自东方"观点的支持者则声称，欧洲文明"长久以来只是东方文化的一种暗淡的反映"[38]。

深深卷入这场有关地中海东部史前史争论的两位英国学者是牛津大学的亚瑟·伊文思和约翰·迈尔斯。如格林·丹尼尔所言，他们并不把蒙特柳斯和赖纳赫的理论看作是相互排斥的。[39]伊文思认为，爱琴海文明是较为广阔的安纳托利亚—多瑙河地区以内的一种局地表现，与欧洲和近东都有关系。迈尔斯则声称，尽管从近东借鉴了大量概念，欧洲人的同化能力在爱琴海地区保持了一种独立的欧洲因素。[40]迈尔斯 1911 年出版的《历史的曙光》（*The Dawn of History*）一书的两个主要议题之一认为，文明是从埃及和美索不达米亚扩散到地中海东部，继而扩散到意大利、中欧和北欧。第二个主题是，当亚洲或阿拉伯草原地区人群被干旱驱使而征服了生活在地中海附近的人群时，就产生了政治社会。迈尔斯认为，印欧语系人群是这批人群的代表。根据迈尔斯的看法，他们巧妙地将他们的语言、信仰和社会实践强加给了被征服的人群，同时采纳了后者的物质文化。从近东文化影响和印欧人群之间的碰撞中，产生了一种至关重要和独特的欧洲文化。就像许多其他的英国人那样，迈尔斯把贸易和族群接触看作是文化发展的重要因素。[41]

　　在整个19世纪，考古学家纠结于日增的考古材料。他们对这些材料的解释受到不同民族传统和变化中的社会态度的影响，特别是对人类发明能力日趋悲观，以及日益专注于以生物学为基础的族群特点。面对他们祖国历史或考古材料缺乏族群变化的明显迹象，德国考古学家加入对德国所有事情的疯狂追捧之中，这在1870年后是他们国家精神生活的特点。他们将文化的伟大与想象的人种和文化纯洁性相提并论。英国人则为他们的不同起源感到骄傲，对他们的过去赞同一种不同的观点，因此英国考古学家把文化的异质性和接触看作是发明和进步的重要源泉。后一种观点，特别是由伊文思和迈尔斯所解释的观点，是柴尔德受到启发的考古学传统的主要组成部分。

第三章 《欧洲文明的曙光》
与《雅利安人》

柴尔德是在澳大利亚长大的，在几十年里见证了澳大利亚工党各派的崛起，以及它们在新南威尔士州、昆士兰州及后来在联邦选举中的胜利。共和主义（republicanism）此时来势汹汹，乌托邦和马克思主义类型的激进运动风起云涌。柴尔德是史蒂芬·亨利·柴尔德（Stephen Henry Childe）牧师及其第二任妻子哈里特·埃莉萨·戈登（Harriet Eliza Gordon）所生，他们从英格兰移民到澳大利亚。柴尔德牧师是悉尼北部最大的圣公会圣汤姆斯教区的教区长，他与第一任妻子已有几个孩子。他被形容为"严厉和目光短浅之人"。皮戈特曾提到，柴尔德晚年有时"偶尔并不情愿地提起他的童年，那时心底的自然叛逆得到了19世纪晚期那种自满风气的刺激，从中他找到了自我"[1]。柴尔德保守的家庭环境与澳大利亚社会某些部分酝酿的政治激进气氛之间，明显存在一种强烈的反差。

早年生涯

柴尔德就读于英格兰文法学校所属的悉尼教会，并从悉尼大学取得了拉丁文、希腊文及哲学的一等荣誉学位。1914 年，他获得了牛津大学女王学院（Queen's College）的研究生奖学金。而当他入学时，许多学生正应征参加第一次世界大战。柴尔德并未受过正规的考古学训练。他后来自述道，"我在牛津大学的训练是在古典传统方面，其中偏重青铜器、陶制品与陶器（至少是彩陶）而轻视石器和骨器"[2]。然而，格拉厄姆·克拉克却声称，柴尔德在攻读古典考古学学位的课程时，师从约翰·比兹利（John Beazley）学习陶器的式样分析，这对其一生助益良多。[3]

图 1　戈登·柴尔德，1927 年于爱丁堡
（以下图 2 至图 6 是对柴尔德有影响的人）

图 2　阿布吉尔和图里博迪（Aboukir and Tullibody）的约翰、
第五世阿伯克龙比男爵阁下，1841—1924

图 3　奥斯卡·蒙特柳斯，1843—1921

图 4　古斯塔夫·科西纳（居中持伞者），1858—1931［照片摄于德国史前史学会 1930 年哥尼斯堡（Königsberg）会议］

图 5　亚瑟·伊文思爵士，
1851—1941

图 6　约翰·迈尔斯爵士，
1869—1954

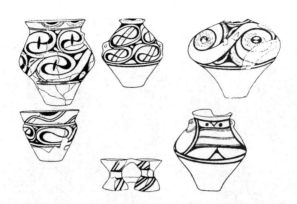

图 7　特里波列（Tripolje）文化的彩陶［见柴尔德的
《欧洲的史前迁移》（*Prehistoric Migrations in Europe*），1950 年］

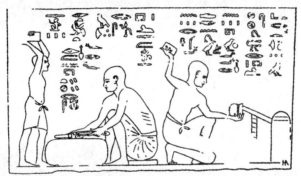

图 8　埃及皮托席利西（Petosiris）墓葬里的金属工匠［见柴尔德的《作为技术
阶段的考古学时代》（"Archaeological Ages as Technological Stages"），1944 年］

图 9　希腊黑绘人像器皿上的金属工匠（见柴尔德的《作为
技术阶段的考古学时代》，1944 年）

图 10 文卡（Vinča）遗址的地层剖面（柴尔德
在 1926 年夏访问了这里）

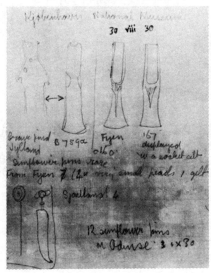

图 11 柴尔德在 1930 年 8 月 30 日和 9 月 1 日参观丹麦博物馆时所绘制的
器物草图（见他保存在伦敦大学考古研究所的第 50 本笔记本）

图 12　奥克尼（Orkney）的斯卡拉布雷（Skara Brae）

图 13　柴尔德在奥克尼的斯卡拉布雷（照片显示了 4 号
房舍、门和 2 号小间）

图 14　柴尔德（后排右三）与奥克尼的斯卡拉布雷的一群民工

图 15　奥克尼劳赛岛（Rousay）的林约（Rinyo）（照片
显示了 B 室、火塘以及 A、B 门）

Brae of   Rinyo   on Farm of Bigland
        Room C   2
4. vi 38   S of H   Jorsen had found a clay oven   buched against
         S hobG Walls 9½ – 4½" thick – 1'3" × 1'3" inside
                 In E wall !2 slabs on end   innermost 9½" h from
         floor slab In W corners walls 5½" 4½" h. oven's
         base a flat slab extends beyond walls on S & W In
         middle of W wall brace of grak: wall slops 1½" above
         floor slab: width . 4"
                 In the red ash of hearth was a hole filled
         with looser earth 9½" w × 8½" deep . At its
         lip lay a pot lid 7½ × "6½" in diameter
June 10   on removing the clay oven the slab on which it stood
         was seen to bear the exact outline of the clay walls:
         a skin only a couple of mm deep had been removed
         over the whole area not under the clay as if cut out
         Unfortunately the slab fell to pieces on lifting
    10 Under edge of rear wall a flint scraper
    12 direct under front stone of hearth Hc3 large pot.
    11 polished haematite w pot found just outside door of F
                                        opp. door of A.
                                13 flint knife trimmed along
                                    one edge
                                14 flard of flint trimmed on
                                    both edges
                                15 pot sherds
                           H 16 sherds of one pot
                               17 edge of pol. flint axe
June 11 Under Hc ashes containing a few flints & sherds
         extend down to about 12:10 then there is a thin bed of
         white clay Nearly on this lay 13 & 14
         Seaweed is Ascophyllum nodosum one of the Fucaceae MYO
         charcoal from below clay in flit under Hc-d is BIRCH MYO
    20 under bed slab behind Hc 6 richly decorated sherds

图 16　柴尔德在奥克尼林约发掘时做的笔记，1938 年

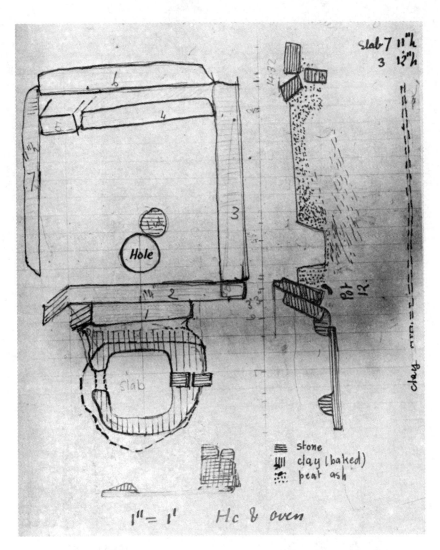

图 17　柴尔德在奥克尼林约发掘时所做笔记中的草图，1938 年

图 18 - 1　在阿盖尔郡（Argyll）拉霍伊（Rahoy）的复制
城堡釉墙的实验：完成的模型墙

图 18 - 2　在阿盖尔郡拉霍伊的复制城堡釉墙的
实验：焚烧后的模型墙

图 19 1945 年 11 月 22 日柴尔德致罗伯特·布雷德伍德教授信件的第一页

（该信讨论了柴尔德收到苏联考古出版物后所察觉到的问题）

图 20　柴尔德 1946 年访问斯图尔特·皮戈特在泰晤士河上多尔切
斯特（Dorchester-on-Thames）的发掘点（那年皮戈特接替他
成为爱丁堡阿伯克龙比教授）

图 21 柴尔德在安卡拉，1947 年

图 22 柴尔德（右一）在捷克斯洛伐克，1949 年［左：斯拉夫考古学家
卡罗塞克（F. Kalousek）教授，今在布尔诺大学（Brno University）史前学系；
中：斯沃伯达（B. Svoboda）博士，今在布拉格的国家博物馆］

图 23　柴尔德展示布尔诺大学学生送给他的一件礼物

图 24　柴尔德（前排左二）在苏黎世史前史和原史科学大会上，1950 年［他周围的人，从左到右：凯思琳·凯尼恩（Kathleen Kenyon）、阿特金森（R. J. C. Atkinson）、斯图尔特·皮戈特、格拉厄姆·克拉克、克里斯多夫·霍克斯（Christopher Hawkes），罗伯特·布雷德伍德站在门旁］

图 25　柴尔德（左一）在塔什干，1953 年

图 26　柴尔德（右一）与佐伊纳（F. E. Zeuner）教授

图 27　爱丁堡的史前学会会议，1954 年［从左到右：鲍威尔
（T. G. F. Powell）、罗利·雷德福（C. A. Raleigh Radford）、
柴尔德、阿特金森、斯图尔特·皮戈特］

图 28　从东北方向看梅斯豪（Maes Howe）［柴尔德在 1954、1955 年对奥克
尼主岛上的这座墓葬进行了调查。科林·伦福儒 1973 年（这里正在进行中）
紧接着柴尔德在该纪念建筑周围的探沟中发掘，并采集放射性碳测年材料］

图 29 柴尔德（右二）与考古研究所的一群学生和同事在享受闲暇

图 30 柴尔德（左二）在考古研究所所长任职期间的野外旅行（一）

图 31 柴尔德（右三）在考古研究所所长任职期间的野外旅行（二）

图 32　爱尔兰，塔拉（Tara），1956 年 9 月［后排从左到右：奥赖尔丹（S. P. O'Riordain）、加伯利·麦卡伦（Gabriel MacCarron）、诺伯特·香农（Norbert Shannon）、戈登·柴尔德、霍华德·基尔布赖德-琼斯（Howard Kilbride-Jones）、约翰·赖安（John Ryan），前排从左到右：戴维·利弗塞奇（David Livesage）、琼·科林斯（Joan Collins）、基尔布赖德-琼斯夫人（Mrs. H. E. Kilbride-Jones）、罗达·卡瓦纳（Rhoda Kavanagh）、琼·彭斯（Joan Burns）、诺琳·莫兰（Noleen Moran）、雷切尔·史密斯（Rachel Smith）、乔治·奥根（George Eogan）］

图 33　戈登广场的伦敦考古研究所所长维尔·戈登·柴尔德半身像，1946—1956 年［梅特兰-霍华德（M. Maitland-Howard）制作］

柴尔德广阔的史前史视野受到了伊文思和迈尔斯的影响，并在印欧的专题研究上拿到了学士学位。后来他也提及，他自己原来的兴趣 *33* 是比较语言学。像科西纳一样，他之所以研究欧洲考古学是想发现印欧语系的起源以及分辨其原始的文化。[4]他试图追溯希腊新石器时代文化与巴尔干半岛北部地区之间的考古学联系，然后相同的联系可追至伊朗和印度地区。柴尔德对塞萨利（Thessaly）以及北到罗马尼亚、匈牙利及乌克兰出土的新石器时代和金石并用时代的彩陶特别感兴趣。这类陶器在 20 世纪初被聪塔斯（C. Tsountas）在希腊塞斯克洛（Sesklo）及迪米尼（Dimini）有原始层位的土墩中发现。这些发现在 1912 年由韦斯（A. J. Wace）和汤普森（M. S. Thompson）在《史前塞萨利》（*Prehistoric Thessaly*）一书中做了详尽研究，它们可以和 1889 年由布图雷努（G. C. Butureanu）在罗马尼亚库库特尼（Cucuteni）以及由拉斯洛（F. Laszlo）在特兰西瓦尼亚（Transylvania）附近伊罗斯德（Erösd）发现的彩陶做比较。在研究这批陶器的过程中，柴尔德也熟悉了多瑙河文化的素面陶，这些材料由瓦西兹（M. Vassits）在莫拉瓦河谷（Morava Valley）附近亚布拉尼察（Jablanica）遗址以及稍后在贝尔格莱德（Belgrade）附近文卡遗址发掘出土。[5]

柴尔德的才华在 23 岁时发表的第一篇文章中初露锋芒，这篇文章于 1915 年发表在《希腊研究学会杂志》（*Journal of Hellenic Society*）上。这项研究是有关米尼安陶器（Minyan ware）的年代和起源，其部分是根据他参观希腊博物馆时所做的原始观察。对这些证据所做的解释，反映了当时大部分考古学家专注于追溯器物类型的起源和传播。它特别反映了伊文思对安纳托利亚—多瑙河文化区的概念。柴尔德把希腊本土及小亚细亚的米尼安陶器追溯到爱琴海北部和特罗德（Troad）较早的同一文化。[6]

到牛津后不久，柴尔德遇到了当时贝利奥尔（Balliol）学院的一名本科生帕姆·达特，于是搬出学院与他做了室友。达特后来成为英国共产党的一名著名人物，他追忆学生时代，和柴尔德常常讨论黑格

尔、马克思以及社会现状直到深夜。[7]他们参加了牛津大学的费边社
（the Fabian Society）*，该社由于成员反对战争和征兵而日益缺乏人
气。柴尔德公开反战，并在 1916 年英国征兵那年回到了澳大利亚。
杰克·林赛（Jack Lindsay）提到，柴尔德在牛津遇到了一些麻烦，
我不清楚是否大家都知道，因为他不是一个愿意公开自己隐私的人，
也不宜向他询问此事。[8]柴尔德加入了澳大利亚民主控制联盟（the
Australian Union of Democratic Control），并积极参加反对（并击
败）连续两次建议征兵参与澳大利亚境外军事活动的公投。他曾拥有
多个教职，但是 1919 年他被任命为约翰·斯托里（John Storey）的
私人秘书，翌年当工党政府在新南威尔士州选举时，斯托里成为该州
的州长。当斯托里在 1921 年去世后，柴尔德发现他失去了工作。显
然是因为他的政治活动，也无法在大学觅得一份教职。在政府部门又
工作了一段时间后，他又失业了，而在伦敦，他有了回归考古事业的
想法。[9]

　　柴尔德后来称他投身澳大利亚政治"伤感经历"的最后产物，是
他的第一本书《工党如何执政：澳大利亚工人代表之研究》（*How
Labour Governs：A Study of Workers' Representation in Austral-
ia*）。[10]这本书被形容为 1921 年前澳大利亚劳工运动史最权威的出版资
料。[11]他试图论证，当劳工运动在议会体制中赢得了政治胜利，其领
导人如何被融入俱乐部、赞助和民族传统的一种世界里而腐败，而该
政党变成了为个人牟利的机器。总的来说，他研究的是劳工运动的结
构而非政策。然而，尽管该书有这些优点，一位表示同情的评论家
F. B. 史密斯（F. B. Smith）甚至也发现柴尔德对劳工政治的解释狭
隘且不公平。[12]盖瑟科尔评述该书为"在马克思主义业已建立的批评
传统内关注这条必由之路，即工人阶级运动的领导人会被资产阶级的
国家机器所腐蚀"[13]。不过，柴尔德避免采用马克思主义的老套词汇。
他为该书所写的隐晦序言，可能读起来好像意味着他个人拒绝对现代

---

　　* 费边社是费边主义团体，是 19 世纪后期流行于英国的一种主张采取渐进措施对资本
主义实行点滴改良的社会主义思潮。——译注

社会的一种马克思主义解释，或反过来读，好像是在攻击工党没有设法去制止对劳工阶级的剥削。[14]

《工党如何执政》反映了对议会政府的一种不信任和蔑视，这种态度为第一和第二次世界大战之间政治派别两个极端的许多人所共有。但是，柴尔德并不同意权力主义的信条。他强调传播自由的重要性，并指出让某工人阶级团体控制劳工运动所有报纸的危险性。[15]他对左翼政治哲学的同情，对战争与宗教的憎恶，以及他对思想交流不受限制的向往，是他考古学著作中反复出现的主题。尽管他想揭示澳大利亚劳工运动的缺点，然而，《工党如何执政》是他最后的政治著作。[16]他许诺但看来从未写过有关斯托里政府的下文。此后，柴尔德仍是一名马克思主义者，为各种左翼组织的委员会服务。然而，就像达特所见，他是"全身心投入划时代的考古工作之中"，并"不再直接参与到政治活动中去了"[17]。

回归考古学

在澳大利亚，柴尔德对前景十分悲观，并对澳大利亚政治深感幻灭。虽然他热切地与留在那里的亲朋好友通信，但是，他一直要到1957年退休之后才有机会回去。F. B. 史密斯认为，柴尔德又回归考古学是为了寻找证据，表明在过去曾经存在过紧密结合、具有发明创造力的社会，那里的工匠和思想家就是自然的首领；简言之，这就是他难以在澳大利亚盼望实现的生气勃勃、和谐与公正的社会。[18]这种说法忽视了考古学对柴尔德较早的积极吸引力。这也没有解释，为什么在他回到英国之后的许多年里，他的考古研究并未体现他与马克思主义或乌托邦想法有任何明显的关系。用他自己的话说，他想从考古证据中为传统的政治史提炼一种史前的替身。[19] 1922年，30岁的柴尔德集中精力为自己打造一个考古学家的生涯。他将自己的才智押在这样一种渺茫的机会上，即一个没有雄厚经济实力的人能在薪酬职位极少的专业上确保一席之地。

虽然柴尔德又回到了欧洲东南部，但是他现在的主要兴趣集中到了多瑙河河谷。他注意到，尽管大部分英国考古学家认可来自近东的文化传播对解释欧洲的史前发展十分重要，但是其中一群人研究近东、爱琴海和意大利，而另一群人研究他们的故土，两群人好像在互不往来的房间里工作。[20]他建议弥合两者之间的隔阂，直到能够沿莱茵河和多瑙河的河谷追踪彼此的关系。对他而言，看来必然的是，这两条河流从巴尔干到北海，共享一条分水岭，在文化通过中欧与北欧扩散时，发挥着一种重要的作用。多瑙河地区的考古学不如莱茵河地区的广为人知；因此他认为那里有从事重要工作的最佳机会。虽然他的经费来源有限，但是他利用东欧战后巨大通货膨胀的机会，沿多瑙河旅行，研究博物馆里的藏品和访问考古遗址，并采访当地的考古学家。这些旅行也为他提供了一个机会来观察东欧的地主、农民和手工业者社会与由管理者、技工和农民组成的工业化社会有何不同。[21]这令他获得了非常接近民族志经验的知识。

约翰·迈尔斯支持柴尔德的旅行，并很可能帮他寻找资助。柴尔德也通过把基根·保罗（Kegan Paul）耗时费力的"文明史"（History of Civilization）系列从法语翻译成英文而赚点收入，其中包括德拉波特（L. Delaporte）的《美索不达米亚》（*Mesopotamia*），莫雷特（A. Moret）和戴维（G. Davy）的《从部落到帝国》（*From Tribe to Empire*），以及霍莫（L. Homo）的《原始意大利与罗马帝国主义的肇始》（*Primitive Italy and the Beginnings of Roman Imperialism*）。[22]柴尔德从此工作中获得了大量的事实和想法，并用到他后来的著作中去。《从部落到帝国》塑造了他有关埃及文明的想法，认为它是从一批图腾氏族的集合体发展而来，它们所有的守护神最后都集中到一位神授国王之神。戴维是法国社会学家埃米尔·涂尔干（Émile Durkheim）的学生，通过他的著作，柴尔德也了解到涂尔干社会学的要义。涂尔干曾对技术予以社会结构的影响，以及后者在塑造个人行为与宗教信仰上的作用有特别的关注。1925 年，迈尔斯为柴尔德在皇家人类学研究所的图书馆找到一个带薪的职位，并一直工作到 1927 年。

1922 年，柴尔德利用他早先的工作以及较晚在中欧的考察，发表了一篇有关迪米尼文化与东欧关系的文章。[23] 1922 年到 1925 年，他发表了有关东南欧考古学各个方面的笔记概要，包括一份对战后经济和政治动乱给考古采集品造成威胁表示关切的报告。[24] 1924 年 3 月，他的研究进展足以使他在伦敦古物学会的会议上宣读一篇有关他研究成果的基本综述。柴尔德定义了多瑙河时期的一个序列，这是基于雅罗斯拉夫·帕里亚蒂（Jaroslav Palliardi）为莫拉维亚南部陶器形制所做的地层学分析。根据某些一般的共性，他建议将这一序列与亚瑟·伊文思新近发表的米诺斯年表共时。利用贸易品和形制的共性，伊文思把埃及与近东的历史年表与米诺斯的年表做交叉断代，该方法是由蒙特柳斯在 1885 年首次系统地运用于欧洲的史前史研究。柴尔德论文的结论是，将英国、斯堪的纳维亚、塞利西亚（Silesia）和多瑙河的史前系列诸段与伊文思早期米诺斯 II 到米诺斯 I a 相对应，可以将它们的时代定在公元前 2500 年到公元前 1500 年。虽然哈罗德·皮克（Harold Peake）对柴尔德的年表表示强烈的保留态度，但是聆听他报告的考古学家对他把英国与欧洲大陆联系起来的讨论表示赞赏。这并不被视为与蒙特柳斯年代学方法有所不同，英国考古学家很熟悉这种方法。[25]

《欧洲文明的曙光》与《雅利安人》

柴尔德的《欧洲文明的曙光》与《雅利安人》两本书作为"文明史"系列著作先后出版。[26] 两本书设法把欧洲文明作为一种人类精神殊异性和个别表现的基础来追溯。[27] 不过，它们以不同的方式实现，因而各自的历史也很不相同。《雅利安人》一书反映了柴尔德早年对语言学和印欧语系起源的兴趣。它只印行了一版，以后就被作者所忽

视，他在两种看法之间徘徊，或认为追寻印欧语系发祥地"自然毫无
结果"，或认为"合理但是徒劳"[28]。《欧洲文明的曙光》一书几乎完
全是根据考古材料对欧洲史前期到青铜器时代之末进行研究。这本书
在作者有生之年印到第六版，不断做重大的重构和修订。这本书如今
仍在印刷。这本书也展示了到现在为止总体上被西欧考古学家所认可
的欧洲史前史的一个图像，一直到狐尾松年代校正法对传统的放射性
碳年代学提出较大的怀疑。然而，当柴尔德在写这两本书的时候，它
们对欧洲材料的处理是相辅相成的，虽在细节上较迈尔斯《历史的曙
光》涵盖的内容更为详尽，但《欧洲文明的曙光》的书名也有不无奉
承之嫌的模仿。虽然《欧洲文明的曙光》追溯物质文化自埃及和美索
不达米亚向欧洲的传播，但是《雅利安人》一书则想证实这个过程的
优点是如何被印欧语系的人群所获得，就像迈尔斯一样，柴尔德相信
印欧语系的人群来自俄国南部的草原地区。

有些保守的考古学家发现《欧洲文明的曙光》一书充斥着陌生的
术语，并缺乏他们认为一部好的考古学著作所基本具备的"推理"和
"启示"两个要素。[29]克劳福德颇为敏锐地称赞这本书是对欧洲所有方
面起源的首次重要综述，是由一位显然通晓所有欧洲语言的专家所概
括。[30]克劳福德也认识到，这本书的特色是以区域为基础对材料所做
的系统报道。通过对这些材料的论证，柴尔德关注如何把他的解释与
证据相联系。

正如皮戈特所言，英国考古学对整个欧洲乃至近东背景的关注既
不限于英格兰，而柴尔德在这方面的工作也非独一无二。[31]迈尔斯的
《历史的曙光》多次重印；《剑桥古代史》于1923年出版，而皮克和
弗勒的《时间的走廊》（*The Corridors of Time*）第一卷在1927年出
版。这些著作都是研究英国、欧洲和近东的史前史。此外，皮克刚出
版了他的《青铜时代和凯尔特世界》（*Bronze Age and the Celtic
World*），而福克斯的《剑桥地区的考古学》对蒙特柳斯的欧洲年表
提出了建设性的批评。[32]因此很显然，《欧洲文明的曙光》的成功不能
完全归因于对证据的广泛收集。它也必须归功于柴尔德对其材料分析

38

和表述的原创性，以及令人信服的方式。这两项特点的结合，使得该书超越一代人而成为欧洲新石器时代和青铜时代研究的一本标准参考读物，并在世界其他地方为史前材料的综述提供了一个榜样。路易吉·贝尔纳博·布雷（Luigi Bernabò Brea）在他 1957 年出版的《希腊之前的西西里》（*Sicily Before the Greeks*）一书中写给柴尔德的题献中这样说，直到他读过柴尔德早年的著作，他才开始了解欧洲的史前史。[33]

虽然柴尔德研究欧洲史前史断断续续花了十多年，但是《欧洲文明的曙光》和《雅利安人》两书的研究只花了四年时间，其间他还得谋生。即使他有非凡的能力来收集和分析材料，也不大可能详细掌握这两本综述所涵盖的海量材料。在很大程度上，他选择、修改和整合现成的当地和区域综述，以得出欧洲史前史的一种整体阐释，而其本身则是原创。克拉克指出，柴尔德的好运在于他刚好在需要某种一般性综述的时代，以及首次具有这种可能性的时候，拥有了从事这项工作的才能。在欧洲大部分地区，局地文化年表的轮廓在大约 1900 年已经完成，在某些地方只要把细节填入即可。[34]沿多瑙河及其支流，柴尔德发现了大量可获得的材料，但是它们并没有被整合起来或超越其本地的范围来做出解释。

柴尔德对欧洲史前史具有说服力综述的显见之处，是把一些新的想法结合到考古材料的分析中去。这些新想法以及他对欧洲史前史的解释是如此交织在《欧洲文明的曙光》里，以至于承认某种看法就会乐意接受另一种看法。西欧考古学家对其综述的迅速认可，反映了他用来构建其材料的设想很有道理，而他建议安排新材料的显著能力增强了对其理论框架的信任度。

在确定共时性和定义文化单位时，柴尔德采用了一批庞杂的材料，这些材料并非像他自信写作风格经常表现的那样毫不含糊或已被他充分理解。他强调，只是物品的流动而非整个人群的迁移能够提供可靠的共时性。[35]他也强调，根据两批人群中皆有的贸易品要比根据当地对舶来品的仿制或落后人群对文明产品的模仿，在确定共时性上更为可靠。[36]然而，在他自己的工作中，他常常并不清楚他的共时性是根据哪种证据。在 1929 年出版的《史前期的多瑙河》中，波希米亚最早青铜时代墓葬里的金属耳环、别针和短剑被描述为是从特洛伊、塞浦路斯或叙利亚进口的；而在其他地方，柴尔德则说它们是用本地的矿石生产的。[37]他的许多共时性是根据含糊的形制相似性，而非断代明确的贸易品。后来他承认，在公元前 1400 年之前，阿尔卑斯山北部没有年代可靠的舶来品，而在公元前 1200 年之前，该地区没有确凿无疑的共时性。[38]

柴尔德的文化单位是根据一批混杂特征来定义的，这些特征因不同文化而异。如克拉克所言，"他将古坟式样、金属类型、饰品纹样、宗教实践，实际上有助于充实分布形态和定义区域的所有东西都囊括在内"[39]。在《史前期的多瑙河》一书里，柴尔德承认，他的欧洲历史综述是一种主观的构建，是由他对东南欧文化发展的历史优先性而塑造的。[40]有人会认为，柴尔德的综述（还有其他考古学家的综述）受他有关人类行为假设的制约，要比受他所处理的考古材料的制约更甚。这就是柴尔德的本事，即他敢于利用手头的材料和概念来做出一种综述，使得海量的考古材料变得明白易懂。于是，为了理解他的阐释，有必要研究他对人类行为的设想。明显的是，这些概念在来源上是有选择的，但是它们大体都来自考古学内部。就像他的材料，它们通过挑选、修改和整合来源不同的观点而被采纳，从而产生一种新的概念，并成为一种对西欧考古学家具有吸引力的系统。

40

考古学文化

在英国考古学家看来，《欧洲文明的曙光》一书的最大发明就是，柴尔德系统地运用考古学文化的概念作为基本单位，对考古材料进行时空上的安排。在《史前期的多瑙河》一书中，柴尔德将文化定义为"总是反复共生的某些遗存类型——陶器、工具、装饰品、葬俗、房屋式样"[41]。如美国新考古学创始人路易斯·宾福德（Lewis R. Binford）所言，这样的表述定义了文化的一种规范性观点（a normative view），即强调人类行为的特点是由某特定群体的所有成员所共有的。[42]然而，有充分证据表明，柴尔德已经采纳了文化器物一种含蓄的功能观，即便他尚未将此概念应用到整个文化上去。比如，他声称工具和武器作为族群身份的标志并不可靠，因为它们的使用价值会令它们通过贸易和模仿很快从一个群体向其他群体扩散。[43]另外，他认为装饰品、家户的陶器和葬俗倾向于反映局部的品位，不大会被买卖或模仿，因此它们的分布可以提供有关族群差异的可靠线索。[44]

后来，柴尔德强调一种现在所谓明确的文化多元定义。这种定义承认，在某一文化中，相同的器物类型未必在墓葬和居住遗址中、冬季和夏季营地中或农业村寨和都市中心中都有分布。[45]该时期柴尔德文化功能观的另一表现是他强调，像"影响"或"传播"这样的术语并没有什么意义，它们并不能构成文化过程的解释。而它们必须在特定案例中赋予一种准确的意义，通过从考古材料中确定是否有一种特别的接触机会，如相邻酋长之间的征服、联合、友好来往或某种特殊的贸易。[46]柴尔德特别渴望为那些青铜器窖藏提供功能的解释，以求说明其中出土器物的多样性和条件。[47]和科西纳一样，他强调所有器物类型对于了解考古学文化的重要性。尽管典型器物（标准化石）可以用来定义某文化，但是单凭它们不足以描述文化。为了达到这个目的，每种器物类型都是重要的。而且，某特定类型的数量对于某特定文化来说，未必能说明它的社会和经济的重要性。[48]

多瑙河河谷所有考古学文化的年代学和地理分布的一张详细图表首次在《史前期的多瑙河》一书中发表。[49]一份更为详细的涵盖全欧洲的图表由伯基特（M. C. Burkitt）与柴尔德制作，并应克劳福德之邀，发表在 1932 年的《古物》（Antiquity）杂志上。[50]这些在《欧洲文明的曙光》里被柴尔德复制的图表，成为全世界考古学家用来表现各个地区文化年表的原型。[51]柴尔德强调，考古学文化是一种式样的，而非年代学或地理学的单位，而且个别文化必须根据所组成的器物来

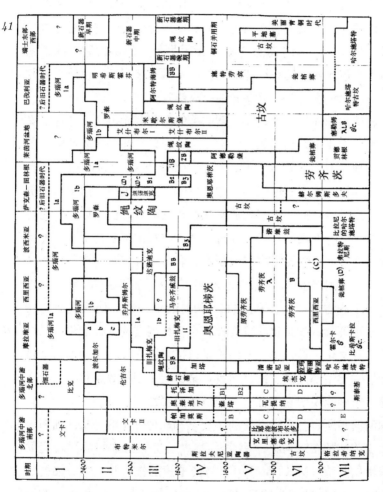

图 34 柴尔德将中欧考古学文化联系到一起的首张图（见《史前期的多瑙河》，1929）

BB＝铃型大口杯　W1 etc.＝束身杯　ZB＝束身杯　B1 etc.＝瓦尔特门堡　B1 etc.＝伯恩堡　J＝乔丹斯姆尔。
图表提供了许多文化时空上的相伴关系。

图 35 欧洲文化的分布，约公元前 1600 年（见《欧洲文明的曙光》，1925）

分区：I. 大陆米诺斯文明和帝国；II. 特洛伊 V 期；III. 希腊西部的 IV 期塞萨利文化和非米诺斯文明；V. 西库兰（Siculan）II 期文明；VI. 阿尔梅利亚（Almeria）青铜时代——阿尔加（El Argar）时期；VIIa. 比利牛斯（Pyrenaic）文化；VIIb. 利古里亚（Liguria）洞穴文化可能的子遗；VIII. 大西洋巨石文化——有盖廊道和巨石石棺；IX. 不列颠青铜时代文明；IXa. 布列塔尼（Brittany）北部和诺曼底（Normandy）人侵的青铜时代文明；X. 奥恩耶梯茨文化；Xb. 匈牙利青铜时代战斧文化；XI?. 色雷斯（Thracian）文化的子遗；XII. 德国中部有古坟的青铜时代文明；XIIa. 战斧文化仍为半新石器文化；XIII. 斯堪的纳维亚巨石文化——有顶覆盖的廊道墓；XIIIa. 北海巨石文化残留——有盖廊道；XII-Ib. 塞纳—瓦兹—马恩河（Seine-Oise-Marne）文化——有盖廊道和人工石窟；XIVa. 瑞士湖居遗址——铜石并用时期；XIVb. 极地（Arctic）石器时代文化——基于阿尔斯特海姆（Altheim）文化的巨石文化；XVc. 兽头战斧阶段；XVI. 意大利青铜时代文化。注意：点出的为巨石区。较晚期东部利德曼勒短剑，而双刃斧和大西洋路径的琥珀尚遗存可能属于一个早期阶段。沿中部和大西洋路径的琥珀并未显示。在俄国南部，较晚期发现的琥珀遗存可能属于这一阶段。

_57

43 定义，而不能像进化考古学家那样来分期或分段。[52]每个文化延续的时间和地理范围也必须根据考古材料从经验上来构建，并且文化而非个别器物，可采用地层学、类型学和共时性的方法来排列时代上的相互关系。[53]在撰写《欧洲文明的曙光》之时，柴尔德明确摒弃了相继时代的概念作为他文化年表的基础，而代之以归纳和历史的方法来研究史前史。但是他并未否认，汤姆森的三期技术年代是文化发展的重要特征。相反，他一生花了大量时间为它们与他的分析框架寻找一种有作用的地位。

　　白 1922 年起，柴尔德就在自己的论著里一直提考古学文化[54]，但是，他一直到 1929 年在《史前期的多瑙河》的序言中简单介绍其方法论时，才为这个术语提供了明确的定义[55]。他明显希望这个术语能够为其读者所熟悉，总体来说，也确实如此。西里尔·福克斯用一系列的技术和族群阶段来组织他对剑桥地区的研究，并用"进步的文化"、"新的文化"和"文化期"来表述。[56]在 1922 年的《青铜时代和凯尔特世界》里，皮克随意地写到马格尔莫斯（Maglemose）、特里波列（Tripolje）和其他文化，而克劳福德在 1921 年的《人类与他的过去》（*Man and his Past*）中，讨论了用来确定考古学文化起源、范围和边界的地理学方法。[57]在 1923 年为《剑桥古代史》所写的文章里，柴尔德的导师迈尔斯将文化定义如下："文化是一代人开始其生涯的整套装备……对考古学家而言……它大体等同于每代人废弃的装备"[58]。迈尔斯讨论特殊的文化，如哈尔施塔特（Hallstatt）和特里波列文化，但是他更常提到"新石器文化"和"新石器文化的区域类型"，这表明，他仍然认为这个概念至少部分具有进化阶段的意思。[59]柴尔德并没有把考古学文化的想法介绍给英国考古学家；他所做的是，用首次向他们显示这个概念如何可以被用来以一种系统方式解释考古材料而表明其意义。《欧洲文明的曙光》正是以这样做的方式被正确地形容为"史前考古学的一个新起点"[60]。

　　在柴尔德早期的著作中，并没有向读者说明他的这个想法从何而
44 来。甚至在他的《回顾》（"Retrospect"）这篇文章里，他也只是简

短地提到"从欧洲大陆的文献中,我吸收了德国的一种文化概念"[61]。但是,显然从他提供的定义中看,他对考古学文化的理解特别来自科西纳的《日耳曼人的起源》(*Herkunft der Germanen*)。[62] 在那本书中,科西纳采用了考古学文化的概念来对大部分中欧地区的考古学做了综述,就像柴尔德用它来对整个欧洲大陆做出综述一样。像科西纳一样,柴尔德把考古学文化看作是某特定人群的物质表现,这些人群以共同的社会传统团结在一起。但是柴尔德常交替使用"人群"和"社会"这两个术语来表述这个概念,缺乏德语中"民族"(*Volk*)这个术语内在的血缘和土地含义。因为他把考古学文化看作是特定人群的表现,所以他认为它们必须从事实而非从考古学家的编造来观察。[63] 像科西纳,与"文化"相比他更加偏好"文化群"的表述,因为其有族群的含义。然而他认定,试图说服说英语的学者采用较长的术语是无望的。[64] 到《欧洲文明的曙光》的结尾,他又回到交替使用"文化"和"文明"来指称技术上比较简单的社会,于是承袭了19世纪民族学前后不一的用法。

但是,柴尔德并不打算接受科西纳的其他许多观点。他特别拒绝将人群、文化与特定种族相对应,以及科西纳努力从民族纯洁性来解释所谓德国人文化创造力的做法。柴尔德饶有趣味地指出,德语中发音声调的变化似乎表明,说德语的人有很多是与外部的混血儿,他还声称,它们在史前时期真正的成就,是从差异很大的族群和文化要素中建立起一种和谐的文明。[65]

传播论

柴尔德反对科西纳的民族主义,这加强了他对传播论的依赖。我们曾经提到,这在当时英国考古学家中是对文化变迁解释的一种偏好。不过,柴尔德的特定传播论概念是从蒙特柳斯的著作中得到启发,并达到这样的程度,以至于皮戈特和其他人将他形容为蒙特柳斯

精神的继承者。[66]像蒙特柳斯一样，柴尔德是一位适度的和经验主义
的传播论者。他和当时许多学者一样都有这种信念，即人类天生有一
种对既定行事方式的偏好，并且一般不愿改变自己的习惯。[67]由此有
理由认为，重要的技术发明，如轮车、有效的炼铜和旋转手推磨只出
现过一次，除非考古材料能够证明有例外。此时，柴尔德似乎认为，
冶金术不大可能在东半球或实际上在全世界被发明过多次。[68]他同样
认为，在或多或少相毗邻地区看上去别致的文化特征（特别是形制特
征）变化不大可能是独立发生的。例如，像欧洲战斧这样的独特器
物，不大可能被发明过两次。[69]

早在 1922 年，柴尔德提出，高足碗采取将球状碗与圈足相结合，
曾在欧洲被发明过无数次。[70]在《雅利安人》中，他声称，欧洲所有
的火葬——更不用说世界上——不可能追溯到中欧的单一起源。[71]他
经常十分谨慎，反对过分依赖孤立的和偶然的相似性，虽然他在这点
上并不总是遵循他自己的建议。对于所有这种不确定性，其观点给予
他同时代人的印象，是处于不足信的直线进化论与无法接受的埃利奥
特·史密斯及其追随者极端传播论之间的一种明智之举。

柴尔德也设法为从考古材料中确定可信的迁移证据构建规则。他
觉得，某新族群的融入可能不会留下痕迹，特别是如果它很快被更进
步的文化所同化，并与它原来的地方相比更适应这里的环境。另外，
他认为，某较进步的文化被某较原始的文化所取代，或在某文化序列
中出现了比较落后的器物，一般可以被解释为人口迁移的标志。[72]

与科西纳对史前史解释的亲德国阐释相反，柴尔德坚称，文明最
初是在近东发展起来的，这种较先进的文化从近东传播到了欧洲，一
般而言是以一种碎片化的方式。这种观点的要义曾在蒙特柳斯 1899
年出版的《东方与欧洲》（*Orient and Europa*）里详细提及。柴尔德
在 1925 年之前就知道了蒙特柳斯的观点，后来在一篇首次发表在
1938 年、题为《东方与欧洲》（"The Orient and Europe"）的文章里
仔细对其说法进行了讨论。[73]在《欧洲文明的曙光》里，他设法勾画
出近东的影响如何取道地中海和大西洋沿海，沿多瑙河，从北部和西

部穿越高加索和俄国草原而进入欧洲的。虽然这本书的最早版本在开 46
篇几章就讨论地中海这条路，甚至在他将多瑙河河谷视为近东影响进
入欧洲的主要走廊时也是如此。在 1939 年出版的第 3 版里，柴尔德
把讨论巴尔干和多瑙河的章节直接放在爱琴海章节之后，以便更好地
符合他论及这一地区的重要性。[74]与科西纳将印欧语系追溯到马格尔
莫斯文化不同，在他早期著作中，柴尔德觉得旧石器和新石器时代之
间没有什么文化连续性的证据。传播论观点对这种文化连续性并无既
定的兴趣，但科西纳的理论需要它，至少对印欧语系的发源地而言。

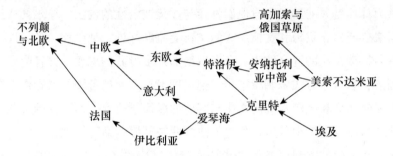

图 36　柴尔德的欧洲史前文化来自近东的传播概念

近年来，科林·伦福儒强调，蒙特柳斯认为欧洲文化的发展要比
近东慢的说法，不仅是从考古材料中得出的结论，而且也是为其断代
的一种假设。[75]柴尔德对此十分清楚，并感慨考古材料没有独立的断
代方法。总的来说，他对欧洲史前史的综述建立在蒙特柳斯的分期之
上，他设法将其优化，以便能将新材料结合进去，并将其适用于他更
详细的文化框架。由于大部分欧洲地区在公元前 1500 年之前没有绝
对年代，因此他选择把他年表中的早期部分作为一种能伸缩的风箱来
处理，可以随新证据的标示来调节。在他发表的论著甚至信件里，他 47
对这早期时段在"长年表"和"短年表"之间摇摆不定。[76]他对北欧并
不采用长年表，因为他将这点看作是对科西纳说法的支持，认为日耳
曼文化发展相较欧洲其他地方处于历史优先地位。柴尔德也追随约
翰·迈尔斯、哈罗德·皮克和阿尔弗雷德·哈登（Alfred C. Haddon），
将战斧文化，因此也许也是印欧语系追溯到俄国南部，而非将这些文

化从德国以反方向扩散开来。但是，他也意识到，欧洲的年表在其工作中仍然是主观的，而科西纳的年表也是如此。不过，他继续支持战斧人群的俄国起源，刚好在《雅利安人》出版之前，甚至当著名芬兰考古学家塔尔格伦（A. M. Tallgren）将源自印欧语系的库尔干（Kurgan）文化年代定得如此之晚，以至于对他的年表提出了质疑。[77]

柴尔德也强调文化异质性所发挥的积极作用，就像大多数英国历史学家和地理学家一样，他将英国所有领域的优异特征归因于它所面对的多种外来影响。将这一概念加以普遍化，柴尔德试图否定科西纳认为日耳曼人的伟大来自他们种族与文化纯洁性的说法。柴尔德详述了来自迁移、贸易和其他形式的文化交流的好处。他坚称，各人群与许多特殊文化的混合能为一个区域增加许多可获的思想，并且会以推翻已有的行事方式来刺激进步。他也把最早国家的各种要素看作由具有多样社会和经济结构的文化与族群的碰撞所造就，而孤立的文化在社会与经济上都很落后，最终无法摆脱被征服的命运。他提出，普鲁士战斧文化的兴起以及俄国法特亚诺沃（Fatyanovo）文化的衰落很可能和与琥珀贸易相关的商贸路线向西转移有关。[78]虽然他基本上反对战争与暴力，但是他同意，军事竞争与征服通过鼓励灵活性和异质性而有助于推动文化的发展。

虽然柴尔德依赖传播论概念来消除他所使用的科西纳考古学文化概念中所含有的德国偏见，但是他不像蒙特柳斯那样是一位极端东方论者。就像迈尔斯和伊文思，柴尔德平衡自己的期望来论证欧洲文化中许多近东起源的器物，并且有力地强调欧洲社会的创造力。在《欧洲文明的曙光》里，他设法论证这种创造力如何使得欧洲人用他们从近东获得的"艺术与工艺品雏形"打造出一个全新的有机整体，到了青铜时代晚期，它沿原来的路线发展，并已经超过了现已一蹶不振的东方师傅们的成就。[79]

柴尔德的思想来自极端传播论者埃利奥特·史密斯和佩里，以及来自他们启发了许多考古学家的思考。他特别采纳了一般的想法，即巨石文化由来自地中海东部的人群——他们在寻找"生命赐予者"的魔物，将他们的文化带到了地中海西部和欧洲大西洋沿海。柴尔德对伊比利亚最早的巨石墓缺乏金属器物而感到困惑，但是相信那里和爱琴海地区的蜂巢墓不大可能是彼此独立产生的。他坚决否定赫伯特·施密特（Hubert Schmidt）将伊比利亚铜石并用时代定在早达公元前3000年，以及他的这种想法，即这是一种有创造力和至关重要的文化，它曾帮助塑造了米诺斯文明的发展。柴尔德相信，文化影响是朝反方向移动的。他也认为魔物寻找者将巨石和神授王权引入俄国草原，而把铃形大口杯人群看作是肩负伊比利亚"太阳之子"的使命，到中欧和西欧各地寻找黄金、宝石和铜矿石。[80]

柴尔德从未明断极端传播论者的全球理论，但是他至少有一个参考案例并不否认全球范围寻找魔物。[81]他也没有与极端传播论的某种特定陈述为伍。虽然他的伊比利亚殖民者来自爱琴海，并带有"可辨的'太阳之子'印记"[82]，但是他并未倾向埃及中心论。作为对迈尔斯生命赐予物探寻者的替代，柴尔德认为皮克的理论"在某种方式上是对的"，即文明的要素是由来自地中海东部某沿海人种的探矿者所传播开去的。这些人接受苏美尔人的领导，而皮克奇怪地认为这些圆头型的后裔，直到20世纪仍然主导着欧洲的金融。这些探寻者在他们寻找宝物的过程中，将巨石建筑向西扩散至爱尔兰，向东扩散至印度。[83]

极端传播论认为文明发展的一个首要因素是宗教，明显是为了寻找能够长生不老的魔物。尽管接受这些理论的要素，但是柴尔德设法用马克思对黑格尔做出重新解释的方式，反过来说明其意义。他声称，与其邻居相比，对一种根本没有创造力的宗教执迷不悟，削弱了巨石文化的活力，阻碍了他们的技术进步，并注定被更加进步的人群所征服和摧毁。柴尔德明确地说，"'太阳之子'留下的遗赠只是一种阻碍进步的黑暗迷信"[84]。作为巨石文化中心的法国，在史前期完全丧失了进步的发展。他相信，英国和斯堪的纳维亚只是因为有幸被更进步的人群光顾，才免于被巨石宗教所蹂躏，这些进步人群的文化发展集中于技术而非宗教。[85]

49

格林·丹尼尔注意到，柴尔德的欧洲史前史观点受到德国"四大帝国"历史概念的影响，这种概念把文明和世界强权的中心看作是从近东向西北方向逐渐移动。[86] 这种看法来自中世纪的基督教思想，它早于德国民族主义的兴起，在考古学上表现在科西纳的著作中。蒙特柳斯的观点与"四大帝国"有关，虽然柴尔德早期著作中某种神秘的特质可能独立地源自那种观点。在《欧洲文明的曙光》和《雅利安人》里，另一个不太浪漫的柴尔德反复写到"文明的使命"，写到多瑙河将"进步的生命血液输送到"欧洲，写到"进步精神"向北移到匈牙利和德国，并写到欧洲文化最终的优势。[87] 同样神秘的是，他说到史前史仍在现代欧洲人的生活中无处不在，以及说到史前人群是他们的精神祖先。[88]

民族偏见

虽然柴尔德并没有像他同时代人一样，对文化史的种族主义解释有一种普遍的偏好，但是他无法完全避免民族偏见的局限性。这也许是必然的，就《欧洲文明的曙光》公开宣称的目的而言，他是将欧洲文明的基础作为人类精神一种独特的和个性的表现来研究的。追随伊文思，柴尔德对米诺斯文明的生活和精神表现了一种真正的西方情结。他也试图从力量的性质、创造性和独立性方面追溯与印度、埃及和中华文明有别的古老西方文明。[89] 对一名澳大利亚人来说，他的态度很正常，只不过是对当时弥漫于欧洲的欧洲人优越性信念做了更好的全面陈述。尽管他对科西纳的德国民族主义感到厌恶，但是柴尔德对史前史的许多阐释反映了 1920 年代英国人类似的偏见。在《欧洲文明的曙光》里，英国、德国和斯堪的纳维亚都被赞美为在史前期十分进步，不像后来讲罗马语人群的地方。

有点像 19 世纪中叶德国民族学家古斯塔夫·克莱姆（Gustav Klemm）在具有文化创造力的人种与文化上消极的人种之间加以区

分一样，在柴尔德的著作中也含有这方面内容。他把爱琴海、斯堪的纳维亚和英国的人群描述成对古代的文化进步做出了贡献，而法国和伊比利亚半岛的人群则没有。在他思想里一个更为突出的二分是，东方人群以不思进取和堕落退化为特点，而欧洲人具有一种"特有的活力与天赋"[90]。他把伊比利亚的洛斯·米拉雷斯（Los Millares）文化形容为也许"过于东方"而无法在欧洲的土地上存活[91]，而这要到地中海西部的岛屿变得封闭和隔绝之后，他们成为东方人的猎物[92]。虽然多瑙河人被视为最初进步的先驱，但是他们以及南欧其他新石器时代人群的"东方性"使得他们被较为真正的西方文化所征服。[93]西部不思进取的巨石文化被干脆说成是非欧洲人的。[94]

柴尔德认为，有些这类差异看似是地理条件或特别的历史因素造成的结果。然而，在《欧洲文明的曙光》和《雅利安人》两书中，倾向于从民族特点来解释这些差异。在德国，一种"发达的"青铜时代是原始冶金时代的前奏。相反，阿尔卑斯人群并不被看作是一种有效的文明力量，而只有在外部的启发下才会进步。[95]在对阿尔卑斯人群特征的描述中，柴尔德受到了皮克的影响，后者把他们看作是愚钝的，并天然倾向于共产主义。皮克甚至觉得，可以把马克思看作来自阿尔卑斯人群的地区。[96]柴尔德把多瑙河人说成具有一种农人心智，他断言这种心智使得他们（就像所有农人）成为一群愚钝的民众，很容易被别人征服。他也认为，20世纪奥地利农人的童贞祭拜（Virgin cult）是多瑙河人母神崇拜的孑遗，这群人"在史前期为他们讲印欧语的主人服务"[97]。因此，尽管1920年代柴尔德摒弃赤裸裸的种族主义值得称道，但是他无法免于将特定行为方式说成是特定人群愚钝特征的相关做法。在这个方面，他的思想代表了当时观点的一种大体上温和与文雅的措辞。

柴尔德对该时期语言的态度远非相对主义的。在《雅利安人》里，他声称，共同的语言意味着共同的世界观，知识的进步大体可以根据不同语言的相对优雅程度来衡量，他还说，从"兽性向文明"的进步包括比较抽象的思维形式的发展，进而要求质量更高的语言的演化。[98]他坚称，某种结构优雅的语言在通往进步的路上是一种有利的条件。他也声称，要在语言中发现一种比物质文化中所见的更加微妙的个性标准，他还认为，采用一种语言学方法，考古学家能够更好地了解他所谓的"种族个性"。柴尔德将后者形容为最接近个人的主动性，他像当时许多其他反决定论的社会科学家一样，把这种主动性视为在文化发展中起着重要的作用。对他而言，这便是将民族特点作为一种历史解释的圭臬。[99]在《雅利安人》里，他试图在语言特征里找到一些问题的答案，它们在原则上与科西纳提出的那些问题没有太大差别，即为什么欧洲的发展会超过埃及和美索不达米亚，以及为什么欧洲会进步，而这些古老文明则停滞不前？

柴尔德称赞印欧语系是"思想极其精致和灵活的工具"，它赋予那些拥有或开始拥有它们的人群以特殊的优势。[100]他指出，佛教和拜火教都是由印欧语系的人群所创立，看来早于犹太教从部落和物质的羁绊中获得了神性。他也注意到当时流行的想法，即一神论的埃及法老阿肯纳顿的母亲可能是一位印欧人。[101]他声称，朝抽象自然科学系统陈述的最早进展是由印欧语系的希腊人和印度人而非由埃及和美索不达米亚理论上不大倾向于印欧语系的文明所做到的。此外，他还把由印欧语系波斯国王大流士刻在贝希斯顿（Behistun）上"庄严叙事"的铭刻与巴比伦和亚述闪米特较早统治者"空洞和公然的自命不凡"做了对比。[102]尽管他相信，印欧语系人群从近东的古代文明中学会了农业和冶金术，但是他声称，他们到处是真正进步的推动者，因此他们甚至改善了被他们征服人群的条件。他说，印欧语系人群的扩散标志着欧洲史前史开始从非洲和太平洋史前史分离开来的时刻。[103]

柴尔德强调，印欧语系人群并不是因为他们优越的文化（该文化原来要比近东的文化落后）或因他们优越的天分而取得了成功。他们之所以取得成功，乃是因为他们拥有一种优秀的语言和足够的心智。为了支持这种说法，他指出，希腊人和罗马人只有很少的北欧人体质类型，但是他们都获得了一种印欧语言，体现了这些语言中固有的高级文化潜质。相反，在像近东那些印欧语系无法企及的地方，"雅利

安人的血液就无法开花结果"[104]。然而十分可悲的是，在《雅利安人》
的末尾，柴尔德屈服于流行的种族主义情绪，认为北欧人群的优秀语
言为其"优秀体格"配备了一种合身的装备。[105]

柴尔德再也没有捍卫这样的观点，即语言或族群的特点可以构成
解释文化发展的独立变量。他无意更新《雅利安人》，也没有在他离
世之前所写的《回顾》中再提这本书。然而，没有理由怀疑，在他学
术生涯的早期，他曾经相信他在《雅利安人》中所写的内容。这种想
法与当时的思想是一致的。此书和《欧洲文明的曙光》一书中涵盖的
主要论题截然分开，可能只是反映了他思路条理井然。然而，如果是
这样的话，奇怪的是，后一本书完全没有哪怕只言片语提到他语言学
的推测，特别是我们知道，他在《雅利安人》中所体现的语言学兴趣
早于他的考古学研究。有可能的是，当为出版最早的两本书而进行准
备的时候，柴尔德明白这两本书中所含观点的相对原创性和可能的持
久性。分别出版这两本研究著作很可能是有意或无意的一种企图，将
《欧洲文明的曙光》坚实的成就与《雅利安人》较为单薄的推测分开。
如果属实，那么《雅利安人》很可能较为不合时宜，而他未来的学术   *53*
发展道路在 1925 年时要比那些早年发表文章所显示的更加明确。

成就

发表在 1925 年《自然》杂志上的一篇回顾文章里，柴尔德提到了
过去十年里他认为考古学最重要的进展，并含蓄地对他自己的工作与
这些趋势的关系做了评价。他声称，科学的进步使得考古学除了采取具
体的历史学方法外别无选择。结果，新石器时代不再简单被定义为一个
文化阶段，而是要作为明确描绘的文化群体的一种镶嵌图像来定义。当
时史前考古学的主要目的是使个别人群或文化群分离出来，并追溯他们
的分化、迁徙和互动。他满意地指出，把考古材料如此来进行分析，史
前无名人群的迁移就呼之欲出，这对英国考古学家是一种启示。[106]

柴尔德后来注意到，19 世纪考古学家关注的是器物而非它们的制造者。虽然他们设法构建进化的序列，但是这些序列把器物变成了死的化石，而非活生生社会的各种表现。只有当像约翰·阿伯克龙比这样的考古学家开始利用考古材料来追溯史前期的人群移动，他们才真正地关注史前史。[107] 在他的《回顾》一文中，柴尔德提到，当撰写《欧洲文明的曙光》时，他试图用追溯考古材料中人群的移动，来为专业历史学家的政治—军事编年史提供一份史前期的补充版本。[108]

　　《欧洲文明的曙光》和《雅利安人》这两本书的构建，采用了柴尔德从当时时尚考古学著作中汲取的一些概念。他并没有全盘接受这些思想，而是对这些思想的不同方面进行了挑选、修改和整合，提出了一种新颖和广泛认可的欧洲史前史综述。《欧洲文明的曙光》为其他考古学家提供了如何在其他地区，或在一个有限时空框架里处理考古材料的一种模式。柴尔德的基本概念包括诸如发明、传播和迁移，而分析方法包括诸如共时性和器物类型，这些都相对简要明了。对英国考古学家来说都很熟悉，只有一个例外。这个例外便是考古学文化，虽然其名称为英国考古学家所熟悉，但是之前既未很好予以定义，除了中欧之外又未系统地应用于考古材料。他的想法并非像美国后来的"中西部分类法"（the Midwestern Taxonomic Method）那样，为考古材料的文化分类提供一种机械的方法。[109] 美国的系统试图在一种类型学的基础上，将遗址归入一种等级分类之中，其中这些类型反复根据较少的特定文化标准合并，以形成较大的类别。得到的树权状形态意味着，文化就像生物学的物种，只是由分化发展而来。相反，柴尔德的工作是基于人类行为的概念，不管对与错，将他的阐释与历史意义而非年代学意义融合到一起。

　　这些想法代表了当时人文学科和社会科学，以及受教育公众所共有的一批信念，并体现了从启蒙运动主张的全面倒退，把人类看作是天然保守和缺乏创造力，而文化在某种程度上是特定人群固有本质的表现。他赞同有关文化变迁本质非决定论和总体上唯心主义的流行观点。他声称，考古学家能够分辨塑造了某些文化类型的物质力量，以及有助于它们发展的贸易和迁移过程。但是，他也坚称，人群的个性"会以抽象的物质方式迷惑解释"，"个人的主动性"会潜伏在物质因素的后面。[110]

　　然而，柴尔德的观点要比他同时代大多数重要人物保留了更多启蒙运动和进化考古学的理想。他继续深信，全面的进步是自然的，而非像极端传播论者想象的那样是偶然的，或像他们所坚称的那样，物质生活的进步会导致道德的堕落。他在这方面的"保守性"反映了他的马克思主义信念因素，马克思主义有选择地接受和保留了启蒙运动的许多概念，而非马克思主义的思想家已经将它们大部分摒弃。如果是这样的话，这是该时期能够从柴尔德考古学理论构建中探知的少数马克思主义表现之一。其他在考古学上不大相关的表现是他对民族主义的轻视。[111]这种轻视后来在他减弱对文化历史学方法的依从中发挥了重要作用，而这一方法是他在《欧洲文明的曙光》书中所首创的。

　　这一时期柴尔德获得成功的最重要的因素是他避免极端。他采取一种适度的传播论方法，并用它在"东方幻影"与"文明来自东方"两种对立的学说之间直接建立起一种平衡。他也采纳了科西纳考古学文化的观点，但是将它与蒙特柳斯的传播论概念而非科西纳的迁移论概念相结合。他清除了这个概念中的日耳曼含义。柴尔德折中的总体特点与伊文思、迈尔斯采纳的观点保持一致，并总是在英国考古学家中赢得广泛支持。

　　在他思考的其他方面，柴尔德不大愿意折中。尽管他的工作无法完全避免文化差异的生物学解释，但是他要比他大多数同事所做的那样更加严拒种族主义思想。在他后来发表的著作中，已经几乎不见种族主义解释的残迹。他最怪异的考古学阐释特点是对宗教的厌恶。在《欧洲文明的曙光》里，他明显过分强调了宗教是文化发展停滞不前的重要原因。然而，由于他所评价的地区在 1920 年代被许多英语读者认为是因笃信罗马天主教而变得落后，因此他的观点在当时看来可能不像现在那样令人感到意外。对于许多读者来说，不管柴尔德本人如何，新教徒也许比反宗教者更多。

55

第四章　史前经济

　　在柴尔德的头两本考古学著作里，他已放弃用石、铜、铁相继时代的技术模式来作为年代学框架，而是对欧洲年代学根据不同文化时空位置的一种镶嵌模式进行构建。然而，在《雅利安人》这本书出版之后不久，他开始怀疑能否单靠考古材料本身来了解族属，以及因此族属是不是具有重大意义的一个史前研究概念。[1]他也开始怀疑，尝试用文化来代替政客，用迁徙来代替战争这种方式作为对传统政治史的一种替代是否妥当。[2]他再次转向技术模式来寻找一种途径，以便从史前研究中读懂更多的意义。

　　柴尔德深知，汤姆逊的三期论并不仅仅是年代学的划分。他也意识到，各亚期的演化在世界各地并未产生相同类型的社会。不过他不时把石、铜、铁切割工具的发展看作是人类进步的重要方面。为了克服三期论狭隘技术概念内在的制约，他开始从宽泛的经济趋势来观察史前史。这些研究的结果便是个别的系统陈述，然后整合到一起作为他1928年到1934年出版的四本著作的一种完整系统，它们是：《最古老的东方》、《史前期的多瑙河》、《青铜时代》及《最古老东方的新认识》。[3]这些著作将按它们撰写的早晚顺序来分别讨论。

《史前期的多瑙河》

1926 年全年，柴尔德一直在皇家人类学研究所工作，当时他正在写《史前期的多瑙河》这本书。这是他撰写的历史综述中工作做得最长和最细的。这本书所讨论的欧洲部分，大多数英国考古学家对此闻所未闻，但是，他在《欧洲文明的曙光》里所陈述的内容，对于了解欧洲文明的起源至关重要。这本书也无疑奠定了他作为一位史前学家的地位。1926 年夏，柴尔德和达里尔·福德（C. Daryll Forde）一起到南斯拉夫、罗马尼亚及匈牙利旅行六周，搜集新的资料，并且亲自到诸如文卡之类重要遗址核对地层。利用当地货币贬值的好处，他们能坐一辆由一位流亡俄国将军驾驶的宽敞美国汽车到处调查。[4]同年秋天，柴尔德应邀到伦敦经济学院发表有关史前史和早期人类的演讲，并大受欢迎。[5]翌年，《欧洲文明的曙光》第二版面世（其实是第一版重印加个后记），9 月《史前期的多瑙河》脱稿，虽然它一直要到 1929 年才付梓。

《史前期的多瑙河》一书的很多关键论题，在《欧洲文明的曙光》一书中已经有所论及。柴尔德把多瑙河视为穿越欧洲大陆最广阔的自然通道，所以也可能是文明从近东传播而来的主要途径。他设法论证多瑙河对欧洲文化向青铜器时代末期发展所发挥的作用。[6]

柴尔德继续将近东起源视为推动欧洲新石器时代和青铜时代文化发展的主要因素。然而，尽管他早期强调欧洲在旧石器和新石器时代之间有一种所谓断裂的趋势，但是他如今将旧石器文化某些残留因素视为有助于解释多瑙河地区后来文化的特质。[7]在他的新书中，他也强调多瑙河河谷不但容易自东南穿越，而且此外拥有的自然资源在早年也会吸引从那个方向过来的商人和定居者。就像他在《欧洲文明的曙光》中所写的，柴尔德声称，青铜时代晚期中欧的族群已经出现一种足够进步的技术，而能使它们进入已经文明化的爱琴海地区，而南方的影响一直要到马其顿时期才抵达多瑙河地区。[8]

《史前期的多瑙河》一书中的大部分内容是对巴尔干半岛考古学文化的详尽描述，以及对一种文化年表的合理化，该年表与爱琴海和近东文明同步。尽管《欧洲文明的曙光》是第一本用考古学文化概念组织撰写的英语研究之作，但是其范围过大而妨碍了一种详细的论证，即他的观点如何用于考古材料分析。因为《史前期的多瑙河》一书聚焦比较集中，因此提供了柴尔德运用这一概念优劣的较好论证。

柴尔德用颇具包容性的罗列特征来描述每个考古学文化，再从中选取一批较少的特点罗列以便于辨认。就像《欧洲文明的曙光》，他既没有设法系统地安排这些特征，也未寻求对各文化做一番全面的比较。各文化常凭主观印象进行特点的罗列。像科西纳一样，柴尔德将文化视为理想上具有明确定义的边界，这种边界划出了部落的范围。但是他实际观察到，局部的陶器群常常是彼此混合，难以区分。[9]文化的源头经常被说成是肯定的，尽管他引用的证据相当牵强。[10]文化在其迁徙路线之终端，时常并不与其声称的起源地那么相同。

柴尔德年表的基础是他对文卡Ⅰ期和特洛伊Ⅰ期的同时性比较，文卡Ⅰ期定在公元前 2700 年。尽管他反对依赖"抽象的共性"进行构建，但是他为多瑙河河谷建立的同时性却大体根据一般的共性，如红釉陶、人型盖、女雕像、陶土上的刻划纹饰和冶金术。[11]文卡Ⅰ期如今的放射性碳测年日期要比特洛伊Ⅱ期早得多，在公元前 5300—前 4000 年。[12]

柴尔德在《回顾》一文中声称，他在《欧洲文明的曙光》里已经为英语读者引入了冰后期气候变化和生态再适应的思路。[13]然而，生态适应和变迁的观点首次在《史前期的多瑙河》一书中发挥了重要作用，并已被其他英国考古学家如克劳福德在 1925 年之前所论及。[14]在此书中，柴尔德将欧洲新石器时代聚落限于黄土地带和湖滨归因于早期农民无法清除茂密的森林。他也强调青铜时代气候波动所引发的文化变迁。[15]在《史前期的多瑙河》出版一年后的 1930 年，柴尔德注意到西里尔·福克斯赞同对英国高地和低地的二分。[16]福克斯声称，高地的西部和北部以文化连续性和有选择地接受外来特征为代表，而东南部的低地因不断受到外来入侵，其历史以文化的根本取代为特点。 *59* 柴尔德对采用生态学解释明显很有兴趣，特别当这种解释能够更好了解欧洲的文化变迁时。但总的来说，他满足于采用其他人的解释，他对这些想法的系统陈述或改善并无多大贡献。

《史前期的多瑙河》一书最大的发明是，柴尔德对证据的经济学解释。这点在《欧洲文明的曙光》中几乎没有怎么论及，此书中的经济学只是通过参考文献间接提到与商业的关联及当地的资源利用。[17] 在《史前期的多瑙河》一书中，他开始构建一些概念，这些概念成为他余生治学的学术装备。他注意到来自地中海的海菊贝早在文卡 I 期就出现在沿多瑙河流域的遗址中，并将此解释为新石器时代早期贸易的证据，有可能用来交换朱砂矿。[18] 根据相当单薄的证据，柴尔德提出公元前 2600 年后的贸易商、探勘者和冶金匠从安纳托利亚来到多瑙河河谷寻找供出口到近东去的金、铜和锡矿。[19] 然而他提出，仅供应当地市场的金属产品，是那些和安纳托利亚有关系的别针、耳环及短剑。他为其假设的远征队和贸易点所能提供的最佳证据，是那些与近东特征相似的陶器。[20]

柴尔德声称，特洛伊 II 期约在公元前 1800 年消亡，多瑙河与近东的贸易就此中断。这迫使移入多瑙河河谷的金属工匠只能为当地消费而非出口到其故乡而生产。其结果是与奥恩耶梯茨（Aunjetitz）文化相伴的青铜工业的发展。[21] 柴尔德也许过分热情地描述了这些青铜时代早期文化，好像在最早的欧洲社会中，制造业、贸易与农业发挥着同等重要的作用。但是，他并没看出与这种工业专门化相伴的社会地位分化之迹象。[22] 他声称，青铜生产必定要预设产锡的不列颠和波希米亚地区与产铜的斯洛伐克、特兰西瓦尼亚、奥地利和南斯拉夫等地区之间存在接触。这意味着存在一种大陆性经济系统（continental economic system）。[23] 他后来将此"系统"形容为联系松散的贸易区，一个集中在不列颠，另一个在匈牙利，它们分别由流动工匠整合成一个商业网络。[24] 他将这一时期新器物类型的广泛分布解释为广泛贸易

60 和交换的证据。这也是有可能用类型学将整个欧洲大陆的文化发展相互联系起来的原因。他注意到，类型学方法只能用来构建不同文化存在经常和定期接触那些地区的年代学。[25]

柴尔德特别否认《史前期的多瑙河》是一本有关史前民族的论著；相反，他设法廓清多瑙河在欧洲文化发展中的作用。[26]他的历史解释不乏部落流动甚至雅利安人入侵，但是他并未把这些事件当成历史过程的主要解释。虽然他的经济学陈述只是一种初步形式的发挥，但是在他对考古材料解释中所起的作用越来越大。

阿伯克龙比教职

1927 年，他到爱丁堡大学就任史前考古学的阿伯克龙比教职，此教职是根据约翰·阿伯克龙比的遗嘱所设，他是阿布吉尔和图里博迪的第五世男爵（Fifth Baron of Aboukir and Tullibody），刚好在三年前去世。约翰·阿伯克龙比生于 1841 年，1858 年到 1870 年在军队服役，那时就投身于北欧的考古学研究。他的主要著作有《大不列颠和爱尔兰青铜时代的陶器》（*The Bronze Age Pottery of Great Britian and Ireland*），在 1912 年出版。早在 1905 年，阿伯克龙比就对苏格兰古物学会所认可的考古学方法感到不满，并与古物学会发生了争执，他想改善苏格兰考古学的愿望，使他提出建议在大学成立一个考古学系。

柴尔德由此跻身大不列颠少数几位拥有职业地位的史前考古学家之列，他们是任职于大英博物馆的雷金纳德·史密斯（Reginald Smith）、克里斯多夫·霍克斯（Christopher Hawkes）和肯德里克（T. D. Kendrick）；剑桥大学迪士尼教授（Disney Professor）伯基特，多罗茜·加罗德（Dorothy Garrod）也在那里执教；莫蒂默·惠勒及西里尔·福克斯在卡地夫（Cardiff）的威尔士国立博物馆任职；克劳福德则为地形测量局工作。此外，弗勒在亚伯（Aberystwyth）大学地理系执教。哈罗德·皮克在兼职，格特鲁德·卡顿-汤姆森（Gertrude Caton-Thompson）在埃及从事发掘，而年轻的格拉厄姆·克拉克还是剑桥大学的研究生。柯林伍德（R. G. Collingwood）在牛津大学教哲学，他对罗马时期不列颠的研究对史前考古学产生了一些影响。这些考古学家的训练背景从古典学到化学都有。尽管其中有几位对生态学问题有兴趣，但是他们很难说具有一种共同的理论取向。当 *61* 时，还没有适合将柴尔德及其工作归入其中的定义明确的英国学派或英国史前考古学派。

在被丹尼尔形容为一份"遗嘱书写"极佳样本的阿伯克龙比遗嘱里，规定了其职位的拥有者必须熟悉欧洲和近东的史前考古学；精通法文、德文，以及能够在某种程度上使用意大利文；能将其知识传递给普通大众，并积极从事某些考古学问题的研究。为了保证这项事业能成功，阿伯克龙比也明确要求，第一位任职者必须是"毕生精力充沛的人"[27]。皮戈特是柴尔德在爱丁堡大学的后继者，他发现这些条款是"设计来排除而非接纳某些潜在的申请者，但这些条款很可能是为柴尔德量身定做的"[28]。柴尔德在任职期间，一丝不苟地遵从阿伯克龙比遗嘱所立下的精神和内容；因此从许多方面来说，这些条款也帮助柴尔德确定了他的研究方向。

在他的就职演讲中，柴尔德利用最新研究来重新思考阿伯克龙比对大口杯人群抵达和冶金术在英国开始的解释。此后，他也常引用阿伯克龙比对大口杯人群的研究作为英国现代史前史研究肇始的标志。[29]他也在爱丁堡大学设立了一门考古学科学学士学位的课程——选择这个学位明确表明他将考古学视为一门科学学科。但是，尽管他对选课的学生影响很大，但只有一位学生在柴尔德任内成为考古学优秀生。[30]

《最古老的东方》

在 1928 年，柴尔德《最古老的东方》一书出版，该书是根据他在爱丁堡大学执教第一年上课的讲稿编成。其主要目的在于为学生提供东方的背景，他认为这是了解欧洲史前史所必需的。他设法详细追寻后来传播到欧洲的几大主要发明的起源地，并说明那些对欧洲材料交叉断代很重要的来自近东的器物类型。为了达到他学术任命的要求，柴尔德也设法为一般公众提供了解近东许多惊人发现的必要背景。1922年发现的埃及图坦卡蒙法老的完整陵墓，引起人们广泛的兴趣。柴尔德也想调查可能有助于揭示早期文明发展的其他重要考古发现，例如乌尔出土的早王朝时期陵墓、埃及的拜达里文化（Bada-rian culture）和整个印度河谷文明。当时，这些消息只能在考古杂志上的简报或从《伦敦新闻画报》（*Illustrated London News*）短讯中得知。

　　《最古老的东方》被某些写书评的人批评为明显有仓促完成的迹象。[31]可是他们也承认这本书满足了实际的需求。最重要的是，它标志着柴尔德思考史前经济某些重要趋势的一个开端。就像《欧洲文明的曙光》一样，柴尔德著作里的许多重要观点来自许多同代考古学家的著作。不像他所用的生态学概念，这些观点成为持久而原创思想的基础。

　　柴尔德后来注意到，早在1915年，埃利奥特·史密斯就把食物生产的发展看作代表人类历史发展最重要的阶段之一，也是人类进步必不可少的一个先决条件。[32]哈罗德·皮克和弗勒以及其他人大力宣传这一观点，这便逐渐将食物生产看作是比陶器或磨制石器更重要的新石器时代标志。[33]柴尔德认为这种观点可赋予一种技术发展阶段以新的经济意义，并予以大力支持。他把农业及畜牧的发展形容为"由此人们不必再依赖环境的一场革命……并成为从其多变环境中解放出来的创造者"[34]。他后来采纳的观点是，新石器时代社会学会了如何和自然相处，以便增加其食物供应。[35]这很像比较晚近的生态系统方法，其关注人类及其环境之间的互动。他也认为，近东地区的部分居民很可能主要是采集者而非大型动物狩猎者，而这种经济的弹性很可能影响其向食物生产方向转变。[36]就像许多其他考古学家，他认为欧洲旧石器时代晚期文化是文化发展过于特化的死胡同。

为了解释农业的起源，柴尔德采纳了庞佩里的"绿洲假说"（oasis hypothesis），这个说法在 1927 年由皮克及弗勒合著的《时间的走廊》一书出版前不久就引起大家的兴趣。[37]柴尔德接受这种说法，即近东冰后期的干旱迫使人们及动物聚集在残留的水塘和干涸的河道附近，因它们以前的活动范围已变成沙漠。这种亲近的关系促成了人类与动物之间的共生关系，最后导致对某些动物种类的驯化以及野生谷类的栽培以增加生产力。[38]1924 年，佩里将彻里（T. Cherry）的观点加以普，认为农业起源于埃及，是因为有人想灌溉旱地来增加尼罗河两岸与野生植物一起自行生长的大麦产量，然后在每年泛滥河水退去后的大片湿地上播下大麦种子。[39]柴尔德认为这是一种变相的绿洲说，但是他不赞同佩里认为食物生产一定就在埃及起源的说法。[40]但是在 1928 年，认为食物生产首先在西南亚起源的说法尚未得到支持，后来由于布雷德伍德于 1948 年和 1955 年在扎尔莫（Jarmo）发掘的结果才被证实。柴尔德仍然强调为人熟知的埃及发展序列，将美索不达米亚列为第二个起源地。

柴尔德并未主张，食物生产的发展是对气候日趋干旱的一种必然反应。他认为，狩猎采集群面对这项挑战，会随他们所喜食的猎物向北或向南迁移，所以会保持他们的传统生活方式。抑或也可能留在原地，仅靠残留的猎物艰难维生，抑或转变成农人以摆脱他们对不测环境的依赖。[41]这种看法和单线演化论完全不同，相反，却和当时在人文地理学中所流行的可能论相近。为了保持他反决定论的立场，柴尔德认为传播迁移在近东和欧洲食物生产经济的确立中发挥了重要作用。

近东只有三处"绿洲"被公认为大得足以支持主要早期文明发展：尼罗河、底格里斯-幼发拉底河和印度河三个河谷。在每个地区，柴尔德见到财富的增长、政治权力的集中和城市生活的兴起，并反映在工业艺术品的进步上。[42]他也把社会看成等级日益分化而落入君王、祭司及官吏的控制，而他们的安全也由训练有素和装备精良的军队来保护。[43]

64 然而柴尔德相信，这些文明是从一种互相关联且大体相同的新石器时代基础上发展而来，而且不断互相保持接触，每个文明被视为沿不同路线独立发展，在公元前 3000 年发展出"成熟而独特的个体"[44]。柴尔德根本没把这些文明看作是平行发展的例子，他仔细地描述它们的差异。埃及和美索不达米亚尤为明显。美索不达米亚文明被形容为一系列的城市国家，每个国家都集中在一个主要的庙宇群周围，而整个埃及却由单一国家组成，并由一位神授君王所统治。他对埃及王权的看法深受詹姆斯·弗雷泽（James Frazer）神圣"玉米王"概念以及埃米尔·涂尔干的国王权威图腾起源理论影响。[45]柴尔德也把美索不达米亚看作是族群复杂的文化区，与埃及族群单一的文化区形成对比。美索不达米亚被形容为深受外来强敌的威胁，而且因互相残杀的战争而四分五裂；而埃及被视为很快就取得而且长期保持着内部的和平及秩序。他认为，正因为这些特点，埃及文明不但能繁荣昌盛，而且能在公元前 3000 年凌驾于美索不达米亚文明之上。[46]

  柴尔德对埃及文明与美索不达米亚文明之间存在反差的观点到晚年也没改变。然而，他错误地将这两大文明作为平行演化的例子来解释，而亨利·法兰克福（Henri Frankfort）在 1951 年出版的《近东文明的起源》（*Birth of Civilization in the Near East*）一书中，也步其后尘持此错误的观点。事实上，法兰克福和柴尔德对埃及和美索不达米亚两种文明之间的差异解释大同小异。其小异之处在于法兰克福坚称，每个文化都有一套独特的形态或宇宙观，在历史上经久不衰，并从根本上不会改变。法兰克福认定此种形态是一种文明生活和创造力的源泉。[47]

  柴尔德把文明的发展视为新石器时代重要发明影响的结果。他指出，就美索不达米亚而言，在历史初期所取得的辉煌进步，"在工业的革命性发明方面，不如在制度的稳定、生活舒适度的提高，以及外贸扩大和常规化所开拓的广阔前景方面更显著"[48]。

65 美索不达米亚的大城市被视为由小城镇聚集而产生，这种推论似为新近的考古证据所证实。[49]柴尔德相信，与城市生活相伴的对专门工具及奢侈品需求的增长刺激了外来原料需求的市场。获取这些物品的努力也鼓励了殖民及对外贸易，而从早期文明的王朝战争中逃离的难民也把他们的所见所闻带到了边远地区。他把贸易视为促进知识传播的主要原因。这也有助于将近东整合在一起而保持某种程度的文化同一性，以对抗日益增强的区域分化。[50]

所有这些过程促成了近东文明相邻区域"较高野蛮状态"的发展。为了交换原料，较落后的边缘社会首领从最早文明中获得成品，最后富裕得足以雇用那些在文明发祥地因过剩而失业的工匠。[51]像柴尔德后来所云，地中海人群能够从东方国家吸收社会剩余产品，并以此为资本来发展他们自己初步的工商文明。[52]这种资本的地理位置愈近，次生青铜时代文明的出现就愈快。

柴尔德声称，有必要赋予"贸易"这个术语以一个任何时候都适用的准确含义，根据某特定地区有利于并促成这种活动的特定社会、经济和环境条件来进行定义。[53]他借鉴了现代工业化社会中似乎很肤浅的工业和贸易知识来做到这点。他提出一些相当简单的模型来说明内部的发展，以及核心与周边地区之间的关系，他相信这样有助于解释考古记录。柴尔德把战争或迁徙这些特殊政治事件视为有助于了解他所定义的经济条件内在可能性的因素。[54]

在《最古老的东方》一书中，柴尔德要比他早期著作更加全面地推崇"文明来自东方"说。这个变化可简单地被解释为该书所反映的地理学取向，此外，这种取向也延续到他后来与近东地区无关的著作之中。他主张，传播论学者假设的准确性，是"以代表东方世界的基本连续性而非其古老性为特点而得到保证"[55]。他也断言，"将东方文明不同中心聚合到一起的相同力量，也能将史前欧洲的野蛮人整合起来"[56]。有了这种自信之后，柴尔德将所有重要的早期发明全部归因于近东。欧洲史前史直到它的最后阶段，一直是近东成就的模仿者，或充其量也只是采纳者的故事而已。[57]要了解这些成就是如何或为何能够实现，我们就必须研究近东的考古材料。

66

我们已提到，柴尔德和他同时代的大多数社会科学家一样，都不相信单线进化论。他提出了各种应对区域气候干旱的设想，尽管他指出早期文明具有某些共同的特点，但是更强调它们的不同。柴尔德明确地肯定，"考古学启示……所揭示的并非抽象的演化，而是很多具体群体的互动，并将相隔遥远地区的成就融合起来"[58]。为了坚持他的怀疑，他对利用民族志的宽泛类比来解释考古材料的价值感到难以把握。他觉得，和欧洲青铜时代有相同发展水平的社会，也可在现代的婆罗洲或非洲找到，而所有这些社会的表象很可能也有一种相同的野蛮外貌。[59]然而，柴尔德并不想在这些社会之间做任何特别的平行比较。

就像大部分其他否定单线演化的学者一样，柴尔德对貌似有历史关系的社会进行比较更有信心。他相信，就如文献记载所揭示的，古代近东文明的实践很可能为同时代欧洲的青铜和铁器社会提供了启示。[60]他也把现代苏丹的丁卡（Dinka）及希鲁克（Shilluk）人群形容为"活的博物馆"，他们停滞不前的社会结构可用来说明古埃及文明发展的早期阶段。但是他强调，这种类比之所以有效，乃因这些部落与古埃及人在"外表、身材、头颅比例、语言和服装上"相关；简言之，他们在历史上有关联。[61]后来，当柴尔德注意到这些相同的族群与英伦诸岛新石器时代和青铜时代文化有非常相近的共性时，他脑子里也有一种历史关系，因为他相信，英国的新石器时代文化最终也是来自埃及新石器时代文化的迁移，比如那些在迈里姆德（Merimde）或法尤姆（Fayum）的考古发现。[62]

《最古老的东方》一书所包含的一些特殊解释现已证实是纯属猜想。它们大部分反映了当时反进化论和传播论的观点。与欧洲中石器时代相伴的细石器及传统艺术，也被看成是对无法应对日益恶化环境的那些人群退化的标志。[63]阿拉伯南部被认为可能是大口杯陶器人群的发祥地。[64]柴尔德极力反对此说，提出美索不达米亚和埃及文明起源于南方的草原文化，在那里一批旧石器时代早期传统的拥护者首先开始学习栽培谷物和驯养动物。不过，他也接受这样的可能性，即这

67

两大文明之间的许多相似性，可以被解释为存在第三个更早的中心，其影响力同时辐射到这两个地区。[65]他下的结论，即埃及和美索不达米亚之间的共性是否来自贸易或入侵的争论是不足取的，看来与当下的观点很相近。[66]

当他写《最古老的东方》一书时，柴尔德感到已有的考古证据不足以构建一种近东文明发展较有条理而详尽的解释。[67]他特别看到工具的日趋多样化，对自然控制更强的物质表现，以及富裕的生活。[68]所以他试图利用考古材料来赋予史前史以经济学的意义。他后来坚称，他写《最古老的东方》一书所获得的好处之一就是，使他熟知如何能从相伴的文献来"说明"考古材料；虽然他不懂近东任何古代语言，只好采用二手材料。[69]但最重要的是，至少从短期而言，他写这本书令他把握了食物生产起源和重要性的问题。他从该过程所获结果而产生的兴趣，成为他下一本书《青铜时代》准备详述的主题。

《青铜时代》

柴尔德说，1930 年出版的《青铜时代》一书并不是伯基特 1926 年出版的《我们的远祖》（*Our Early Ancestors*）之续编，而是讲述这本教科书并未涉及的"史前工业发展"故事。[70]柴尔德把青铜时代定义为经常利用铜或青铜为特点的一个发展阶段，有别于偶尔利用天然铜的器物生产。在这本书中，他试图决定青铜加工的经济和社会意义，从而将青铜时代重新定义为一个重要的经济阶段，也是一个重要的技术发展阶段。[71]

虽然柴尔德考虑到冶金术在埃及、近东、匈牙利和西班牙独立发明的可能性，但是也认为这个想法很不可能。[72]他把青铜加工视为一种如此复杂的过程，以至于要发现其奥秘很不容易，所以在人类史上只可能发生过一次。他也把欧洲和近东青铜加工过程特别的相似性作为单一起源的证据。[73]他主张，欧洲最早金属制品的设计可追溯到美

68

索不达米亚和埃及的祖型。最后，新石器时代和铜石并用时代的贸易关系的广泛证据，完全否定了如此相邻地区具有独立发展的可能性。柴尔德拿不准铜器加工到底是在埃及还是在美索不达米亚发明的。明显的是，这两个地区文化发展是如此迅速，以至于它们要比其他接近矿源的地区更加顺理成章地成为起源地。[74]

柴尔德无疑推定，青铜加工若无各种类型的云游全职工匠是不可能的。他相信，金属匠可能是人类史上最早的全职专业人员，并认为采矿者、勘探者和冶矿者需要更深奥的知识。[75]后来他把冶金术的发展与恩格斯将手工艺和农业分工的开始相提并论，于是把它视为社会和技术转变的一个主要标志。[76]他推定，采矿者和金属匠是功能上脱离部落羁绊的第一批人。[77]看来他并没有试图参照民族志材料来严格检验这种推测。他含糊地指出，在非洲某些地区，金属匠从一个部落跋涉到另一个部落为他们的客户服务，并将这种现象错误地归结为普遍现象。柴尔德主要是从荷马史诗一段话中得到这个结论，这段话提到，在古希腊，预言家、医生、诗人或工匠肯定到处受到欢迎。[78]他一辈子都在强调这段话的重要性。

柴尔德也相信，早期金属制造的知识被精通这门手艺的师傅视为行业秘密。这些师傅可能只将其传授给没有血缘关系的人，他们可以为其提供有价值的回报，特别是能使其获得更多原料。[79]他认为，金属加工知识因金属匠寻找矿源，或因金属匠的幼子需要寻找新的工作区而逐渐传播开去。[80]正因为如此，工匠往往属于他们所服务人群的不同族群。这个模型与西德尼·史密斯（Sidney Smith）的说法不谋而合，即认为外来工匠常被吸引到主要的城市中心，因为不断扩展的城市常能提供新的工作机会。[81]

柴尔德对青铜加工给个别社群带来的影响颇感兴趣。虽然他把金属工具视为一种人们想要的东西，但是他认为冶金术的传播是很慢的，而且远非必须，并且试图说明可能加快或阻碍这个过程的社会及经济条件。用柴尔德自己的话来说，对于大部分经常使用青铜工具的社群，青铜加工必然会给自给自足的新石器社会带来双重的损失。第

69

一，需要社群里的每个家庭变得经常依赖与他们无关的工匠。第二，因为铜和锡只在少数地区出产，这就会让大部分社群变得依赖贸易。于是，经常使用铜就必须开发贸易路线，而且这些路线不能因部落间的战争被经常中断。[82]

确保铜、锡供应的代价被视为制约大部分地区无法正常使用的主因。起初只是在诸如美索不达米亚地区普遍采用，那里因为缺乏自然分布的石料而使得人们能够承受金属的高昂成本。[83]柴尔德注意到，青铜在用于农具之前主要用来制作武器和特殊工具。但是他声称，即便使用相当有限，也改变不了青铜时代对青铜的依赖性。他相信专业木工，例如制造轮车和陶轮，若无金属工具是绝无可能的。[84]

柴尔德也考虑到铜和青铜的使用对科学知识发展的重要性。不像燧石，铜矿分布在坚硬的岩石中，必定要有专家才能开采。铜矿提炼所发生的化学性质变化要比陶器烧制更为剧烈。因此，在他看来，这一过程的改善是化学作为一门实用科学诞生的标志。[85]

在《青铜时代》一书中，柴尔德不再持单线进化论者的立场，比在《最古老的东方》中更明显。他坚称，青铜制造在较复杂社会的发展中发挥着更重要的作用，但其影响在欧洲却和在近东大不相同，青铜是在近东发明的，而且那里青铜时代的延续时间是欧洲的两倍。在近东，青铜加工是文明起源的一个重要前提，柴尔德将文明定义为以城市、动物牵引、文字、有意安排的政府、科学的发轫、工业艺术的专业化、国际商贸为特点。[86]他也指出，近东文明在早熟的开端之后就停滞不前。在伊拉克，大约公元前 2230 年阿卡德（Akkadian）王朝崩溃之后，就没发明过任何新的金属工具。[87]

作为对照，柴尔德相信青铜加工是由为其家乡市场寻找铜、锡的采矿者和工匠从近东带到欧洲的。当西班牙和多瑙河之间的商业来往以及这些传统市场在铜器时代之末（约公元前 1900 年）中断之后，这些工匠开始为欧洲顾客制作产品。[88]青铜时代中期见证了冶金术新流派的发展及扩散，特别是欧洲一些地区又开始和地中海东部进行直接或间接的贸易。这批金属匠为欧洲一批共同的金属器类型做出了原创性贡献。[89]到了青铜时代晚期（约公元前 1600 年），人口增加加上气候条件变化所造成的森林扩大，导致对耕地的需求增大，于是战争频仍，并对金属武器有更多的需求。这也促成了废金属贸易的增长、强度更大的采矿和对矿源控制的竞争。[90]柴尔德著作的这个方面受到了西里尔·福克斯著作的影响，后者把金属工业铸造者的囤积和重组视为青铜时代晚期的重要特点。[91]

柴尔德继续强调，部落间接触和竞争是推动成长的主力。这是来自地中海东部多重影响的一处汇合点的说法，作为英国青铜时代"巨大活力及原创性"的解释而被人们所接受[92]，而埃及格尔塞（Gerzean）文化期的"亚非传统之冲突"则被解释成所有艺术不断进步及不断特化的总推力[93]。柴尔德现在坚持的"文明来自东方"原则，要比在《最古老的东方》一书中的所为更加有力。他声称，我们"不可能在爱琴海地区以外指出物质文化某单一重要贡献是源自欧洲"[94]。西方文明作为一个整体愈来愈被视为根植于近东的发明和发现传统的简单累积而已。[95]他声称，近东在战后的发现足以昭示欧洲受惠于该地区的程度。

《最古老东方的新认识》

71 1934 年，柴尔德对他在《最古老的东方》和《青铜时代》两书中系统详述的经济学观点加以综合和优化之后，对前书做了全部重写，起了个新的书名叫《最古老东方的新认识》。而原来那版完全是根据发表过的资料写成的，他在准备写这版时，访问了伊拉克和印度文明最新发掘的遗址。在伊拉克，他参观了芝加哥大学东方研究所亨利·法兰克福指导下在巴格达东部的迪亚拉（Diyala）地区的发掘，德国考古队在乌鲁克（Uruk）的发掘，以及由伦纳德·伍利（Leonard Woolley）主持的英国和美国宾夕法尼亚大学联合探险队在乌尔（Ur）的发掘。在访问过程中，柴尔德注意到"大河流域文字的出现与最早的纪念性墓葬和庙宇的建造以及人口在有规划城市中的聚集同步"[96]。他想象古代近东的乡村聚落扩大为城市，如乌尔和拉伽什（Lagash），以及现代的英国村落发展成生产的城镇之间有一种平行关系。他习惯于用自己熟悉的18—19世纪工业革命来随意解释古代经济发展，并将其变成了一种系统陈述，这在他后续的研究中屡见不鲜。

迄今为止，柴尔德所指的文化革命只是一种非正式的形式。在《最古老东方的新认识》一书中，他采用了之前的研究来定义和标示工业革命之前的两次经济革命，并声称这两次革命的历史意义与工业革命相同。第一次革命是从食物采集转变为食物生产。第二次革命是从自给自足的食物生产经济转变为城市文明，他认为这一革命是以工业与商贸为基础。他也想象，像工业革命一样，紧跟两次史前革命的是人口的大量增长。在狩猎采集者中，子女过多是家庭的负担，而在粮食生产社会中，儿童可以很小就参加劳动，于是对于一个家庭是一种经济资产。[97]

柴尔德所提出的两大史前革命的叙述，主要是基于他在《最古老的东方》和《青铜时代》两书中得出的结论。食物生产被视为气候干燥所致，它迫使大量人群只能在一小片土地上维生。于是他认为，在残存的绿洲中资源的匮乏和人口密度的不断增加是刺激发明和变迁的主因。在《最古老东方的新认识》一书中，他没有过分强调生态学解释的重要性，而是从不断的传播和文化接触来重新解释食物生产的发展。柴尔德指出，近东发生的第一次革命乃因恶化的干旱气候迫使狩猎群跋涉更远去觅食，使得越来越多拥有不同知识的人群彼此来往。[98]拥有不同知识的大批人群在整个近东和欧洲，传播和迁移被视为促成食物生产经济扩散的主要因素。[99]这一过程产生了许多村落，而其本身就是不断传播的舞台。他指出这些村落中大量的贸易证据，但是他相信，在青铜时代之前，这种贸易与它们自给自足的地位并不冲突，因为所交易的总是非基本物品。与这种贸易相伴的接触也有助于技术知识的扩散。他相信，专业贸易群很可能在食物生产的早期阶

72

段就已存在，因为"专业交易者在现代非洲见于经济水平很低的社会中"。这些贸易者很可能是生活在定居社群之外的游牧者或猎人。[100]

柴尔德相信，近东的食物生产文化有共同的起源，或者至少它们的起源在历史上是相互关联的，而在此区域内，他区分了"两个不同的文化区"。非洲—安纳托利亚区是以单色黑陶，后来以红陶、直柄镰刀、凹底石镞及盘状权杖头为鉴定特征。亚洲区的特点是常施彩的浅色陶、梨形的权杖头和弯形镰刀。虽然埃及在格尔塞文化早期就被亚洲文化区的扩张所蹂躏，但非洲—安纳托利亚类型的各文化取道北非、西班牙、克里特和中欧而到达欧洲。另外，塞萨利、保加利亚、特兰西瓦尼亚和乌克兰的彩陶文化可见来自亚洲区，它们共有较为进步的特征，如印玺、制铜和可能砖砌的建筑物。[101]这种两大文化区概念在很长时间里在柴尔德有关英国史前史写作中发挥着重要的作用，只是到后来才逐渐被他放弃。

73 柴尔德的"第二次革命"，从野蛮到文明，是以整个社会财富的增加，以及国王和庙宇拥有的剩余财富——主要是食物——的累积为特点。部分剩余产品部分用来偿付诸如排水、灌溉和控制水灾等系统的生产劳动，并用于进口经济发展必需的原料。[102]但是，大部分剩余产品用来养活工匠、商人、艺术家和士卒，他们许多人不再从事任何农业生产。[103]虽然柴尔德承认，黩武主义的发展是为了保护文明的财富免受邻近野蛮人之劫掠，但是他相信，大半的财富和人力被消耗在城市国家之间徒劳的冲突上。如今他把早期美索不达米亚城市的共存现象解释为战争所迫的结果。[104]然而，尽管他为早期文明这些浪费行为感到悲哀，但是他用一种目的论的方式声称，这类社会的兴起对于人类有史以来最大规模整合的努力是必不可少的。

柴尔德完全低估了早期美索不达米亚城市国家大多数居民务农的可能性。他把工业、贸易和商业视为工业前和工业城市的基础。他也声称，和工业革命一样，一种新的维生方式导致无产者的增加，他们数量的增加逐渐导致劳力过剩，因而他们有的人被迫迁移。这些原因再加上在战争中被打败的人群，会把文明或其要素带到邻近而不开化的地区去。[105]

　　与此同时，工业扩展及扩大的奢侈品需求市场造成对原料更多需求。早期文明的统治者用剩余食物和他们不甚开化的邻居交换这些原料。他们也征服邻近地区，以便确保所需原料的供应。这两种活动鼓励了新文明的发展。不断发展的城市中心，或者刻意在这些周边地区建立城市，产生了新的无产者。这些过程再加上部落群体为了抵抗他们文明邻居侵略所做的努力，产生了独立的国家。进而一旦他们自己的经济不再自给自足，和文明原生地区相隔甚远的第三中心就会应运而生。[106]这些在边远地区发展的中心不像原生中心那么复杂。柴尔德也把欧洲食物生产文化的扩散归因于安纳托利亚和爱琴海地区次生文明之兴起，而后者本身就是近东第二次革命的产物。[107]

74

　　柴尔德列举了两个他相信是控制原生中心和次生中心关系的原则。第一个是，省区的古风（archaism）。他设想，尽管次生文明能从原生中心借鉴思想，但无法像原创者那么快地改善这些思想。[108]因此，次生文明中的老旧或古代式样会和相邻原生文明中较进步的相同物品同时。第二个是，近东文明政治和军事制度所耗费的资源最终会超过它所能生产的资源，于是就会让这些文明停滞不前。次生文明的成长也会破坏原生地区的繁荣，因前者控制了贸易路线，而它自己的需求会减少供应原生文明的原料数量。[109]他相信，最后两点可以解释为何近东文明最终会被欧洲文明所超越和控制。

评价

　　克里斯多夫·霍克斯对考古证据的解释定义了难度逐渐增大的四个层次。他声称，推断技术相对较为容易，而经济较难，社会和政治更难，而意识形态在所有推断中最为困难。[110]柴尔德费了不少心血想从考古材料中寻找重要意义，试图努力掌握这个等级中的第二层次。他对史前社会经济的兴趣在某些程度上反映在他的马克思主义的政治观点上。然而，非马克思主义者的考古学家如哈罗德·皮克也对经济问题感兴趣，柴尔德用他们的观点来构建他自己更详细和更全面的经济发展模型，并用它来解释近东和欧洲青铜时代之末的发展。

　　柴尔德构建的"经济发展盛典"模型是根据他的这个设想，即前两次革命与工业革命在某些方面可以类比。他有关所有三大革命与人口显著增长相伴的观点，显然只是对前二次革命的一种想象，并非能用考古证据加以认证的一种关系。他也忽视了这样的事实，即英国人口的显著增长发生在工业革命之前及其后，而且人口的整体增长主要是因为医疗技术的改善及农业产量的增加。[111] 因此，18 世纪的扩张不能被用于早期阶段，特别是当许多城市人口不能自行增殖之时。柴尔德的苏美尔城市是"工业无产者"所居住的"正规工商业"中心的设想也是一种天真的对比，即便是从当时拥有的有限信息来说也是如此。[112]

　　柴尔德想用功能论解释考古材料的努力，明显受到他对各种行为模式缺乏了解的制约，倘若他对民族志记录的知识有较多了解的话，情况可能会有所不同。他熟悉霍布豪斯（Hobhouse）、惠勒及金斯伯格（Ginsberg）合著的《较原始人群的物质文化与社会制度》（*The Material Culture and Social Institutions of Simpler Peoples*），这本书是针对 640 个社会的民族志比较研究，目的是发现食物生产方法的程度差异是否与文化其他方面的演化相关。他们的经济分类建立了三种不同类型的狩猎社会、三个级别的农人和两个级别的畜牧者[113]，但是他大部分的民族志材料推断极其模糊。虽然他引用并不与任何特定部落群体相关联的非洲流动金属匠作为他解释欧洲史前经济的支撑，但是他并未设法寻求过这种现象是否普遍，或在其他案例中的另类情况。[114] 这个疏忽十分严重，因为在北欧或中欧的铁器时代之前，实际上并没有与金属匠活动相关的考古证据，当时只有某些以社区为基础的青铜制造者证据而已。柴尔德根据铁器时代经济中青铜工匠"部落重组"的推想，将这一证据与他对早期阶段的猜想相对应。[115] 因为他不熟悉民族学，甚至要很晚才知道半职和全职专业人员之间的根本区别。[116]他对用民族志类比作为解释工具的有效性一直心存疑虑，他也不愿系统地采用它来扩充他对这些材料的另类解释。他也毫不在意为他的史前史解释提供有事实支撑的关键要素，比如确定他设想的安纳托利亚探矿者在欧洲具体墓葬或居所的位置。

柴尔德利用民族志材料是当时典型的做法。大部分考古学家仍因袭 19 世纪进化论者的实践，从世界各地随意选取能够支持他们观点的民族志例子，而漠视相反的案例。新社会人类学如此专注于描述个别社会，以至于无从另辟蹊径，而系统的跨文化研究一直要到第二次世界大战之后才在人类学中流行起来。虽然有像克劳福德那样的考古学家强调民族志类比对考古材料解释的价值[117]，但是大多社会科学家对跨文化规律是如此不屑，以至于认为它们没有任何阐释的价值。

在《最古老东方的新认识》一书中概括的发展序列，与《最古老的东方》相比仍然比较单线和绝对。然而柴尔德仍主张，文化的发展方式在不同地区并不相同。他设法把他的经济发展阶段与传统的旧石器、新石器和青铜时代对应起来，但同时也强调新技术的结果在近东和欧洲并不相同。他也相信食物生产以及后来青铜加工技术在欧洲的扩展大体上是近东第二次革命的结果。[118]

柴尔德在把欧洲与近东文化发展做比较时，总是采用一种多线演进的方法。然而，当时他所优先考虑的并非进化。所有考古学家和人类学家都承认，技术进步是以复杂技术晚于简单技术而发生的。而他们对这种现象的意义有不同看法。文化进化过去被视为人类推理能力随时间推移而逐渐扩展的一种普遍现象。但是，到了 1920 年代，许多社会科学家不再相信人类本性是善于创新的，或是倾向于改变自己的生活方式。这使得包括柴尔德在内的许多考古学家愈来愈依赖传播与迁移来解释考古材料中所见的文化变迁。因此，我们对《最古老东方的新认识》结尾柴尔德告诉我们这本书的主要目的是证明"文化传播的一般性学说"就不会感到惊讶了（除非时过境迁）。[119]柴尔德并未将他对传播论的传统看法和他对经济发展较为原创的与建设性的兴趣进行调和。结果，传播论解释（无论多么有理）仍一直妨碍着他对社会发展的研究。

第五章　苏格兰考古学

　　柴尔德坚称，他的主要贡献是对考古学理论的发展，这就增强了这种说法的可信度，即他基本上不是一位发掘者或"田野工作者"。[1] 1927 年他在抵达苏格兰后不久，在给一位朋友的信中写道，他不喜欢发掘遗址，就像不喜欢在苏格兰阴冷的天气中度过夏天一样。[2] 然而，后来皮戈特有这样的印象，即柴尔德"以某种奇特的方式"享受发掘。[3] 不管他个人感觉如何，柴尔德在 1928 年到 1946 年像大部分其他专业考古学家一样从事了许多田野工作；他详细记录他的发掘经过，他对发表的考古报告一丝不苟。与有的说法相反，他在 1946 年成为考古研究所所长之后也并未停止田野工作。在 1950 年代的四个夏季，他一直在苏格兰进行发掘。[4]

　　皮戈特声称，柴尔德是一名蹩脚的发掘者。他说，柴尔德无法感悟田野考古证据的性质，以及鉴定、揭露和解释这些证据所涉及的过程。他还说，这一欠缺使得柴尔德无法看出其他考古学家所提供材料的潜在不同，因此影响到他自己综述著作中所用材料的可靠性。[5] 没有人费心来审视这些说法。

　　在担任阿伯克龙比教职期间，柴尔德花了大量时间研究苏格兰的

图 37　柴尔德在苏格兰和爱尔兰所调查的主要考古遗址的位置

史前史，当他到达苏格兰时，认为这项研究处于非常落后的状态。[6]他开始从事这项研究大体是从一种责任感，以及他职位的部分担当出发的。不过他研究的数量和质量表明，他并未对这项任务掉以轻心。他不仅发掘遗址，而且设法使自己熟悉有关苏格兰考古的相关著述，对博物馆藏品进行原创性的研究，并写出了《苏格兰史前史》一书，这是自约瑟夫·安德森（Joseph Anderson）在 1886 年出版《异教徒时期的苏格兰》（*Scotland in Pagan Times*）以来的首次全面论述。[7]柴尔德明确把苏格兰视为值得加以认真研究的一个对象。[8]他对苏格兰史前史的研究为我们提供了一个极佳机会来观察他的田野工作与他文化历史学综述之间的关系。因为《苏格兰史前史》是柴尔德范围最为集中的综述，这本书要比《史前期的多瑙河》更加详细体现了他研究方法的强项和弱点。

柴尔德称约瑟夫·安德森、盖基（J. Geikie）、门罗（R. Monro）、约翰·阿伯克龙比和布赖斯（T. H. Bryce）为苏格兰史前史的先驱，他们像他一样克服了不列颠的偏狭，并赋予他们的课题以一种国际眼光。他声称，正因为如此，他们所做的工作具有国际意义。[9]然而，尽管他做了研究，但是没有迹象表明，在他 1946 年回到英格兰之前曾了解丹尼尔·威尔逊（Daniel Wilson）的工作，即便威尔逊曾经写过苏格兰史前史的首篇主要综述。安德森并没有强调他的著名前辈的工作这一事实，也许部分说明了这种疏忽。这也证明，柴尔德对早期考古学文献知识有所欠缺，甚至对于苏格兰也不例外。

柴尔德几乎没有记录他对博物馆藏品的研究；但是在 1945 年写给罗伯特·布雷德伍德的信中，他提到，他做国家古物博物馆临时馆长所花的时间比他在大学教课还多。[10]作为他研究的一项产物，他收集了石棚墓、石圈、陶器类型、铁器时代城堡和随葬品的系统列表和分布图，并对所有材料进行详细分类。柴尔德喜欢坐汽车或徒步在苏格兰到处游览，造访已知的遗址和寻找新的遗址。他根据遗址业主和政府机构的要求进行了多项发掘，并在大战期间为皇家古代纪念地委员会（Royal Commission on Ancient Monuments）工作，为受到轰炸和建筑项目威胁的遗址和纪念建筑从事紧急调查。

斯卡拉布雷

柴尔德在苏格兰进行的第一处发掘是在斯卡拉布雷（Skara Brae），位于奥克尼群岛（Orkneys）的斯凯尔湾（the Bay of Skail）。在那里，寒风凌厉的西海岸上，有一处保存极其完好、内部相连的史前石砌茅舍复合体，部分被沙丘埋藏在八九英尺深的地方。房屋内部的石头家具同样保存完好。斯卡拉布雷在 19 世纪就被发现，部分被古董收集者所劫掠，并在 1913 年被再度洗劫。1924 年，该复合体的另一间房屋被一场大风暴所损毁。1928 年，古代纪念地首席巡视员邀请柴尔德指导该遗址建筑物的清理，并将其作为国家纪念地进行加固。柴尔德知道，阿尔卑斯山以北予以研究的史前居址极为稀少，并从 1928 年到 1930 年在斯卡拉布雷工作了三个夏季。他以一系列的初步简报发表了这项工作的成果，并在一本详细的专著中为不列颠群岛制订了史前遗址出版物的新标准。[11]

柴尔德得出结论，尽管斯卡拉布雷被栖居的整个历史属于同一个文化，但是从地层学上可以分别出四个建筑时期，并在第四期之后仍有少量的再利用。在他最后的报告里，他详细记录了斯卡拉布雷建筑和石质家具的变化，并指出人工制品与这些家具的关系。他还总结了斯卡拉布雷的茅舍与 19 世纪苏格兰高地和赫布里底群岛农村房屋之间的相似性。[12]虽然他指出没有谷物栽培的迹象，但是驯化的绵羊和牛的骨骼很多，还有贝类的遗存。他在物质文化和精神文化的两个标题下介绍了遗址出土的人工制品。前者包括实际用途的物件，而后者包括与宗教实践相伴的墓葬与器物，如装饰品、艺术品和游戏玩具。

马尔瓦尼颇为不公地将柴尔德在斯卡拉布雷的成功发掘归因于坚固的茅屋建筑以及松散的沙子堆积而非发掘的技巧。[13]然而，就当时的标准而言，柴尔德的工作非常出色，揭示了地层并重建了斯卡拉布雷的生活方式。当时一位评论家抱怨，说他对柴尔德的建筑和栖居时期划分感到困惑，这说明他不了解柴尔德提供的那种详细分析。[14]斯卡拉布雷为柴尔德提供了一个极好的机会，来研究民族志以及史前社群的栖居历史。这一挑战与他对史前经济的兴趣相一致。处理此问题的主要不足在于，他对斯卡拉布雷的植物利用一无所知。甚至对陶器他也没有详察上面的谷物印痕，虽然当时柴尔德应该知道这一方法。尽管如此，斯卡拉布雷堪称是一项十分出色的对史前社会生活的原创性研究。因为这是柴尔德第一次重要的考古发掘，而他也没有好的模式可以效仿，这也使他以后能以一位田野考古学家自称。

1931 年出版的《斯卡拉布雷》有一个显著的缺点，这就是柴尔德对该遗址的断代。他指出，有些当时被认为是青铜时代的，而现在应该被考虑是新石器时代晚期的。不过他的结论是，这是一个较晚的皮克特族（Pictish）或原皮克特族（proto-Pictish）村落，因为那里出土的一种类型独特的雕刻石球与所知的皮克特族纪念建筑的地理分布重合。[15]根据这一孤证，他认定斯卡拉布雷的早期特征无法证明它属于青铜时代；而斯卡拉布雷与布洛克文化（the Broch culture）之间的差异更像是与皮克特人共存，而不是反映了斯卡拉布雷居民卑微的地位。他们也许保留了一种较为原始的文化，很像 19 世纪加里西亚东部的农民在他们波兰领主的宅院附近过着一种几乎是中世纪的生活。[16]1936 年，皮戈特发现，与斯卡拉布雷下层出土的凹槽纹陶相似的陶器，见于英格兰东南部当时被认为是青铜时代的背景下。[17]这有力证明了柴尔德用来确立共时性方法的缺点。它们并不符合他在其著作中反复强调的高标准要求。

其他发掘

柴尔德继续发掘新石器和青铜时代村落遗址。1937 年，他主持了由扎尔肖夫（Jarlshof）工作室在设德兰（Shetland）群岛南部进行的发掘。[18]1938 年，而后又在 1946 年，他与格兰特（W. G. Grant）

一起发掘了位于奥克尼劳赛岛附近的林约遗址。该遗址的房屋、家具和陶器平面图很像斯卡拉布雷。[19] 1937 年，格兰特在该遗址的上层找到了一件大口杯，于是确认斯卡拉布雷文化与英国青铜时代同时，就像当时定义的那样。[20] 柴尔德发掘这类村落遗址的经验，使得他能记录位于弗雷西克（Freswick）1941 年被毁之前的维京时代（Viking Age）的一些房屋。[21]

柴尔德用了十年时间发掘了一些山头城堡，以厘清苏格兰前罗马时期铁器时代的年代学。其中有些工作是和史前学家联合会（the League of Prehistorians，最初叫爱丁堡史前学家联合会）一起从事的，起先柴尔德想把该学会变成比苏格兰古物学会更加普及的一个替代组织。虽然对会员没有资质的要求，但柴尔德希望能弄到几百人的会员费，该学会并不兴旺。其会员不到 40 人，然后就衰落了。[22] 1935 年之后他再也没有提起它。

柴尔德发掘的这些城堡大部分都在爱丁堡南部。它们包括彭特兰（Pentlands）东南坡上的卡斯尔劳（Castlelaw）城堡，由联合会在 1931 年到 1932 年发掘；位于贝里克郡（Berwick）科尔丁厄姆（Coldingham）附近厄恩斯休（Earn's Heugh）的两处多壁垒城堡是在 1932 年与达里尔·福德一起发掘的；位于柯库布里（Kirkcudbright）的卡明诺（Carminnow）是在 1935 年作为与肯顿（Kendoon）水库竣工相关的一项抢救性考古工作而进行考察的；1939 年到 1940 年，考察了拉纳克（Lanark）附近的凯恩格里菲（Cairngryffe），这是另一处受到采矿破坏威胁的遗址；1940 年考察了中洛锡安郡（Midlothian）的凯姆斯（Kaimes）山头城堡，这也是一处濒危遗址。[23] 1934 年，柴尔德勘察了艾雷（Islay）岛上 27 座已知城堡中的 16 座，指出它们大多是堡垒而非乡镇规模的城堡。[24]

在这一时期，柴尔德还发掘了苏格兰更北面的两处釉墙城堡（vitrified forts）。1933 年和 1935 年，他在安格斯（Angus）的菲纳冯（Finavon）工作了三个季节；1936 年和 1937 年，与桑尼克罗夫特（W. Thorneycroft）一起在阿盖尔郡（Argyll）的拉霍伊（Rahoy）工作。[25]在此之前，人们不清楚这类城堡石头的熔化是不是其建筑时刻意而为的特点，抑或是在其被毁时因烈火焚烧所致。1937年，柴尔德和桑尼克罗夫特进行了两次实验，看看釉化的墙体是否与其他铁器时代城堡采用的由木料加固的高卢防御墙（*murus gallicus*）砌筑有关。3月，在普林（Plean）煤矿筑了一段红烧土和木料墙体，然后进行焚烧。6月，在拉霍伊建造了另一段墙体，利用了采自该城堡的石头，并进行焚烧。这些实验证明，高卢式和釉化的城堡是相同的。[26]虽然柴尔德除此之外没有做过什么考古实验，但是他一直对技术课题很感兴趣，比如影响陶器颜色以及不同青铜斧相对重量的因素。[27]

柴尔德为北爱尔兰史前研究委员会发掘了两座设防遗址。一座在安特里姆（Antrim）海滨的拉里班（Larriban），年代定在公元时期；而另一座在费尔角（Fair Head）附近，结果发现是一座诺曼人（Norman）的堡垒。[28]

他也调查巨石遗存，并在1929年和1930年发掘了戈姆雷（Gomrie）附近金德罗查特（Kindrochat）的一座石冢，在1932年和1933年发掘了阿伯丁郡（Aberdeenshire）老凯格（the Old Keig）石圈，1936年发掘了阿盖尔郡阿克纳马拉（Achnamara）附近的一座圆形石冢。此外，他在1932年研究了基尔菲南（Kilfinan）附近的两座石冢。[29]二战后，他发掘了奥克尼群岛的一些石室墓。1951年和1952年，他监督了由工程部（the Ministry of Works）在奥格蒙德斯豪（Augmond's Howe）进行的发掘，这是在桑迪（Sanday）岛夸伊尼斯（Quoyness）附近的一座枕梁石冢。二十余年前，柴尔德曾劝说该纪念地的业主将其置于工程部的监护之下。1954年和1955年，他调查了奥克尼本土的梅斯豪大墓。它在奥克尼石冢中独一无二，带有一个围壕和一座由泥土而非石头砌筑的坟丘。[30]

1941年，柴尔德调查了劳赛岛上的所有巨石墓，这是个贫瘠、独立和受干扰很少的岛屿，也未见有墓葬遭到破坏。他指出，这些墓葬群靠近大片肥沃土壤区，在近代曾维持过小型的农业聚落，而有些单个墓葬位于孤立的农田附近。他设想，新石器时代该岛屿居民不到770人，并一直生活到公元 1800 年。据此，他的结论是，每座墓葬都属于拥有岛上一片固定可耕地的某延伸家庭，而非某首领。[31]

柴尔德显然在苏格兰考古上花费了大量的时间和精力。他最有原创性的工作与聚落研究有关，并以斯卡拉布雷和劳赛岛的调查为最出色的代表。在这两个项目里，他设法解释史前文化的社会方面。在斯卡拉布雷所做的工作刚好处于北欧考古研究主要聚焦于城堡和墓葬的时段，因此他的研究从其主题而言颇有新意。最终解决了釉化城堡特点的实验也是重要的先驱性努力，实验方法被用于考古学。他设法解开苏格兰铁器时代年代学问题的不懈努力表明，他的其他田野工作大都是被设计来达到宏观构想的目的。不过，他的铁器时代年表仍显不足，他从大部分采集材料中得出的特定推测并不特别出色。他的田野工作大体相当于 1930 年代大部分考古学家的工作。然而，他没有从考古材料中去提炼新的信息。在这个方面，甚至他在斯卡拉布雷的工作与格拉厄姆·克拉克较晚在斯塔卡所做的工作相比也大为逊色。因此，柴尔德对史前史的解释必须根据传统的考古材料分类。他对过去的洞见永远无法被他自己发明的观察或分析方法所拓宽。因此，柴尔德的同侪对他的评价是正确的，认为他不是一位有创见的，甚至不是特别有感知能力的发掘者。[32]

不列颠史前史

《苏格兰史前史》于 1935 年出版。该书宣称的目的是在一般公众中激发对苏格兰考古学的兴趣，并向国外史前学家揭示其意义。[33]柴尔德还设法向苏格兰学界证明，他不偏不倚地坚持了过去伟大苏格兰考古学家（包括阿伯克龙比）的传统，他们以一种国际眼光不断推进他们国家的史前史研究。1940 年，他出版了《不列颠诸岛的史前社群》（*Prehistoric Communities of the British Isles*）一书，宏观调查

84

了不列颠史前史，试图将它与过去发生了什么的一种世界观结合起来。[34]虽然这两本书写在《最古老东方的新认识》之后，但是它们的结构与视角并未受到柴尔德新经济学方法的影响。相反，它们设法为英国做一件像《欧洲文明的曙光》为整个欧洲所做的事情。因为它们在结构和处理方法上相同，所以它们可以放在一起讨论。

就像柴尔德的其他著作，这两本书是基于这样的设想，即史前期的所有主要发明都源于地中海东部附近，并向西跨越欧洲。柴尔德也将这一模式用于英国。各种新的影响被认为要么跨过英吉利海峡，要么向北跨过爱尔兰海抵达英国。他将英国史前史看作是一种斜坡状的发展历史，总的来说新的文化和特点最初出现在南面，然后慢慢向北扩散。在某些情况下，它们并没有抵达最北面，那里的文化序列被简化了。[35]

这两本书也反映了英国考古学中地理学和生态学方法的影响日增。柴尔德经常间接提到福克斯对不列颠高地和低地差异的特征总结，他还用这些差异来使苏格兰读者相信，他们国家的史前史有别于英格兰的史前史。[36]《苏格兰史前史》的第一章标题为"苏格兰的个性"，模仿福克斯 1932 年刚出版的《不列颠的个性》。柴尔德同意其他英国考古学家的观点，认为白垩低地是适合原始农耕聚落居住的区域，而黏土比较难以耕作，但毕竟更加高产。他也追随这些考古学家，就像以前的做法一样，将黏土区栽培的开始年代定在比利时人时期（Belgic），而非晚得多的盎格鲁-撒克逊时期。[37]

就像在《史前期的多瑙河》一书中所做的那样，柴尔德强调气候变化在史前文化发展中所发挥的作用。在《不列颠诸岛的史前社群》中，他声称，史前史的主要论题是"人类对大自然的征服"，这一过分热情的陈词滥调很快被他做了修改，转而强调人群之间的互动作为"史前剧目"的一部分不亚于他们对外部环境的反应。[38]然而，尽管他很欣赏生态学取向的考古学家所做的工作，但是他仍然认为其工作只不过是为史前史的详细研究提供一种背景，而非这项研究的主要关注。

《苏格兰史前史》和《不列颠诸岛的史前社群》遵循的组织原则，只是柴尔德用于《欧洲文明的曙光》里采用之原则略加修改的版本。他将苏格兰和不列颠划分为一批固定的地理区域，并将他的时间尺度分为数个代表多次时间间隔的时期，用于他讨论的整个地域。每个时期用一个或几个基本以陶器类型为代表的考古学文化对某区域进行定义。对于那些最主要的部分，柴尔德能够将某地区某时期分布的所有文化，解释成文化发展单一形态或阶段的代表。由于传播，在同一时期的不同地区会发现相同的形态。例如，在英格兰南部五期发现了他称为"骨灰瓮"的形态，但不见于苏格兰高地六期之前。[39]

在《苏格兰史前史》一书中，柴尔德列出了新石器和后新石器文化发展的六个相继时期，它们在高地并非都有分布。在《不列颠诸岛的史前社群》里，他为英格兰南部定义了九个阶段，但是对于苏格兰高地和爱尔兰，少到每地只有五个阶段。代表特定阶段的许多文化被解释成通过迁移抵达英国。柴尔德认为，被看作最早抵达英国的食物生产文化——温德米尔山（Windmill Hill）文化原本是在非洲起源的；大口杯文化来自欧洲大陆的几次迁移浪潮，并进一步用推定的迁移来解释德弗雷尔-林伯里（Deverel-Rimbury）、哈尔施塔特（Hallstatt）、拉坦诺（La Tène）和比利时文化。为了解释为什么许多这些文化并不像它们所声称的欧洲大陆祖型，他无疑想到了他的祖国，认为只要水上运输无能，伴随跨海迁移的许多特征就会丢失。[40]

柴尔德解释，有些新来的人群灭掉了原来的文化。在其他一些情况下，新来的文化及其携带者与原来的文化和人群融合。[41]他仍然对中石器时代的评估犹豫不定，在《苏格兰史前史》一书中，他声称，中石器时代对于了解后续的发展并不重要。在《不列颠诸岛的史前社群》中，他认可这样的想法，即知识，特别是有关如何应对环境的知识是在中石器时代的英格兰获得的，它传递给了以后的时代，特别是彼得伯勒（Peterborough）文化。[42]在他的想法里，这并不代表一种变迁，因为以前也有过类似的对前新石器时代连续性问题的犹豫不决。[43]到了1944年，他打算承认，中石器与新石器时代之间存在重大脱节的概念是错误的，尽管承认这点并没有太影响到后来他对中石器时代的处理方式。[44]总的来说，他坚持认为，英国的文化历史代表了一种文化的融合，而非一种对英国环境重新的和独立的调节过程，这和他把文化传播看作是重要的进步来源相一致，也和他坚持认为文化多样性尤其是史前英国的特点相一致。

柴尔德允许某些文化是当地发展起来的。他认为，奉食陶器和韦塞克斯文化的发展很可能是在一种当地背景里财富和权力集中的结果。在他对韦塞克斯文化的解释里，他与皮戈特的观点相左，后者认为该文化受到了来自布列塔尼（Brittany）的影响。[45]柴尔德也不同意克劳福德、福克斯和皮克认为的代表青铜时代晚期的特征是来自中欧一次入侵的看法，他声称，这些特征与任何一种文化无关，而它们的发展也并不以任何陶器或葬俗的重要变化为标志。柴尔德断言，青铜时代晚期不是族群变化，而是与部落分离的金属加工经济一种变化的结果，这些金属工匠早在青铜时代中期就为国际市场进行生产。[46]

不过，柴尔德根据有限的证据来推测流动性。他认为一件鹿角斧是中石器时代来自丹麦或德国的渔民跨过北海抵达苏格兰的证据，而从威姆斯（Wemyss）某洞穴出土的一件看似驼鹿的头骨被描述成很可能证明了青铜时代斯堪的纳维亚渔民的类似造访。[47]虽然他考虑到这样的可能性，即英国青铜时代早期的环壕是当地发展起来的，但是他声称，外来的影响也需要用来解释堤筑的环壕，以及它们与爱尔兰和安格尔西岛（Anglesey）上纪念建筑的相似性。[48]

87 柴尔德认为苏格兰与伊比利亚巨石墓之间的相似性因为太大且太多而不可能是偶然的。他同意佩里的意见，即只有建造这种墓葬人群的具体聚落也在苏格兰的纪念建筑中被重建，才能令他相信这些纪念建筑源自地中海地区。[49]他推测，那些复制了最流行式样的苏格兰墓葬最为古老。[50]它们也位于沿海方便登陆的位置，而明显不同的类型看来是从这些原初聚落区域扩散开去的。[51]他提出，在有些地区，这些纪念性建筑随着时间的推移而日趋精致；例如，米德豪（Midhowe）和帕帕·维斯特雷岛（Papa Westray）的霍姆（Holm）在他

看来是"孤独长期徘徊的最终结果"[52]。近来放射性碳测年表明，他对这些墓葬与附近地区墓葬关系的相对断代是正确的。[53]另外，在克拉瓦（Clava）墓地，他发现一种"完全退化的系列"，标志着合葬墓实践的解体。[54]

就像 1930 年代许多其他考古学家，柴尔德把巨石墓解释为一种宗教信仰的证据，从地中海西部沿大西洋沿海向北扩散。这种宗教并不与某种特定文化相伴，但是就像基督教和伊斯兰教，它被认为在许多不同文化之间传播。柴尔德用"过道墓"派、"廊道墓"派和"火葬异教徒"来构建假设，将这种推测的巨石宗教与历史时期国际宗教之间的相似性随意加以细化，建议根据这些概念来解释墓葬建筑的多样性。[55]他提出，巨石墓很可能是由伊比利亚人或比利牛斯人的贸易者引入苏格兰的，这些贸易者和在英格兰南部温德米尔山人群中征募的船员一起渡海。他认为，在这一时期苏格兰东北沿海在伊比利亚和丹麦之间的海上贸易中发挥着一种殖民海岬（Cape Colony）的作用。[56]

柴尔德与极端传播论

柴尔德对西欧巨石墓的思考，仍留有埃利奥特·史密斯和佩里的色彩，即便他拒绝他们某些特定的历史猜测以及基于这些猜测的人类行为的唯心论观点。在《苏格兰史前史》一书中，柴尔德冒出这样的想法，即伊比利亚的贸易者是拥有魔法的酋长，这种魔法被詹姆斯·弗雷泽（James Frazer）看作是王权神授的普遍特点。[57]这些酋长的权威确保他们及家庭甚至在苏格兰这样遥远的地区仍能保持与他们家乡权利相同的哀荣。柴尔德也关注史密斯和佩里提出的理论，即他们的航海部分是为了寻找具有生命赋予者魔力而价值非凡的矿石、宝石和其他原料。[58]这些观点的影响在《不列颠诸岛的史前社群》一书中已经较为淡化，但是即使在此书中他仍推测，"探寻福佑群岛（Isles of

88

the Blest）和生命赋予者的狂热可能令航海者敢于冒着极大的危险跨过比斯开湾（Bay of Biscay）抵达布里斯托尔湾（Bristol Channel）或克莱德峡湾（Firth of Clyde）"。一旦被吹到不列颠群岛海岸，这些冒险者会被当地的温德米尔山农人作为巫师接纳，并作为首领安置下来。[59]

柴尔德从来不是埃利奥特·史密斯的信徒。相反，《欧洲文明的曙光》保持了适度的传播论，并明显拒绝史密斯的模式。然而，后来到了 1940 年，柴尔德看到史密斯和佩里对巨石宗教概念化的某些价值，即使他认为这种宗教是进化的一个死胡同。在他 1935 年对史前学会所做的《史前史方法与目的之变化》的主席演讲中，柴尔德声称，尽管史密斯和佩里一般依赖表面上的相似性，但是他们坚称考古学家要研究传播的具体意义，并强调关注精神文化作为补充传播论物质材料的手段而提供证据的价值，因此为考古学的发展做出了贡献。[60]在《人类创造了自身》一书中，柴尔德同意，近东的新石器时代先民认为宝石具有魔力而价值非凡。他也声称，即使佩里有点夸张，但他也正确指出了搜寻宝石导致无人区的开发和冶金术的发明。[61]

柴尔德只是很缓慢地放弃了这些观念。在第三版《欧洲文明的曙光》里，他声称在西欧建造巨石墓和输入有魔力的材料抑制了利用财富积累来购买矿石并支持金属匠。[62]晚至 1954 年，他写道，巨石宗教是由传教士传播的，他们或许也是满足丧葬仪式所需的矿石或魔力物质的探寻者。然而，他又指出，他们的墓葬并未见金属相伴。[63]他一直要到 1957 年出版最后一版《欧洲文明的曙光》时，才正式放弃"太阳之子"的观念。其中他声称，欧洲巨石墓营造中缺乏金属相伴对传播论是个致命伤，因为如果贸易是巨石文化发展的主要刺激因素，那么我们有望金属的存在。[64]

89

柴尔德对不列颠诸岛的考古学研究，仅在非常有限的程度上优化了其经济学模式。他说，英国丰富的铜、锡供应阻碍了铁器生产的采纳。[65]他也视引入铁器生产迫使迄那时独立的铜匠变得再度依赖部落社会。国际商贸—工匠网络的解体也促进了当地金属工具的多样化。[66]柴尔德认为农业革命是铁器时代初由于欧洲引入犁和铁器工具而发生的，从历史上看要比青铜时代晚期流产的"工业革命"更加重要。[67]与青铜器生产不同，铁器生产为每个农民提供了廉价而耐用的工具和武器。[68]

小结

柴尔德的发掘工作尽管从分析技术和方法而言并无创新，但是代表了一些有用的贡献。他在斯卡拉布雷和林约的工作有助于重新调整新石器和青铜时代考古学的方向，从几乎完全关注墓葬与石圈转向居住遗址的研究。这些发掘与他对劳赛岛的调查成为他后来关注社会结构的先声。

《苏格兰史前史》和《不列颠诸岛的史前社群》是柴尔德著作中最具历史内容的两部，代表了他在《欧洲文明的曙光》一书中所创方法最细致的运用。柴尔德采纳了其他英国考古学家的生态学研究，但是无论是其兴趣还是他自己对经济问题的关注，都没有成为这两本著作的重点。他把阐释的重点放在了传播与迁移之上。他研究英国史前学的方法以及对材料的特定解释，都和其他那些受他《欧洲文明的曙光》影响的英国考古学家没有太大区别，而他们的著作如今进一步证明了柴尔德自己的观点。[69]主要的例外是格拉厄姆·克拉克，他的通俗性综述《史前英格兰》（*Prehistoric England*）是按照论题而非年代学来安排，以便更好地反映作者的社会经济学兴趣。[70]

柴尔德一直将某种文化的镶嵌形态视为考古学家研究的对象。[71]1933 年，他指出，史前考古学家主要是分辨文化与人群，并且追溯 *90* 它们的传播、迁移与交流。[72]这显然是他用于两本有关不列颠诸岛史前史的方法。然而，就如上一章所言，早在 1920 年代后期，柴尔德就已经开始对这种方法的价值产生了怀疑。他曾强调，文化历史学阐释单薄的性质是由这种框架产生的，即它的先入之见会导致循环论证。他甚至指出，如果接受一种较长的年表，那么"整个巨石宗教"就有化为乌有之虞。[73]为回应追踪史前特定人群的发展是乏味、琐碎并大体毫无结果的看法，柴尔德开始探索史前期知识是如何在世界范围的基础上分享的，以及这种分享总体上是如何对人类的进步做出贡献的。[74]在撰写《苏格兰史前史》和《不列颠诸岛的史前社群》时，他在其他地方寻找用考古材料研究文化发展更有意义内容的方法。然而，他并没有将这一探寻的结果用于不列颠诸岛的研究，在概念上仍限于与他同期有关的近东著作进行比较。后者将在下一章里予以介绍。

第六章 人类的进步与衰亡

　　当希特勒在 1933 年春成为德国的独裁者之后，柴尔德痛心地意 91
识到，考古学与政治纠缠在一起是何等危险。科西纳有关德国人生物
和文化优越性的观点，源自国家社会主义信条的某些文化传统，而他
对欧洲史前史的说法得到了纳粹高官的公开赞同。而柴尔德从科西纳
那里借鉴了考古学文化概念这个事实，看来令他特别迫切想向一般公
众揭露科西纳种族主义观点的谬误。然而，柴尔德没有任何理由要为
借鉴科西纳的研究而道歉。他和其他英国考古学家强调的是传播论的
概念，这与科西纳有关优秀人群中所谓的种族纯洁性导致了文化进步
的说教毫无关系。

　　1933 年秋，柴尔德在半普及杂志《历史学》（*History*）上发表
了一篇很有说服力的文章，抨击考古证据的种族解释。他认为，一般
而言考古学文化无法与特定种族的人群相对应，而种族差异根本无法
解释不同人群的相对文化地位。[1]同年秋天，他在爱丁堡大学开设了有
关史前考古学的一门讲座课程，提出考古学的论证与法西斯主义的教
条完全相反。克劳福德认识到这个讲座的重要性，很快就刊登在他主
编的《古物》杂志上。[2]

在这篇文章中，柴尔德抨击了历史上有关优秀人种和伟人的两种理论，这类理论也用生物性差别来解释行为。他否认自己用来对应个别文化族群的"人群"概念具有任何种族含义。他坚持主张，大多数情况下，考古学家需用人群而非种族来与史前史相关联。他也声称，只将好的或有价值的东西归于单一的人群是不科学的，而且是不符合历史的。他还声称，对于相信该说法的人来说，这也是一种精神上的自杀。像牛顿和爱因斯坦这些学者的成就，并不在于他们的种族归属，而是人类五千年共同努力的结果。文化进步是各人群孤立性的解体，并将他们的思想汇聚到不断增大的智慧库中所致。正因为如此，追溯特定人群的历史仅是考古学的一部分。考古学家更重要的一个任务是观察人类共同文化遗产的发展，虽然柴尔德心目中的文化遗产主要是欧洲和近东的。他长久以来就用传播论作为抵御科西纳和其他德国考古学家民族主义理论的解毒剂，如今又再用它来作为与法西斯主义斗争的一柄利器。

苏联考古学

1935 年，柴尔德对苏联进行了短暂访问，在莫斯科和列宁格勒停留了一段时间。后来他带有同情但不无批评地谈到他的访问所见，而 1936 年在美国，他则毫不犹豫地把苏联形容为一个集权主义国家。[3]他访问苏联的一个目的看来是要收集有关当时苏联史前研究的信息，并设法与苏联同行建立联系，以便使他能够跟上苏联考古学未来的发展。有关苏联的考古材料，对于他更新欧洲史前史的综述以及设法确定印欧语系人群的起源地至关重要。后面这项研究一直是他与科西纳和德国国家主义进行斗争的重要内容。

在苏联的时候，他获得了苏联考古学家的一些最新发表的著作。这些著作包括克鲁格洛夫（A. P. Kruglov）和波德加耶茨基（G. V. Podgayetskiy）对东欧草原氏族社会的研究之作，还有克里切夫斯基

(Y. Y. Krichevskiy）研究中欧战斧文化和较晚的特里波列文化，以及特列季亚科夫（P. N. Tretiakov）专门研究俄国和斯拉夫考古学的书籍。没有证据表明，在 1940 年代之前他受到过这些研究内容的特别影响。当他"重新"阅读它们时，就将其中比较有趣的解释用到他自己的研究中去。不过，他坦言这次访问从苏联考古学家那里学到了他们是如何"不求助于无法论证的外来因素解释某些史前文化发展"[4]。

柴尔德访问苏联时，苏联考古学刚经历了五年的取向改变，以便与共产党政策更加保持一致。1929 年，许多在新经济政策时期被允许进行相对自由研究的考古学家被指控为反动分子，试图倒退回去，并脱离生产人工制品的社会来孤立研究它们，以逃避社会主义建设。前一指控特别针对那些遵循奥斯卡·蒙特柳斯和约瑟夫·德谢莱特（Joseph Déchelette）类型学方法的学者。为了纠正这个问题，考古学的名称被禁止，考古研究被归入物质文化史，后来被归入前资本主义社会史研究的名下。在国家（原俄国）物质文化史研究院里，考古学受尼古拉·马尔（Nicholai Marr）的领导，他坚持认为，所有的语言变化反映了社会而非族群的历史。在 1950 年受斯大林批判之前，马尔的思想一直主导着苏联的社会科学。[5]

苏联考古学家的主要工作，是从产生考古材料的社会来研究它们。考古学家被要求抛弃物质文化是沿某些内在逻辑发展，因此与社会无关的想法。相反，技术被说成是因社会内部矛盾而发展起来的。这要求对任何文化变迁的解释中，主要强调社会发展。技术时代的标准序列被一条单线的社会阶段序列所取代，每个时代以特定的生产力、社会关系和意识形态为代表。这些阶段被用前氏族社会、氏族或异教徒社会（其本身又分为形成中的、母系的、父系的和瓦解等亚阶段）和阶级社会（也做了进一步细分）来表示。迁移被排除在考古材料变化的解释模式之外，重点放在了平行的独立发展上。在这个问题上，马尔发挥了重要的作用。他否认语言之间的相似性必然体现了这些语言群之间的历史关系。比如可以这样说，克里米亚哥特人（Crimean Goths）不是德国人，只是类似德国人的当地部落混合而成的一个群体而已。信奉平行演化，苏联考古学非常强调利用民族志的类比就并不令人意外了。他们在发掘中日益强调对营地遗址和作坊的关注，强调这要比迄那时为止考古学家所倾心的富墓更能说明普通人的生活。不过，在 1930 年到 1935 年，理论和范式的构建要比发掘更加受到重视。[6]

1935 年，芬兰考古学家塔尔格伦也访问了苏联。他一直关注苏联考古学，而他主编的《欧亚大陆古物》（*Eurasia Septentrionalis Antiqua*）杂志就是传播有关苏联考古学信息以及发表苏联学者论文的一个平台。因此，塔尔格伦要比柴尔德更加了解苏联考古学的情况。回到芬兰后，塔尔格伦在其杂志上发表了一篇详细的报告，介绍了 1930 年到 1935 年发生的对苏联考古学家的政治迫害。[7]由于这篇报道，他再也无法访问苏联。

各种英文出版物对塔尔格伦的报告进行了讨论。1936 年，格拉厄姆·克拉克在《史前学会文集》（*Proceedings of the Prehistoric Society*）里对此做了总结，1940 年根据这篇文章写成的一篇社论登在了《自然》杂志上。[8]在回应《自然》杂志的一篇文章里，柴尔德谴责了塔尔格伦所指控的疯狂举措，但是对自塔尔格伦访问以来苏联考古学出现的某些颇有希望的趋势予以了关注。他特别指出了对发掘有一种新的重视，创办了一本令人尊敬的新杂志《苏联考古学》（*Sovetskaya Arkheologiya*），以及对材料阐释的一种较为包容的态度，包括对迁移概念谨慎的复苏。柴尔德承认，苏联考古学有它的缺陷，但是声称，这些缺陷不应被作为西方考古学家与苏联同行中断来往的一种借口。[9]他的立场反映了他想与苏联考古学家交流信息的愿望，以及他坚持反对在任何地方或对任何课题设置不利于学术交流的障碍。

而且，柴尔德认为在苏联考古学中发生了一种变化是正确的。1935 年，前五年的那些好战的文献被宣布过时，技术专长被给予新的重视。苏联考古学作为一门学科焕然一新。在苏联考古学中，社会发展阶段的概念继续发挥着一种主要作用，但是考古学家再次被允许讨论技术阶段序列，并在某种程度上讨论传播与迁移。[10]另外，1930年代晚期的国际危机时期，苏联考古学发起了对斯拉夫考古学问题的强力担当，这导致采纳某些德国考古学的分析程序为苏联所用。并不奇怪的是，柴尔德后来认为1930年到1935年这段时期的苏联考古学总体上要比后来俄国人所创造的所有内容对他史前社会的马克思主义阐释有更大的启发。

在他的《回顾》一文中，柴尔德声称，他对苏联的首次访问令他采纳了"蒙昧""野蛮""文明"的"马克思主义"术语，并将它们用于考古学的时期或阶段，这些时期或阶段又被他的两次革命所划分。[11]然而，柴尔德过去曾非正式地应用过这些术语，一直要到1942年出版的《历史发生了什么》一书里，他才开始以上述的方式系统地应用它们。[12]也一直要到那时，他才将两次革命指称为"新石器革命"和"城市革命"。

恩格斯从19世纪美国民族学家路易斯·亨利·摩尔根（Lewis Henry Morgan）那里借鉴了"蒙昧"、"野蛮"和"文明"的术语。这些术语早于摩尔根，并以几乎与现在相同的含义在18世纪被威廉·罗伯逊和其他苏格兰学者所采用。在19世纪，这些术语在人类学中变得十分流行。柴尔德是在阅读恩格斯文章之后了解到摩尔根的，但是在写给布雷德伍德的信中，他坦诚自己起先认为这两人的文章极其陈旧。只是当他看到俄国人如何"应用该一般性理论"，他才发现他们的研究"对于许多方面助益良多"。恩格斯与摩尔根不同，他强调蒙昧与野蛮之间的区别基本上是经济的，即食物采集与食物生产之间的不同。柴尔德认可这样的说法，因为这与他自己的想法一致。他也认为恩格斯的原创性贡献总体上说要优于他从摩尔根那里借鉴的材料，"因为恩格斯真正了解德国历史和考古学的许多内容"[13]。

大概在访问苏联的同时，他被要求为一本计划中的马克思主义科学史撰写史前期和早期东方的章节。这令他要阅读大量的有关早期科学的文章，特别是以研究古代精确科学闻名的奥托·纽格鲍尔（Otto Neugebauer）的文章。后来柴尔德声称，这些研究令他进一步偏离史前史的族群—政治观，而采纳一种较为明确的唯物主义方法来分析考古材料。他开始视工具为科学知识以及社会传统的体现，并且是应对大自然的一种手段。他也开始坚持认为，手工艺学问对现代科学的贡献与占星术家或炼金术士的推理相同。[14] 柴尔德对这些问题的思考与他的马克思主义同侪本杰明·法灵顿（Benjamin Farrington）的想法如出一辙。[15]

功能主义

96　　柴尔德特别对苏联考古学家主要从社会内部变化而不求助于诸如传播和迁移的外来因素解释史前文化发展感到不解。他想了解这种方法启示的愿望，塑造了他晚期的大部分著作。1935 年他在对重组的史前学会〔前身为东英吉利史前学会（the Prehistoric Society of East Anglia）〕的主席讲演中，概述了他新的理论取向。这篇演讲是考古学首次以明确的功能观来阐述整个文化。[16] 柴尔德声称，绝不能像传播论者那样把个别文化当作碎陶烂瓦的集合体来看待。相反，考古学家必须将文化看成是功能上相关的组成部分来研究。他们也必须设法探究发明或传入的器物是如何融合到先前存在的背景中去的。[17] 柴尔德采用的一种有机体类比表明，他的功能概念不仅受益于马克思，而且受到了涂尔干和同时代社会人类学家如布罗尼斯拉夫·马林诺夫斯基（Bronislaw Malinowski）的影响。[18]

　　柴尔德并未把考古材料看作是整个石化的文化系统。他把它们看作主要是有关生业、劳动分工以及他称之为经济知识的直接信息来源。不仅如此，他还坚称，所有考古材料必须当作功能上发挥作用的文化系统组成部分来分析。他指出，假若唯物论的观点是对的，那么考古学家可用经济学的详尽知识来讨论考古学文化的社会结构以及信仰系统的意义。[19] 假如思想大体是人类对其环境适应的结果的话，那么考古学家便无法直接研究思想或行为，而只能研究行为的具体产物，该事实与把思想看作在决定适应上发挥着独立作用相比麻烦较少。[20]柴尔德采纳了1930年代英国考古学家作为唯物主义取向而予以关注的生态学及经济学方法，像他自己一样，这些取向开始把考古材料的分析引向功能主义。

柴尔德的功能论表明，他在处理因果关系上明显受到了马克思主义的影响。就像马克思本人，柴尔德的观点并不能完全免于模棱两可，看似互相矛盾。虽然他有时认为，物质文化主要可以被视为对环境的一种反映，但是他将这样的想法视为假马克思主义而予以拒绝，即文化可以作为由环境决定的调节方式来进行解释。[21]他以赞同的态度引用马克思的格言：根本上说是生产方式决定了社会结构、信仰和法律系统，变迁是发展的生产力与现有生产关系和所有权发生矛盾的结果。[22]柴尔德偶尔也会解释，从长远来看，技术或物质文化决定了文化系统的其他部分，更具体地说，切割工具决定了历史的进程。[23]有时他把史前史的唯物论观点推进到这样的地步，声称早期人类只会行动而没有思想。就像自威廉·史密斯（William R. Smith）开始的某些人类学家，柴尔德认为仪式是作为具体和激情行为而发展起来的，远早于解释它们的神话产生之前。[24]他也将其作为有助于提升考古材料价值的观点来推荐。

但是在其他地方，柴尔德明确拒绝莱斯利·怀特的技术决定论，并声称需要对因果律有一种较为宽泛的视野。[25]就像马克思那样，柴尔德也设想技术只能在一种具体的经济和社会背景中发挥作用，这种背景必然包含许多早于和制约任何特定技术发明的因素。[26]物品的生产和分配不仅取决于技术，而且取决于社会和政治关系。后者影响到原料的采集，确保专业人员的合作，并为社会提供一个主要的方向。[27]生产关系、财产所有权和应用客观科学知识之间的关系是除了生产手段和环境之外影响历史变迁的关键要素。[28]

柴尔德进一步提醒，对于一种马克思主义的"决定"（determines），并不赋予任何单线因果关系意义上的"原因"以重要性。尽管生产关系中包含的经济因素可能是造成变化的关键所在，但他并未低估社会价值和宗教信仰在塑造某特定社会历史中所发挥的作用。[29]
他坚称，复杂的信仰无法从与其相伴的经济系统中被详细推导出来。
尽管某些信仰可能会有促进某种特定经济类型的运作，但是它们的具
体表现有很大的自由度，并由各种历史和环境因素所塑造。他声称
19 世纪的英国宪法或新教并不能单从资本主义制度推导出来。[30]

　　柴尔德推崇功能论方法，这迫使他改进他某些有关宗教的观念。
98 此时，他将宗教大体视为由"内在环境"和个别群体的社会需要所决
定。[31]就像民族学家霍卡特（A. M. Hocart），他强调，所有早期宗教
的根本目标是促进丰收、健康及长寿而非伦理道德。[32]这和他长期以
来在政治上信奉唯物论有关。他也指出了宗教和艺术在促进社会团结
和社会有效运转方面所发挥的作用。[33]后来，他甚至提出，埃及和地
中海东部为丧葬生产的物品很可能促进了专门手工业的发展，也巩固
了较复杂的社会和政治单位。[34]在这些例子中，柴尔德把宗教信仰视
为社会发展的一种"进步"作用。但是一般而言，他以较为中立的态
度来分析宗教，将其视为生产和情感之间的关系润滑剂。他坚称，为
了提供行为的动机，这种关系在个人的脑子里转换成理想，因而获得
某种程度独立的历史真实性。[35]把社会团结在一起，并推动技术的发
展，这本身就是一种社会的产物，一种健康的意识形态有助于文化的
存活和发展。[36]

　　这并不意味着柴尔德放弃了他早年对宗教的消极态度。而是改善
了他的论点，即认为宗教常常会阻碍创新。[37]他声称，为了控制自然
环境，人类需要专门的工具、科学知识和经济技能。为了管理他们的
精神环境，他们需要心灵的工具，包括宗教信仰、迷信、忠诚及艺术
理想等形式。他将适当的物质和精神工具视为人类有效适应其整个环
境所必需。但是，宗教工具有别于科学工具，前者总是无视失败。于
是，尽管宗教在短时间内会有积极的作用，推动技术和社会的发展，
但是把巫术和宗教当作控制自然的工具最终被证明只是幻想而已。正
因如此，如果宗教和巫术信仰持久不变，就必然会阻碍社会的
发展。[38]

柴尔德相信，宗教、意识形态和艺术理想只有当它们能推动经济发展时才能得以久存：假如"出自上帝之口的每一句话"不能直接或间接地促进发展，并提高神化它们的社会的生物和经济福祉，那么这个社会及其神祇最终会消亡。[39]柴尔德声称，自然选择在意识形态方面的作用也会发生在人类适应的其他方面，于是确认了从长远来说，社会理想只是"人类物质大脑的转换和倒转"[40]。然而他同意，一种顽固的政治系统会长期阻碍其经济发展，直到两者都崩溃为止。[41]他也声称，意识形态阻碍变革的时间要比大部分马克思主义者愿意承认的要长。[42]尽管马克思预见了革命对于促进技术进步也许是必需的，但是柴尔德认为这种革命未必不可避免。相反，社会进步可能会无限期停滞不前。[43]尽管如此，或许正因为如此，他强调考古学家需要研究史前社会的经济，因为单是在经济行为的一个方面就可发现解释史前社会进步发展的线索。然而他觉得考古材料过多反映了"巫术目的，以一种意识形态的媒介被扭曲"[44]。他把早期文明中宏伟的神庙和"墓冢"看作是"适用于野蛮社会机械凝聚力的意识形态工具"[45]。

尽管带有马克思主义倾向，但是柴尔德对人文地理学和民族学中流行的可能论观点抱有同情之心。这也使他强调，每个社会可以被看作不但满足了现有需要，也产生着新需求的一种合作组织。文化变迁可因社会选择所引发、控制或推迟。进步并非自发的，而是社会对某些特殊情况所做的特殊反应。虽然社会传统将人的行为限制在某种范围里，但是让选择成为可以继续发展的路径。因为从长远来看，人类合力塑造了他们的传统，所以柴尔德觉得坚称人类创造了自身是恰当的。[46]在这些公开陈述中，他也许不自觉地响应了其他人在一种有力的反决定论框架里提出的系统陈述。

反进化论甚至某些反功能论的偏见，自1920年代到1930年代一直以各种方式影响着柴尔德的研究。这些可从他对民族志类比的负面看法中得到佐证。柴尔德当时提醒大家，没有人可肯定，现代狩猎采集人群的社会规则、仪式和信仰会与古代完全相似。就像许多民族学家那样，他并不打算相信，只因他们的石器技术从考古记录上看长期

100 没有明显变化，类似澳大利亚土著的文化已经停止进化。依他之见，土著文化不在技术上发展，而是沿着"迷信的死胡同"进化。因此，这些群体中所见有关图腾的"痛苦"仪式以及"令人迷惑"和"毫无条理"的信仰，可能反映了技术停滞的现状，而非我们和其他文明源头的那些早期狩猎采集社会的特点。他也相信，现存的狩猎采集民族已经失去了许多较为进步的特征，这是由于他们被扩展中的复杂社会逼到不毛环境之中。

柴尔德也认为，没有理由相信，部落层次的现代食物生产社会的政治或宗教系统是停滞的，因此像它们的经济一样古老。[47]他相信，大部分这类群体一直强烈受到早期文明中发展起来的政治和宗教概念影响，然后在它们不开化的邻居中传播。由于这样的发展，不能认为史前人类的思想和信仰可与现代技术落后的社会进行类比。古代社会的信仰已经一去不复返了，除非考古材料是由信仰所塑造的。现代较不复杂社会不能被用来作为古代人类生活的"注释"。[48]

在写《历史发生了什么》一书的时候，柴尔德对功能论意义的深入了解，也使他变得较为乐观地认为，现存狩猎采集社会至少能够提示与相似经济形态相伴的古代社会结构的一般性质。[49]再后来他也提出，就像后来宾福德所做的那样，民族志比较只能为考古材料解释的方向提供线索。民族志类比的主要价值在于，它能够为考古学家基于他个人有限经验所及提供更多的可能性解释。[50]柴尔德对世界范围民族志类比的最强烈认可，见于他发表在一本美国人类学杂志上的《考古学与人类学》（"Archaeology and Anthropology"）一文中。其中他同意，只要采取适当的保留态度，而不是用来确定古怪的特定工具是如何使用的，那么民族志材料可以用来补充考古学研究。[51]

然而，终其一生，柴尔德所采用的民族志通则一直是有选择而且
101 是不准确的。它基本上局限于无法论证的权威性说法，诸如民族学表明，大部分社会中专职陶工都是男性。[52]在有历史连续性的情况下，柴尔德认为民族志类比具有较高的价值。他认为塞西尔·柯温（Cecil Curwen）和格拉厄姆·克拉克所做的欧洲民俗研究对于解释欧洲

史前史极具价值。[53]

　　柴尔德仍然相信，人类生来保守，不愿意改变他们的习惯方式。[54]他经常对孤立的社会能够进步表示疑虑，有时他打算主张，所有进步都是文化接触和交互受益（cross-fertilization）刺激所致。[55]以一种更加消极的倾向，他坚称不管创新如何能很好满足社会变革所需，但是接受这种创新一般是对外来"冲击"的一种反应。迁徙及文化造成的碰撞，会促成顽固不化社会之解体，并促进新观念的接受。[56]甚至入侵虽然是破坏性的，但是所引起的变革则是"在逻辑上所必需，但也很有可能被无限期地延缓"[57]。这也是柴尔德强调人类环境中最重要的因素是他的同胞的要义所在。[58]

　　就像当时的许多人类学家，柴尔德坚称，贫穷的或只拥有简单技术的人群，因缺乏剩余资源，所以不敢冒险尝试各种发明。然而他也主张，无论进步的猎人、新石器时代的栽培者还是开化人群的一种特别的成功适应，也会被巫术—宗教的信仰和恐惧所左右而助长对变革的抵触心态。他认为，这些恐惧一直是阻碍现存简单社会变革的强大因素。[59]于是，由于这个或那个原因，原始社群很少有新的发明进步或从他们的邻居那里借鉴革新，即便这些工具对他们来说极其有用。[60]柴尔德认为，食物生产是少数社群的态度改变所致，这些社群的先民想要与天合作来控制大自然。[61]这解释意味着，食物生产的发展在某种程度上很可能是一种历史的偶然。柴尔德起初把妇女形容为对剧烈变革持有特别的疑虑；但是，他很快就改变了这种立场，认为妇女发明过不少东西，包括制陶和编织，这些都见于新石器时代早期文化中最复杂的进程。[62]

　　柴尔德也认为，发明的心智过程一定要从发明与其产生之社会背景之间的关系来了解。[63]每项发明都是一种象征性运作的结果，其中包括将熟悉的因素加以重组、重新安排、修改以创造一种全新的整体。[64]因为每项新的发明都是建立在以前的基础之上，因此他相信，它们一定以某种特别的顺序发生；但是，由于技术的复杂性，这种顺序的细节无法从任何一般原理中预测或推导出来。[65]柴尔德也强调，

102

他所谓的"革命"并非突发的事件。相反，它们是缓慢发生过程的巅峰，因为考古学家只能分辨其结果，所以才被视为单一的事件。[66]

传播与迁移

不像苏联考古学家和大部分西欧社会人类学家，柴尔德并不认为关注传播和迁移有悖于个别文化的功能观。他发现，这两种观点可以互补，并主张所有考古学家应该既是进化论者也是传播论者。[67]作为一名功能论者，他坚称，我们必须了解发明的社会背景和新思想被采纳并被结合到特定社会中去的条件。他也设想，任何文化成功引入新的因素，会改变该文化其他因素之间的关系。[68]解释这种变化是讨论任何文化传播的重要内容。

柴尔德在他余生中一直声称，不同社会之间的接触在文化发展中发挥着重要的作用。[69]因为较为密集的人口和改善的运输方法，社会之间的接触随着社会日趋复杂化而成为发明的一个比较重要来源。柴尔德把新石器革命和城市革命看作是广泛的接触网络将不同来源的一系列发现聚合起来的结果。[70]除了研究个别社会和文化的发展，他也认为传播而非平行发展，是证明世界范围进化过程整体研究正当性的关键过程。

柴尔德坚称，作为进步的结果，个别文化会倾向于融合成单一的世界文化。他认为，最早在埃及和美索不达米亚形成的文明，后来在欧洲开花结果，成为文化发展的主流。在人类历史的洪流中，其主流吸纳了或正在吸纳平行发展的所有支流，比如那些在印度、中国和新大陆产生的文明。他相信，所有文化最终能汇成基本上是欧洲的单一潮流。作为该同化过程的一部分，生活会因文化各种物品的世界性范围扩散而日趋丰富；他特别列举了有经济意义的栽培作物，如玉米、马铃薯和香蕉。[71]

柴尔德对苏联考古学贬低传播、迁移作为推动文化变迁的因素而感到极为困扰。他能够理解苏联摒弃迁移是反对德国民族主义者将此过程说成是德国在东欧文化发展中的优越性所在，然而他相信，苏联否定此过程实在有点过分。[72]他特别对苏联怀疑传播论感到愤怒，因为他已将此概念看作是从知识上反对法西斯主义的基石。

柴尔德同意，西方考古学家过于偏好从迁移和征服来解释他们的材料。他也承认，苏联的研究方法强迫史前学家对文化内在细节做较为细致的研究，进而能更好了解作为功能单位运转的文化。[73]他鼓励考古学家尽可能从自然环境的内部发展或变化来解释考古材料。[74]然而，出于马克思主义者的考虑，他也指出马克思和恩格斯都没有否定史前期存在迁移的事实。[75]

柴尔德在看到《苏联考古学》杂志第二期刊登了一篇颇为容忍迁移论的文章时感到很高兴。[76]然而，他对苏联态度自由化的期待并未实现。1951年，柴尔德郁闷地指出，尽管苏联考古学家几乎完全否定迁移是导致史前社会变革的一种因素，但是他们仍必须赋予传播论以某种重要性。[77]在最后的一些著作中，他再次抨击苏联人对传播论未予足够的重视。尽管他发现他们把战斧文化说成是平行或趋同演化的产物值得称赞，但是他也相信，至少也需要用某些思想的传播来解释这些文化共同风格方面的发展。他甚至对将它们看作是一系列相关技术进步和商业重组所激发的共享革命的产物表示疑虑。[78]在1945年 *104* 访问苏联时，他很高兴听到一位解剖学家告诉他，她相信法特亚诺沃墓地（Fatyanovo Cemetery）出土的人群，并非以前栖居在该地区狩猎采集者的后裔。柴尔德看到，"十年以前，这种说法很可能会被扣上法西斯主义的罪名而遭到惩罚，虽然现在已不违法，但证据一定非常可信"[79]。

《人类创造了自身》

尽管柴尔德持公开的唯物论立场以及对文化发展有着经久不衰的

兴趣，但是他的想法仍然受到了人类创造性悲观论和前半个世纪欧洲社会科学流行的特殊论（particularism）的强烈影响。如果这种悲观论因法西斯主义势力日增的影响而强化的话，那么这会令柴尔德和其他人担心，欧洲文明会重新回到野蛮时代。[80] 然而，柴尔德想发现人类未来是否还有希望的愿景，也让他探索马克思主义思想中仍然很重要的文化进化论，迄那时而言他对这种理论仍较少涉猎。进化论和悲观论这两种思潮，在他两本最著名的著作《人类创造了自身》和《历史发生了什么》中被整合到一起。虽然是写给一般读者看的，但这两本书都不是普及性著作。它们对考古学了解人类历史广泛问题的中肯性做了很有意义的讨论。它们陈述的目的是在大体已经放弃文化进步的信念，转而相信从生物学乃至超自然角度来解释历史和人类行为的读者中，鼓励他们重拾对进步的信心。柴尔德认为自己是在和极端传播论者进行斗争，这些人重新复活《圣经》中的人类堕落观念，并与愚昧无知的法西斯主义者为伍，把文化进步等同于生物进化。[81] 然而他相信，在任何一种情况下，进步的可能都微乎其微，这使他觉得这是一场前途未卜、极其艰苦的斗争。

这两本书与《最古老东方的新认识》一样，涵盖了大致相同的考古学和历史学材料。柴尔德在三本书中提供的证据基本是相同的。他晚期著作的主要特点是详察他所深信的阻碍或抑制文化发展的因素，这从他撰写这些著作之目的来看颇为怪异。这项分析对于他较早研究中的经济学分析而言，增添了强有力的社会和意识形态维度。

105　　《人类创造了自身》的新颖特色，是柴尔德设法建立一种文化发展的量化参数。1935 年，他强调数量的增加是对人类群体成功应对其环境的一种客观衡量方法。[82] 在这本书中，他试图用人口增长来衡量文化发展。成功的文化是人口增长的文化，而过于特化的文化则以人口数量停滞或下降为特点，最终难免走上绝亡之路。柴尔德承认，考古学家很难确定人口的绝对规模或人口的相对变化。然而他声称，欧洲铁器时代的人口较铜器时代为多。就像以前一样，柴尔德在判断他两次史前革命前后人口是否有所增加上无所作为。他只是推测两次

革命之后人口有所增加，而且是技术发明的结果。[83]

在《人类创造了自身》和《历史发生了什么》两书中，柴尔德用这些新概念重新分析史前的两次革命。若把他的新解释与他在《最古老东方的新认识》中提出的概念做一比较，则很有启发。柴尔德此时承认，至少在原则上，作为一种生活方式低估狩猎采集的经济潜力是错误的。他追溯生物学和化学的根源到旧石器时代获得的知识。[84]他也承认，像加拿大不列颠哥伦比亚的夸扣特尔人（the Kwakiutl）和西欧旧石器时代晚期的猎人［霍布豪斯（Hobhouse）类别较高的猎人］，是富裕食物采集文化的例子。然而，他把这些群体看作只是把剩余食物用来供养那些献身培育萨满巫术艺术的专业人士。这造就了一种辉煌的精神文化，但与食物生产的增加无关，所以人口仍然稀少。结果，较富裕猎人可以发展出高度特化和保守的生活方式，这代表了进化发展的死胡同。这类文化因无应变弹性，所以注定会停滞不前，从长远来看难免绝亡。柴尔德把这点解释成食物采集经济缺点的证明，是必须克服的死路或矛盾。[85]

柴尔德相信，世界上大部分地区富裕的狩猎文化一定会被最后冰期之末的气候变化（以及缺乏弹性）所摧毁。与此同时，近东不太特化的猎人却顺利地向食物生产经济过渡。[86]尽管这种新经济超越了蒙昧的制约，但是需要由巫术和宗教约束来巩固和增强新的合作方式，柴尔德将这种约束看作是新石器时代的意识形态。[87]因为早期食物生产文化缺乏各种农作物，无法从附近地区输入大量食物，所以只好完全听天由命，依赖巫术和仪式来维生。这就为社会个别成员提供了辩称他们能够通天而致富和获取权力的机会。这种迷信阻碍了科学知识的积累和一种国际经济的建立。在他们愈发顽固不化的地方，他们会发展出一种消极的信念，那就是他们能阻挡社会变革和科学成就。[88]

柴尔德将其第二次（或城市）革命看作是始于第一次革命削弱了狩猎巫术信念的地方，但是那里刻板的意识形态或根深蒂固的制度尚未完善，不至于阻碍食物生产社会的物质进步。在近东文明发展的时候，该地区对抗进步的迷信力量仍然很弱，所以文化发展相对容易。

复杂社会的出现还产生了另一种意识形态，包括占星术、君权神授和祖先崇拜。柴尔德将这类崇拜和君权神授的信仰解释为一种普遍的丰产祭拜的两方面。他也相信，当这种观念刺激了仍处在简单食物生产阶段的相邻文化时，它们会产生特别的发展，例如巨石墓，他认为巨石墓不太可能和原始的新石器时代文化相伴。[89]

　　较过去所为，柴尔德从一种更大的文化框架来看待他的第二次革命。他认为，如要解释某些人群需要生产更多剩余产品来维持复杂社会的动机，用想得到青铜工具和装饰品的愿望是远远不够的。[90]第二次革命包含了科学知识的广泛增加，它在公元前第四千年近东的发展要比伽利略时代以前世界任何地区的发展要快。这一时期见证了对畜力和风力的驾驭，犁、轮车、帆船、冶炼铜的发明，以及太阳历、各种文字、测量和计算系统的发展。[91]虽然有人认为灌溉农业源于像锡亚尔克（Sialk）和安诺的小绿洲，那里土地的压力最大，但是柴尔德设想，这样不久就为埃及和美索不达米亚的统治者提供了机会来控制这些公共劳动，以潜在的有形约束来补充他们之前权威所凭借的道德力量。[92]他也指出，日趋相互依赖和自给自足的解体是由这一时期经济的日益复杂化所引发。[93]上层阶级为保护社会和增加他们所处置的财富而发动战争，这促进了冶金术的提高和奴隶数量的增加。这个过渡时期因为经济成功、战争胜利和巫术—宗教的权威而产生了皇权。[94]同时，国家也作为控制阶级冲突的一种手段而发展起来。

　　柴尔德仍然把不同文明解释成以不同方式发展，每个文明有其独特的形态。埃及文明被认为是由一个统治阶级所主导，其基于保存皇室的尸体和为巫术获取舶来品建立了一种奢华的价值观；美索不达米亚被视为一个由庙宇主导的城市国家之集合体。[95]这种趋异发展被认为是正常的，即便近东文明是从一个共同的新石器时代基础发展而来。他设想，地理隔绝不可避免会导致文化的趋异发展。这种趋异为文化的传播所抵消，他相信，文化传播在这些社会历史的所有阶段都伴随着文化的接触。[96]

　　柴尔德声称，早期文明就像较富裕的新石器时代和狩猎采集社会一样，倾向于将它们的成功神化为刻板而保守的社会系统，进而以巫术—宗教信仰和畏惧将其合理化。[97]在文字记载帮助下，他详细分析了这个过程。他将复杂社会日趋保守归因于地位很高的职业之间的差异化发展，这些职业不包括手工劳动和地位很低的手工艺。历史、数学、医药、占星学及炼金术等这些知识领域被地位较高的人士垄断之后，以文字形式记录下来。作为这种垄断的结果，这类研究便与实际生活脱离开来，于是无法发展成真正的科学。它们成了毫无意义的哲学猜测对象，并慢慢结合到巫术—宗教实践的系统中去。柴尔德坚称，不管哪种手工艺或是高端艺术被用来为宗教服务，都会失去科学的价值。[98]他同意埃及学家的意见，即埃德温·史密斯医药纸莎草本（Edwin Smith medical papyrus）总体上没有巫术的实践，表明它很可能成书于埃及文明发展之初。[99]然而他并未进而否认纽格鲍尔的论点，即有了巴比伦占星学家集合的材料，才有希腊天文学发展的可能。[100]

另外，由农民、木匠、冶金工匠和其他手工劳动者所拥有的技术知识却被上层阶级所贬低，因此根本不予记载。柴尔德相信，因为这些手工艺者都是文盲，并由父子身教相传，因而手工艺没有机会像书吏阶层的艺术那样得到系统优化的可能。他也认为，古代文明工匠的原料和工作是由书吏提供和指定的，这些书吏根本没有手工艺方面的知识，只能找他们管理的工匠来获取熟悉物品的需求数量。[101]正因如此，工匠变成了工业奴隶，并无权拥有他们对自己生产过程的控制。这进一步剥夺了他们创新的自由。结果，古代文明的技术不再改进。早期文明的社会发展就止步于它们创造的技术进步之上。

柴尔德指出，在公元前2000—前600年，几乎没有重大的技术发明。有的发明如十进位计数、货币、铁器加工、字母和引水渠只见于近东的边陲，那里的保守势力相对较弱。铁器加工对于社会和经济发展的内在潜力，只是在沿海地区如希腊才为人所充分理解，那里青铜文明的遗产广为传播。[102]

柴尔德并未将青铜时代文明的停滞不前，从工匠臣服于书吏阶级的角度来予以解释。他也采用马克思主义的术语，将其视为内部矛盾产生的结果。一般来说，他声称统治阶级财富的集中造成经济的贫困以及百姓社会地位的下降。这进而限制了百姓的购买力，最终阻碍了经济发展。他经常根据不太可靠的考古证据，设想早期文明发展所产生的大部分财富很快落入上层阶级的腰包，而大部分百姓很可能要比新石器时代的农夫还贫穷。他只是偶尔提到，文明的发展会提高所有人的生活水平。[103] 就像以前一样，柴尔德也设想，青铜器时代文明的内部发展会因"外部矛盾"而中止，这包括无法获得足够的原料（如铜和锡）来满足他们的需要。为了努力获得基本的材料供应，这些社会只能诉诸战争，最终破坏的财富比生产的还多。这种活动刺激了相邻野蛮社会政治和军事的发展，结果为野蛮人入侵打下了"倒退之路"的基础。[104]

109

于是柴尔德指出，统治阶级的发展是阻碍早期文明技术进步的主因。如果没有受相邻社会的经济和军事竞争所迫，统治阶级会设法减少技术的变革，以防止相伴的社会变革可能会威胁到他们的社会控制。第二次革命之前，进步是由工匠面对抗拒所有进步的迷信而做出的发明所带来的。在早期文明中，统治阶级为了维护其权力而赞助宗教和迷信的反动力量，并拒绝理性的科学。因为他们控制了无限的大众劳力，这些富人无须寻求省力的设备。书吏阶级同样如此，投身于玄学和培育迷信。工匠被贬为下层阶级，他们的创造力因官僚对他们的生产进行控制而受阻。[105]

柴尔德把巫术和宗教信仰看作是文明形成时所需的一种脚手架，用来支撑社会结构的不断复杂化以及技术知识的积累。然而，早期文明的统治者拒绝追求科学知识，将巫术和迷信奉为神圣，因此有效地阻断了科学的成长。[106] 像法林顿一样，柴尔德以这样的方式将迷信视为上层阶级手中的一种社会控制技巧。他将此视为对其理论的一种特别应用，即所有成功适应于其环境的社会都会趋于保守，只有移民或征服的文化冲击把新思想传播开来，并摧毁了社会的顽固性时才会发生变化。[107] 虽然柴尔德不止一次谴责战争破坏生产力，但他也认为它促进了文化交流，因而推动了文化的变迁。

在《回顾》一文中，柴尔德回眸《人类创造了自身》从定向进步来解释考古材料，其中人类运用科学持续增强他们对人类本性的控制，从而人口得以增加，并不经意地产生了法律和政治制度、宗教和艺术。[108]然而这本书最大的特点是，将意识形态看作是阻碍社会发展的一个因素。假如他认为技术变革是社会健康进步的唯一源泉，那么他把政治和宗教因素看作是能长期阻碍社会发展的极为重要的力量。于是，宗教和政治、技术一起，成为塑造人类历史的重要而消极的力量。

110

《历史发生了什么》

《历史发生了什么》早在 1938 年就已酝酿[109]，写作的信念是，希特勒德国日增的力量会不可避免地把欧洲文明、资本主义和共产主义等推入黑暗时代。柴尔德声称，此书的目的是让他自己和读者们相信，这个黑暗时代并非一个文明再也无法复苏的"无底深渊"。为了保持他的职业良知，他也较为乐观地写作，以期向一般社会大众证明，没有一道将史前期与历史时期隔开的"鸿沟"，这可以从考古材料和文献材料中得知。[110]

虽然这本书是把《人类创造了自身》的要点再次扼要重述，但是柴尔德把欧洲和近东文明发展的陈述延至罗马帝国崩溃。他广泛借鉴海希尔海姆（F. M. Heichelheim）刚出版的《古代经济史》（*Wirtschaftsgeschichte des Altertums*）一书，以便了解古代的经济，他为自己在这方面的"孤陋寡闻深感惭愧"。他本来打算让这本书涵盖拜占庭和伊斯兰时期，但是当他发现没有资料能够提供像《古代经济史》一书的类似信息时，他只能不甘心地作罢。[111]

柴尔德可能没错，当他坚称《历史发生了什么》一书的概念框架，以及对人类史的解释并不比《人类创造了自身》更胜一筹时。[112]

不过，在前书中他将重点放在了社会结构的作用上，所以更加依赖一种鲜明马克思主义观点的历史进程。他视科学知识的应用关系不但与信仰系统相矛盾，而且也与包含经济因素在内的制度框架相矛盾。他现在想从氏族向阶级社会过渡进程中所形成的控制剩余产品的不同技术，来解释他迄那时所指出的埃及与美索不达米亚社会结构之间的巨大差异。他把埃及的社会和经济结构视为中央集权制，这种安排反映了一条河流灌溉一片孤土的同质性。他无法肯定，苏美尔庙宇祭司是不是作为秘密社团而产生，抑或庙宇地产是不是从部落或氏族领地发展而来。[113]

111

柴尔德将优化他的矛盾观作为对社会结构兴趣日增的一部分。他分辨出新石器时代社会的主要矛盾是人口增长令生业技术和当地的自给自足力所不逮，这使得各社群易受气候波动和其他天灾的影响。[114]这些矛盾最早在近东被克服，新石器时代在高产的河流环境中实施精耕细作经济所固有的剩余粮食生产，可用来支持脱产的专职人员。柴尔德相信，就像现代欧洲一样，"工业化"是近东青铜时代文明城市生活的特点，是为过剩人口提供就业的最终解决办法。他声称，尽管青铜时代欧洲拥有解决这个问题的类似办法的技术，但是除了希腊之外，其他地区的社会剩余产品太少并太过分散，而无法提供支持城市生活所必需的资本。正因如此，文明没有发展，却因为争夺日趋紧张的可耕地而战争日益频繁。[115]

柴尔德此时强调城市革命的社会特征而非技术特点。近东早期文明的政府被看作是为其农业剩余产品提供巨大的储藏系统、消弭内部争执、减少战争、增加生产，因而能供养更多的人口。[116]然而，这些文明的建设主要是靠新石器时代早就使用的工具做到的。柴尔德声称，轮车、锄犁和陶轮若无金属木匠工具是无法造出来的。在近东，所有这些物品在城市社会兴起之前就已在制造。铜和青铜在美索不达米亚不但被用来制造武器和奢侈品，而且在某种程度上也用来做刀、锄、镰刀和其他农具。然而，这类金属原料过于稀缺而无法大规模使用。因此，铜和青铜难以发挥该技术工具内在应有的革命性潜能，以

112

增强人类对大自然的控制。[117]

　　柴尔德相信，国王控制着早期文明的大部分剩余产品，并主导其对外贸易。他们的权力进而因他们控制了进口的金属而得到增强。[118]虽然社会阶级的发展与以氏族为基础的社会解体相关，但是他认为这种转变的充分含义只有在埃及和美索不达米亚早王朝阶段才能被理解。[119]只有富人才有足够财富购买早期文明特殊产品的事实，意味着对这些物品的需求很小，而手工业雇用过剩人口的能力也相当有限。因此，仍有不少人要么被迫移民他乡，要么就战死疆场。[120]

　　经济上有限的对外扩张是可能的。奢侈品被卖给相邻较不富裕国家的上层阶级以换取原料。征服邻近地区增加了战胜国内部的财产和购买力，并在职业军人的新阶层中分配财富。[121]不过，当外部市场达到扩张的极限，维持国家所需的代价加上一种不可接受的财富集中，共同破坏了这种经济。这些因素助长了再生的自给自足经济，因而预示了该系统的崩溃。[122]

　　根据柴尔德的看法，这些终结阶段也见证了更加依赖迷信控制民众，他们的经济和社会条件正在急剧地恶化。他引用康斯坦丁皇帝推进基督教作为国教，作为该过程的一个经典说明。[123]柴尔德现在以一个更好的立场，来回答他在《人类创造了自身》一书中所提出的问题（但因幼稚而被放弃）：人类为什么不从前阶级的悲惨社会直接进步到光辉的无阶级天堂？以前他认为，早期文明的冲突和矛盾构成了进步的辩证法。[124]而现在他则更加详细地说出了这些辩证法的可能性。

　　从一种宽广的视角来看，个别早期文明的衰落并非一种完全的灾难。动乱将囤积的财富重新投入整体流通的渠道，思想（柴尔德称之为文化资本）则生生不息，并从顽固不化的社会系统的迷信和政治控制中解脱出来，促进了技术的发明和它们的实际应用。因为这种再生或次生文明一般生产力更强，所以比它们之前的文明更易在其民众中分享财富。它们也拥有较多的商人和技术工匠，这些人从庙宇、宫廷或大户人家的控制中解放出来，而且在政治上也较为多元化。[125]在地中海地区的铁器时代文明，王权式微，金钱取代土地成为权力和影响

113

力的源泉。古代最后一次伟大的扩展时代是希腊文化期。这是多国竞争的时代，那时有许多学者和工匠云游四方，并受到那些迫切想要开发资源并增强其领地威望的统治者的欢迎。世界大同也将人类从国教和当地神话的压迫中解放出来。然而，公元前 200 年以后，财富日益落入国王及一小撮统治阶级手里，经济扩展停止，且购买力锐减。[126]经过罗马帝国一段短暂的恢复之后，外部市场开始萎缩。罗马徒劳地设法用国家控制手段来挽救经济，反而在更大程度上变成了事与愿违的极权制和神权制。农村地产变成了自给自足的经济单位，城市生活消失，帝国终于灭亡。

柴尔德总结道，过去最重要的成就甚至能经受罗马帝国衰亡这么大的灾难延续下来。虽然许多知识的积累会永远失去，但是这些也只有少数上层阶级能够享受。工匠技艺和其他"真正"的成就在庄园、寺庙和城市外围延续，在那里它们获得了民众支持的坚实基础。中世纪欧洲城镇的发展比苏美尔城市处于更高的层次，因为它明白自己是比苏美尔人所知世界大得多的一部分。他认为，即使进步并不连续，但它是真实的。他相信进步是由一系列高低不同的上升曲线所组成。没有一个低谷会落到它们前面的低谷之下，而每个继起的尖峰总是高于前一个尖峰。[127]以这种方式，他能将文化发展时间连续性的概念与社会和政治不连续的明显历史证据加以协调。这种观点在年代学上类似柴尔德的传播论概念，即认为尽管社会有重大的不连续性，但文化的主要方面在空间上是连续的。

114　　在《历史发生了什么》一书中，柴尔德试图构建一种对促进或阻碍文化发展的动力解释，而这种发展主要集中在社会、政治及经济机构方面。这种解释是对他在《人类创造了自身》中提供的说明的补充，后者是从知识和信仰系统来说明同一过程。在这本新书中，柴尔德试图从自保永固的上层阶级行为来解释青铜时代文明工匠的附属地位，而非从源自静止社会秩序虚假意识组成部分的迷信思想来加以说明。在《历史发生了什么》一书中，他也更加意识到马克思主义的理想是要证明，科学和生产并非在一种完全的经济框架里应用和从事。

不过他后来觉得，这本书的阐释机制不符合他的初衷，就像"经济人"（Economic Man）思想那种不可信的虚构在书中仍随处可见。[128]尽管他有马克思主义倾向并对早期文明社会等级制度有详尽研究，但是他并没有设法深入观察这些社会中阶级冲突的经典马克思主义问题。在某种程度上，他很可能相信，这个概念不适合考古学的研究。然而，他后来在早期文明中提及这种阶级的关注时似乎截然相反。[129]在这个例子中，对涂尔干社会人类学与功能整合的关注，或许还有英国许多社会主义思想的费边主义倾向，看来就像正统的马克思主义一样，对柴尔德产生了影响。

进步与考古学

1944年，柴尔德出版了《进步与考古学》。和他前两本书相反，这本书表达了对进步的狂热观点；无疑反映了他对苏联和西方联合，以及法西斯主义日暮途穷而感到欣喜。《进步与考古学》对有关进步的考古证据提出了一个主题回顾，用来补充他在《人类创造了自身》和《历史发生了什么》里采用的历史观点。这本书试图厘清人类历史的一种定义明确的、单向的、累加的和进步的趋势。该书采用了一种普世性的视角，知识被看作是全人类的共同遗产而非为个别社会所专有。[130]如今，柴尔德要比过去更加自信地坚称，有关文化进化的考古证据要比特定传说的迁移、宗教改革或社会灾难的任何猜测性重建更加重要。然而，他并没有否定历史。相反，他断言，考古学重视那些要比战争对人类生活影响更大的实物，从而有助于历史学研究的变革。[131]

柴尔德发现，从食物生产、工具、机器和原料、衣服和居所等方面，相对容易论证受自然制约的一般性发展趋势。他相信，这些变化可以从较好的健康状况、更长的寿命和更高的人口密度来证明人类对环境的成功适应。[132]他继而坚称，虽然这些进步是累加的，但它们未

115

必连续。甚而在任何一个地区，倒退可能只是暂时的。他也强调，任何一类经济，如食物采集或简单的食物生产，在不同的环境里是趋异发展的。[133]他不大相信每种技术进步具有长远的经济价值。尽管他指出，欧洲铁器时代发展起来的农耕模式延续了几千年，但是他把美国的干旱尘暴区（American Dust Bowl）说成是也许证明了大规模机械化农业是一种不可行的生计模式。[134]能够存活下来的，是一种真正成功的措施，而非较复杂的技术。

柴尔德后来谨慎地指出，考古学家无法推测特定器物类型的相对功效，因为效用太过复杂而无法从数学上来计算。[135]因此，物质文化的发展会看似异常。柴尔德用欧洲青铜时代发展过程中銎柄斧被技术较原始的插孔斧所取代来举例说明。出现这样的事乃因插孔斧可节省一半的金属原料，所以用它可以增加所需金属斧的产量。自铁器出现之后，产量不再受金属短缺的影响，銎柄斧再度取代了插孔斧，因为它们容易锻造，而且使用更有效。[136]

柴尔德承认，技术进步的结果并非被社会所平等分享。他声称，农村的房舍自石器时代以来并无很大变化。1900年赫布里底群岛的（Hebridean）黑屋或佃户房屋，并不比他发掘的4000年前斯卡拉布雷遗址的房屋更明亮、温暖或卫生。[137]另外，在《历史发生了什么》一书中，柴尔德认为，罗马人为他们奴隶提供的住房要比这些奴隶的部落茅屋强多了，而这些奴隶大多数很可能是自由民。[138]柴尔德一如既往，对战争的说法含糊不清。武器随时间而明显有所改进，而防御也一样。因为很难告诉我们在某个特定时期，武器变得更加有效或战争更具破坏性，也很难告诉我们战争变多还是变少。他放弃了在这个方面寻找规律的努力。[139]

就像过去和之后的许多考古学家，柴尔德发现贸易是特别适合考古学研究的活动。[140]他认为，依赖舶来品或许能解释近东文明的较早兴起，并刺激了其他地方的文化交流和发展。尽管贸易网可以根据舶来品分布的观察来重建，但是贸易的演进必须从具体运输工具的发展来了解。这些运输工具随时间而日益有效，而且可以更加便宜地长途运送物品。柴尔德提出一个经验性通则：旧石器时代晚期文化获得的舶来品通常不超过 500 英里，而到了公元前 2000 年，贸易品最远可达 5 000 英里。[141]事实证明，通过狩猎采集群接触传递的贸易品，可以跨越几千英里。[142]

柴尔德也想从社会制度、信仰和价值观来论证进步的变迁。这也是他对苏联考古学方法重燃的兴趣。有关这方面最精细而且最成功的研究是墓葬。[143]他指出了直肢葬取代屈肢葬的一般性趋势，虽然这两种姿势早在旧石器时代晚期就已经存在。他把直肢葬解释为与拥有较有效的挖掘工具有关，也是和财富日增、生活水平提高以及暖床出现有关的一种新睡姿。屈肢葬在偏远地区延续最久，例如在苏格兰一直到公元 200 年仍然流行。此外他也指出，存在一种将墓地和居住区逐渐分隔开来的发展趋势，其过渡阶段以穷人埋在村里，而富人埋在村外的墓地为标志。他把这种趋势解释为日益明白卫生价值的反映，这对于规模日增的社群特别重要。

柴尔德也提出，在稳定和不断进步的文化中，随着社会总体财富的增加，给死者陪葬的真正财富会减少。他根据克鲁格洛夫和波德加耶茨基的说法，将此归因于继承者的贪欲，当私有财产变为一种财富、声望和地位的主要来源时，人们不愿再将奢侈品为死去的亲人陪葬，并想方设法占为己有。[144]这种规则的唯一例外发生在野蛮人社会，当内在因素或与发达文明的贸易和其他方式的接触而开放导致社会和政治的迅速变迁（包括血缘结构的解体）。这一度产生了规模奢华、常常伴有人牲的王室墓葬。他用这种实例来说明最古老文明的初级阶段，以及其他地区昙花一现的野蛮国家。最终，随着这些社会的物质文化不断进步，在墓葬方面投入的能量就减少，而将较多的财富分给生者。他再次声称，一个社会花在庙宇和牺牲上的比例，会因技术的发展而减少。人们愈来愈依赖自然的手段，而较少依赖超自然的手段来控制环境。他的结论是，进步发生在人类的信仰和价值观方面，因为大部分文明社会开始逐渐放弃试图采用精神手段确保物质目的，以及用物质手段来达到精神目的。[145]

117

柴尔德声称，他不太胜任探索服饰或图像艺术的直线发展趋势，也没有人能在语言或音乐方面见到这样的趋势。[146]他对服饰方面的思考可能受了克罗伯对妇女服饰周期式样研究的影响。[147]柴尔德对音乐的观察，忽视了自中世纪以来代表欧洲音乐特点的在乐器、记谱和作曲方面的巨大进展。这有点奇怪，尽管据说柴尔德对视觉艺术的审美质量不太敏感，可是他喜欢音乐。

柴尔德认为，考古记录证明了人类的努力在许多方面都有进步。于是，人们才变得更健康、更长寿，整体人口也大增。文化内在异质性的增加为个人提供了新的兴趣、需求和舒适，以及生活方式上更多的选择。然而，当个人对其周围的自然环境依赖愈来愈少的时候，就会愈来愈依赖其社会环境。相互依赖愈来愈大的结果是，个人和社会便会愈来愈受政治和自然事件的影响，这些事件会通过贸易和交流间接发挥作用。[148]

柴尔德利用这个结论来改进他早期的说法，即进步的唯一客观标准是诸多事件在历史上实际发生的顺序。[149]他建议，进步可用考古记录的累积来客观地定义。他试图反驳这样的想法，即史前史就像历史一样，基本上是关注各时代的邪恶、争斗和阴谋。相反，他声称，对考古学家而言，邪恶并非累加的东西。依他之见，考古学证明，从长远来看，因争斗和无知带来的破坏和痛苦能被进步所压倒。[150]但是，为了得出此结论，他必须要把进步等同于科学知识，同时他颇为随意地将邪恶加以扩大，以涵盖人类的社会制度和大部分宗教、道德信仰，这点反映了他认同马克思主义有关错误意识的概念。

柴尔德对进步的日趋乐观，令他写了几篇文章来反驳退化概念是人类史研究无处不在的主题。在一篇文章中，他反驳极端传播论者和民族学奥地利学派所推崇的观点，即战争是文明发展所造成的人性变态。他指出，甚至对于较简单的社会，也很难从考古记录中探知战争的证据，但现代的狩猎采集者也会发动战争。他颇不寻常地将其解释为，虽然战争的动机可能因社会变得较为复杂而有所变化，但是冲突是人类历史所有阶段的特点。[151]1949 年 11 月在利物浦的弗雷泽演讲

(Frazer lecture) 中，柴尔德反对这样的观点，即巫术是晚近的一种发展，当人类无知时才会出现，并与退化的社会相伴。他坚称，巫术与实用科学一样古老，并用可能的证据说明，其存在可以上溯到旧石器时代早期。[152] 尽管他反对退化的观点与约翰·卢伯克的早期说法相呼应，但它并不是直接针对反进化论的原教旨主义宗教，而是反对20 世纪上半叶主导着社会科学以及影响柴尔德想法的反进化论思想。

从乐观主义后退

尽管法西斯主义的挑战令柴尔德对文化进化的问题兴趣日增，但是这对他的文化历史学研究产生了不同的影响。这从 1939 年出版的第三版《欧洲文明的曙光》可以证实。在这本书的序言中，他指出1925 年的结论一般而言还是成立的，但是新的考古发现使他对史前史的原创总结更加接近真正历史的复杂性。[153] 鉴于他较为系统化的功能观，他努力通过不太严密地采用包括生业、第二产业和贸易在内的模式，以及可以推论的社会及宗教制度，以一种标准来描述每个考古学文化。柴尔德也强调影响文化变迁的社会因素。这些包括社会剩余产品集中和经济在社会中发挥一种整合力作用的各种方式。[154]

《欧洲文明的曙光》第三版的特点，仍然是着重强调来自近东的传播对欧洲史前文化发展中所起的作用。柴尔德面不改色地写道，东方文化的光芒穿透了欧洲的黑暗和"新石器时代经济"，好像它是来自近东的一个完整的实体。[155] 在《人类创造了自身》一书中，他强调，并不存在新石器时代文明这样的事情，但是新石器时代是一个阶段，它由相同发展层次上的不同文化所组成。[156]

柴尔德完全明白，他想法中的这种变化是如何及为何出现的。在《回顾》一文中，他指出，"希特勒主义对考古学支持所激起的敌意和恐惧，令我难以认可欧洲野蛮时代所有的积极方面"[157]。他一直用传播论来对抗法西斯主义，因为传播论强调人类发展的内在联系，在此传播论被以不同的方式加以利用，与他在其他地方强调的所有人的创造性有所抵牾。他也很清楚，"文明来自东方"假说所立足的设想，要到一份独立的年表确立之后才能够证明。[158]他指出，对欧洲长短年表存在不同偏好的争论，目前哪种较为正确尚无定论。然而，因为长年表有利于科西纳的解释，所以柴尔德仍偏向支持短年表。[159]1935年他曾声称，过去十年里所见欧洲与近东之间的平行发展，再次令"文明来自东方"的观点复炽，使短年表获得支持。[160]现在他觉得不太确定。他承认，他知道西班牙铜石并用时代并未生产地中海东部的器物，尽管他不同意这点，但对葡萄牙北部巨石文化本土起源的博施－金佩拉（Bosch-Gimpera）理论颇为关心。[161]

120 不过，柴尔德相信，考古记录显示的明显分区有力地支持了这样的看法，即文化传播在欧洲史前文化的发展中起着重要的作用，特别是青铜加工的完善及所有的经济意义。在《人类创造了自身》一书中，他曾简单提到围绕近东文明初级中心的文化聚集区的发展。各区以不同层级的文化为特点，这些文化根据它们与其原生中心设定的标准相似度而异。[162]1939年他指出，大约公元前3000年的这些分区如下：埃及和美索不达米亚的城市文明；叙利亚的小城市；安纳托利亚和希腊铜器时代的乡镇；欧洲东南部的新石器时代永久性村落；多瑙河和莱茵河的移动村寨，以及欧洲西部平原的原始狩猎采集者。公元前1500年的分区是：埃及和美索不达米亚的大都市文明；叙利亚、土耳其和爱琴海有文字的区域文明；土耳其西部和希腊有文字与无文字的青铜时代乡镇；马其顿、巴尔干和多瑙河中游具有某些冶金知识的稳定村落；捷克斯洛伐克和德国南部的非永久性聚落；德国北部、丹麦和瑞典南部的牧人和小村寨，以及极北部的猎人。在这个系统中，多瑙河I期文化要比埃及和美索不达米亚文明的文化发展水平低了四个层级，正如它从地理上要远四个区一样。[163]

柴尔德从传播论来解释这种分区。他也将其视为文化从其原生发明中心向外传播而降格。依他之见，源自地中海东部原生文明形态的次生文明日益分化，在西欧建造巨石墓的粗野部落中，直到这些来自东方的物质和技术因素被东方丧葬仪式的挥霍无度所淹没。[164]在这个例子中，他摒弃了（或拒绝采用）社会的功能观。他反而强调自己解释不清的边缘区落后原理，尽管这种看法和他所强调的成熟近东文明静止和僵化的性质，或与他所谓欧洲技术和社会的发展很快就超越近东的说法有所抵牾。对柴尔德而言，这个理论具有这样的魅力，能把他长久以来所持的巨石宗教退化论与他对文化自近东传播而来的重要性结合到一起。就像在其他文章中所说，柴尔德声称，英国在他分区概念中是个例外，是因为金属矿石的吸引力，以及它在从近东横跨欧洲大陆的各条贸易和交通线中处于终点。[165]

　　柴尔德对进步的乐观看法在二战结束后并未延续很久。《历史》一书从其他方面而言，可谓是他想法的一个重要转折点，他又回到了阻碍人类进步因素的偏见上。他重申，如果历史和考古学能揭示人性作为整体的连续发展，那么它们也能揭示人类不断分化的许多社会的停滞、衰朽和灭亡。进步的特点既不自动也不必然；有的历史序列是死胡同，而有的走向灭绝。当时面对原子弹的幽灵，柴尔德相信，无法肯定西方文明会以一种理性的方式进化，而可能会像玛雅文明那样消逝，或像中华文明那样固化。他谨慎指出，社会演变并不像马克思和恩格斯一些著作所认为的那样是一种机械的过程。[166]

　　不过，柴尔德对此提出了一种马克思主义的解释：意识形态对经济变革的调节并不是自动的。相反，思想是一种独立的实体。如果一种信仰系统对变革抱有敌意的话，那就会无限期地阻碍技术和经济的转变。[167]但是，这种情况对社会绝无好处。柴尔德声称，一个社会生存的适应指数在于它在生产资料、社会制度以及主要信仰系统之间的和谐关系。一个社会之所以能够繁荣，只是因为它的生产关系有利而非有害于生产力的增长。[168]在意识形态阻碍变革的地方，一个社会会衰亡，而这会破坏它所偏爱的思想。只有在缺乏外来竞争的情况下，其最后的崩溃可能会延续很长的一段时间。意识形态、信条和民族感情是妨碍社会变革的强势力量的思想与马克思主义的说法是一致的，即政治激进主义对于引起社会变革必不可少。一般认为，这证明了共产主义作为一种政治运动的正当性。这也表明，成功的政治活动（或作为对过去发生变迁之了解）需要有能力将为垂死体制服务的"旧"思想与推动物质和社会进步的"先进"思想区分开来。[169]

122 虽然柴尔德成功地将他有关进步的悲观想法与马克思主义哲学加以协调，但是悲观本身却是他的思想以及非马克思主义来源的一个较陈旧因素。这是从拒绝启蒙运动的理想发展而来，这也令社会科学家赞美归纳方法，强调人类的保守性，并将传播和迁移看作是导致社会变迁的主要因素。柴尔德虽然保留了这些思想，但是到 1946 年他设法将它们从唯心论的基础上清除出去，并将其思想与马克思主义唯物论保持一致。

小结

国家社会主义的威胁对柴尔德是一大挑战，使他对社会和历史的性质进行重新思考。他借助涂尔干和马林诺夫斯基的功能观来做到这点。至少大体而言，他对涂尔干的观点比较熟悉，因为他翻译过《从部落到帝国》（*From Bribe to Empire*）这本书。他也借助马克思和恩格斯的唯物论观点，但没有将其误解为一种粗糙的技术决定论。因为柴尔德相信，意识形态和社会生产力之间的关系比较疏远，而古代概念也会延续到社会发展的较进步阶段。他继续坚称，现存社会不宜作为了解史前任何特定文化的模板。考古学家对某特定文化的社会结构和信仰的详细了解，就像他们所能了解的经济一样，都直接受制于他们对考古证据的推断。柴尔德并不认为任何特定文化的经济和上层建筑之间有足够密切或直接的关系，后者只能单凭考古学的经济知识来推断。正是出于这个原因，他不动声色地拒绝了苏联基本上用社会术语来定义史前发展阶段的努力。他坚称，因为人类主要用工具行事，并改变其环境，因此工具是任何群体控制自然的一种可靠的参照。于是，考古学家应当将工具制造技术作为他们整个文化分类的基础。[170]柴尔德也认为经济与上层建筑之间的松散关系，加上生态的多样性，造成了一种多线而非单线的演化形态。他仍将传播视为独一无二的人类动力，以及文化进化的一个方面，而非相反。尽管并非只有马克思主义对柴尔德思想产生影响，但是明显的是，他对马克思主义的了解并非像拉弗茨对他在该时期评价的那样"天真和乐观"。[171]

《人类创造了自身》和《历史发生了什么》一般被视为是倡导文化进化的重要著作，然而，从柴尔德一生著述的背景来看，它们的主要价值在于他开始运用考古证据来超越对于史前史的狭隘构思的经济学方法。在《人类创造了自身》一书中，他关注追溯各种类型知识的发展；而在《历史发生了什么》一书中，他则考虑社会结构的发展。在设法应对考古分析难度逐渐增加的这些领域的过程中，他工作的未来方向形成了。

第七章　考古学与科学史

柴尔德在 1946 年被任命为伦敦大学欧洲考古学教授和考古研究所所长，在那里一直工作到 1956 年退休。这第一次为他提供了通过教学影响新一代专业考古学家的机会。在摄政公园内环（Inner Circle of Regent's Park）的研究所旧楼里，柴尔德赢得了攻读考古学研究生学位的学生们的敬重与爱戴。

尽管他不断修订他两本主要的文化历史学著作《欧洲文明的曙光》和《最古老东方的新认识》，但是他的新作大体是以理论为取向的。其中有的如《历史的重建》，是试图总结早期著作中提出的一些原理，而其他则是想给早期著作中提出的问题寻找新的答案。对柴尔德而言，这是个孤独的创新阶段，这些创新很容易被同时代的英国考古学家看作是"戈登调皮"（Gordon's naughtiness）的例子而不予考虑。这也是柴尔德在思想上发生重要转变的阶段，在他的著作中产生了真的或看似矛盾的说法。甚至到今天，这项理论性工作不是被漠视就是被严重误解。这是天大的不幸，因为这代表了他思想的一段重要创新期，对他早年的贡献做出了重要的改变和发展。

苏联和美国的影响

　　自苏联参加二战之后，柴尔德恢复了和苏联考古学家的接触，他起先认为这件事会受到"公众舆论和美国的赞赏"，但后来却令他被美国国务院列为不受欢迎的人。[1]1940年代，他是对苏文化关系协会的会员，而在1945年6月他是代表英国出席在莫斯科举行的苏联科学院成立220周年纪念大会的学者之一。1953年8、9月，他赴莫斯科、塔什干（Tashkent）、斯大林纳巴德（Stalinabad，即杜尚别）和列宁格勒参观访问。在这两次旅行期间，他有机会观察博物馆、实验室，拜访许多考古学家，包括鲁登科（S. I. Rudenko）和谢苗诺夫（S. A. Semenov）。这让他又能收集考古学领域的第一手资料，用他自己的话说，"对我特别感兴趣的方面至关重要"[2]。私人交往对他特别重要，因为他吃过难以获得苏联书籍和最新资讯的苦头。[3]

　　除了政治象征以外，柴尔德看来把他和苏联考古学家在战后接触的价值看作是获取材料，而不是为他提供当时苏联学术的理论启发。就学术而言，泛斯拉夫爱国主义就像德国的民族主义所为，就考古学研究的动机而言对他毫无吸引力。[4]他也逐渐毫不掩饰地把他在苏联考古学中所见的缺点揭示出来；特别是他们的史前年表，他将其看作是一系列令人绝望的模糊猜测，"根本难以吸引他，无法令他信服"[5]。1957年，他拒绝为格林·丹尼尔主编的"古代人群与地点"（*Ancient Peoples and Places*）系列撰写史前俄国部分，他给出的理由是证据过于薄弱，以至于据此写出来的书不但草率而且会产生误导。[6]

　　尽管如此，苏联考古学仍对柴尔德以后的思想产生了影响，这是由于他在1940年代初重新阅读并显然详细研究了1935年在苏联得到的那些资料。从中他开始"更好领会了马克思主义价值，甚至后来马尔主义对它的曲解"，还有它如何将史前社会作为功能运转和不断发展的有机体来进行论证。[7]他对克鲁格洛夫和波德加耶茨基的说法印象特别深刻，即合葬墓应该与生产资料的集体所有制相伴；个别的古坟与游牧的父系社会相伴；随着财产变得更加重要，因为贪婪，继承者会减少有价值的随葬品。[8]柴尔德并未把这些论点当真而全盘接受，而是将它们看作是研究的假设，以及作为解释考古材料的有趣例子。他也始终对苏联考古学将考古学研究与民族学结合起来的方法深感兴趣。[9]

126 对于柴尔德思想发展愈发重要的是他对美国人类学越来越熟悉。美国人类学把体质人类学、考古学、语言学和民族学作为一门学科的不同组成部分来对待，并大体集中在对美洲印第安人的研究。它对历史问题、文化传播和人口迁移的关注，要比英国流行的反历史社会人类学更对柴尔德的胃口。

1936 年 9 月，柴尔德是应邀在哈佛大学建校 300 周年校庆举办的艺术和科学讨论会上发表演讲的全世界六十几位著名科学家和名人之一。在那篇题为《一位史前学家对传播论的解释》的演讲中，柴尔德提到了美国人类学家的工作，特别是美国文化历史学家狄克逊（R. B. Dixson）对文化传播的精深研究。[10]柴尔德也接受了哈佛大学的名誉文学博士学位。翌年 3 月他又回美国，参加庆祝费城自然科学院（the Academy of Natural Sciences of Philadelphia）125 周年成立大会所举办的早期人类讨论会。多萝西·加罗德和德日进（Pierre Teilhard de Chardin）也参加了这次盛会，会上学者对印度、中国和爪哇之间的旧石器时代文化序列提出了一些重要的关联性。[11]在接受了费城大学授予的名誉科学博士学位之后，柴尔德游览了亚利桑那州的图桑市（Tucson）、格罗伯（Globe）的吉拉普韦布洛（Gila Pueblo）、大峡谷，然后到密歇根州的底特律市。1939 年，明显是接受了老友达里尔·福德的建议，他作为客座教授到加州大学伯克利分校开设了暑期课程。他乘火车穿越美国，回程路上在芝加哥和波士顿停留。除了在伯克利遇到的人类学家之外，柴尔德在芝加哥拜访了布雷德伍德，在哈佛大学拜访了卡尔顿·孔恩（Carleton Coon）和胡顿（E. A. Hooton）。

在他三次访美期间，柴尔德有机会观察了许多考古标本，对美国的考古材料有了初步的认识。就像非洲和东亚，他对美国考古和新大陆考古材料并不熟悉，因此在他关注的地理区域和他所考虑的历史主流之外。然而，1945 年他和罗伯特·布雷德伍德有了通信来往，后者帮他编撰《人类起源》（*Human Origins*）一书中有关旧大陆的考古学部分，其中涉及柴尔德本人研究的许多方面。这本书收录了芝加哥大学人类学教授所写的许多文章，其目的是给那些战后退役返校就读本科的学生一本自修概论。它设法让这些学生按自己的节奏研读整个人类学，并可以在任何感觉良好的时候考试。柴尔德读了这些材料之后，熟悉了新大陆各位考古学家以及芝加哥大学其他著名人类学家如弗雷德·埃根（Fred Eggan）、罗伯特·雷德菲尔德（Robert Red-field）、索尔·塔克斯（Sol Tax）和舍伍德·沃什伯恩（Sherwood Washburn）的成果和观点。[12] 二战之后，虽然有人费了不少口舌想请柴尔德到芝加哥大学和其他美国大学任客座教授，但是经费和美国国务院的问题，再加上他自己健康状况不佳，最后使得这些努力无果而终。[13]

柴尔德在美国的实地观察，对他解释考古证据产生了直接的影响。他注意到普布罗族和特里波列文化之间的陶器，以及北美东部伍德兰（Woodland）和北欧卡默克拉米克（Kammerkeramik）的陶器之间有平行发展的关系，这令他认为趋同现象在文化发展过程中所起的作用，比以前认为更重要。[14] 克罗伯对加州土著文化研究的知识，推翻了柴尔德认为语言和文化群之间具有一种紧密对应关系的信念，以至于他坦承，要推测某考古学群体说哪种特定的语言根本就行不通。[15] 体质人类学家亚历克斯·赫德理（Aleš Hrdlička）的研究成果令柴尔德相信，身材和头骨指数作为人种的指标是毫无价值的。[16] 也就在同时，柴尔德从孔恩那里知道了全职和半职专业人员之间的区别。[17] 特别是他被中美洲的玛雅文明弄得十分困扰，玛雅没有金属，因此正式的新石器时代文明与他所设想的早期文明该拥有哪些技术的成规产生了矛盾。

从美国人类学家的工作中得出的有关民族志事实和通则的许多参考文献，在柴尔德访问美国之后开始出现在他的著作中。他引用了狄克逊、亚历山大·韦泽、克罗伯、罗伯特·洛伊（Robert Lowie）、玛格丽特·米德（Margaret Mead）和莱斯利·怀特的论著。然而，就像他以前运用民族志资料一样，柴尔德只是把他们的成果当作他说法的例证，而非关键要素。如今，柴尔德以美式用法采用人类学术语，而不像欧洲人那样把它限定在体质人类学。他也开始把以前受涂尔干影响所习用的比较社会学指称为民族学。他以前所熟悉的英国社会人类学并没有发生任何术语的变动。

128　　柴尔德很可能给他的英国同行留下一种印象，即他认为美国考古学是"古怪、索然无味和不相关的"[18]。然而，即便他对新大陆缺乏内在的兴趣，但是他从美国人类学家和民族学家那里学到了一些新玩意儿。不过一般而言，他从美国人类学那里学到的一些概念和事实是琐碎的，而从苏联考古学那里吸收了一种宏观的方法（broad approach），他能自由地将其适用于自己对材料的解释。这一区别也许部分反映了一个事实：苏联社会科学家一直只用一个"大理论"作为他们调查和评估阐释的起点；而西方学者却缺少这种连贯性，通常是从偏好某特定的通则变为另一较为适中的通则。[19]美国人类学的一般取向与柴尔德的文化历史学方法非常接近，这会被他认为是理所当然的。

作为社会科学的考古学

苏联和美国考古学对柴尔德的双重影响，以及战时英国社会科学界弥漫的一种对实用性的强烈愿望，只能令他为考古学定义新的目标。自1940年代初开始，柴尔德提出了一个计划，它在某些重要特征上很像20年后在美国出现的新考古学。与某些英国考古学家不同，他总是将考古学视为一门科学学科，这个观点在他1938年英国科学促进会（British Association for the Advancement of Science）H 组的主席演讲中已明确提出。[20] 1943 年，在发表于《自然》杂志上的《作为科学的考古学》一文中，柴尔德雄辩地强调，"历史与科学之间的对立……可以让历史学更多依赖考古学，并承认考古学是一门科学来加以解决"[21]。他也赞同柯林伍德的看法，即考古发掘应当被看作是实验过程，其目的是要检验缜密思考的假说。[22]

翌年，柴尔德声称，考古学必须发展成为一门人的科学。他同时也认为，考古学要比文学史更容易做科学通则研究。为了更加科学化，考古学不能只询问某特定社会来自何方，而是要了解这个社会是如何发展的。[23] 1946 年，在他那篇《作为社会科学的考古学》（"Archaeology as a Social Science"）的考古研究所就职演讲中，柴尔德主张，考古材料能够也必须是研究"社会变迁动力"和"社会生活长期趋势"的基本来源。这些论点，近来被英国人类制度科学研究协会委员会（British Association Committee on the Scientific Study of Human Institution）提倡为所有社会科学的一个目标。因此，将此作为考古学目的加以提出，柴尔德坚称该学科诉求是整个社会科学的一个组成部分。[24]

柴尔德坚称，考古学是有关史前期生活物质基础独一无二的信息来源，而且它能论证文化的长期演变。因此，它能为科学史研究以及人类制度的科学观察提供材料。[25]柴尔德后来提出考古学的三个主要目标是：（1）描述史前社会标准的行为方式；（2）这些社会的历史；（3）作为当今人类所继承的共同文化传统的贡献。[26]他认为，比较各种文化传统之间的共同特征而舍弃不同特征，这就有可能从考古材料中提炼出一般性演化规律。[27]这个看法与后来朱利安·斯图尔特的对文化规律的科学关注和对文化异同的一种非科学关注的对比不谋而合。[28]和斯图尔特对生态学的强烈兴趣不同，柴尔德强调，因栖息地不同所造成的差异可以不予考虑。[29]

甚至在发表就职演讲之前，柴尔德就已经声称，考古学和民族学是一门人类统一科学中互补和相互依赖的分支，前者研究过去而后者探究现在。他视考古学和民族学与较广义人类学学科之间的关系，就如古生物学、动物学与生态学的关系一样。[30]他也提出，民族学和考古学起初都是作为分类科学开始的。[31]虽然此说法反映了他继续将器物分类视为其研究基础的偏好，但是在这个例子中他基本上考虑的是文化的分类。当时，伯基特就批评他过分强调文化研究而忽视了技术和类型学。[32]

柴尔德强调，考古学家不应将文化作为静态的实体来研究，而是要将其看作是随时间而变化的系统。[33]他批评英国社会人类学家一般将文化只看作功能上整合和静态的，并不强调比较研究。依他之见，科学人类学的首要关注，在于确定文化不同方面相互之间是如何变化的。为了做到这点，人类学家应该设法将把复杂层次不同的同时期文化用等级序列来安排。这样就能揭示文化发展的不同层次，由此我们就能推断其抽象的演化过程。可是，要论证文化如何真正演变，这就需要把这些假设的框架与文化变迁的实际序列做比较，因为后者是为许多不同地区考古材料中所确定的。[34]即便考古记录只保存了文化少数方面的证据，但是考古材料对于将社会等级转变成一种历史学分类是必不可少的。柴尔德声称，如果考古学和民族学材料要被用于相同目的的话，这两种材料也要尽可能用相同方式来分类。他相信，基于一种共同分类系统的考古学和民族学之结合，最终可以用一套新的、统一的概念和理论把人类学中的功能论、传播论和进化方法融会贯通。[35]例如，他有先见之明地看到，对人口变迁的共同兴趣有助于人类学各分支的统一。[36]尽管柴尔德提出的方法论类似19世纪的单线进化论，但是他关注结构变化的研究是战后社会科学发展的前兆。

柴尔德时常对从社会价值或实用性来证明考古学的正当性表示关切。1944年，他响应苏联同行，提倡考古学家应当努力提供实用性成果作为他们研究的副产品。例如，通过研究史前期的土地利用方式，他们便能更好了解现代聚落的选址。[37]不过，十年以后，柴尔德似乎很高兴还没有人发现考古学的实用性。[38]然而他继续主张，考古学的一般性结论应当有助于回答较广泛的社会问题，并且引导社会走向更好的未来。[39]他深信，缺乏发达的社会科学是人类无法控制自己社会环境之主因。他期望，历史学和考古学能有助于建立一种"进步的科学"，以满足社会之需求，即便它无法成为一种精确的或数学的科学。[40]

因果律的本质

明显的是，当柴尔德首次提及一般规律时，他所思考的解释应该 *131* 是真实的，不管指称某社会的历史传统或发展阶段如何。人类行为及其产物应该能用普遍性规律来解释的想法，意味着这些法则要么与一种固有的人性相关，要么与社会结构的固有原理相关。这个概念来自物理学，并被大多数社会科学家所接受来解释人类的行为，这些学者设法总结他们主要的研究问题。这种观点很像美国新考古学家如何解释人类行为的看法。

然而，作为马克思主义者，柴尔德相信人性并非一成不变，而会随着社会本身的变化而改变。因此，在 1947 年出版了《历史》一书后，他不再相信在任何时空永久控制人类行为的超规律（transcendental laws）的存在。他坚持通过以唯物论和辩证法分析模式为基础的一种整体研究方法来研究文化变迁。所以，他继续相信某些历史的一般性通则，诸如社会生产关系之重要地位，以及调节这种关系的生产力和生产关系与革命之间阶段性冲突的发展。另外，他认为大部分人类行为的解释只适用于那些具有相同生产方式的社会，也就是说处于相同的发展阶段。例如，他认为政治经济的传统法则是设计来解释工业社会的，并不能用来解释其他类型社会中的行为，甚至不能解释相关历史转变的主要过程。史学家必须采用范围较广的法则来解说这种变化。[41]

柴尔德似乎是在读了柯林伍德 1946 年新出版的《历史的观念》（*The Idea of History*）一书之后才得出上述结论的。柯林伍德声称，中世纪的历史学者错将历史过程分为决定事件历程的普遍规律以及由这些规律所塑造的事实。柯林伍德反对的理由是：这种观点将普遍过程与暂时过程分离开来，并误认为法则未必通过人类的意识而起作用，而是超越了人类行为的世界。[42]虽然这种历史研究本质的唯心主义观点为柴尔德所否定，但是它将人与历史关系概念化，这和柴尔德晚期著作所持的看法是相同的。

132　　柴尔德甚至将历史法则看作是有关历史变迁的一种有欠缺的描述方式，并否认存在超越经验过程的外部规律。[43]有时他提到"人类行为众所周知的方式"，甚至随意提到"行为的普遍法则"[44]。但是，作为一位马克思主义者，他把大部分这些法则看作是受制于特定的条件，因此常常并不有效。他也指出，马克思曾说，历史若无意外事件就会很神秘，比如特定领袖的能力差别。[45]从较为世俗的角度出发，他也指出，人们常常做他们想做的事情，要为任何事情寻找功利性答案是愚蠢的。[46]

由于他反对人类行为存在普遍规律这种想法，所以柴尔德就像以前反对种族决定论一样，也竭力反对历史、地理和经济决定论的循环论。像柯林伍德一样，柴尔德把这些对历史事件自诩的自然主义解释视为目的论，最终在本质上是神创论。他特别反对把文化纯粹视为对环境的一种适应的说法，把社会和文化变成能用自然科学方法研究的对象。从刻板的规律来构建阐释只能说明重复发生的事件，因此就无法解释考古记录中真正的异常变化。他建议后者必须用累积的人类经验的产物来解释。[47]

柴尔德认为历史是真正原造的，也是无法预测的。在写给布雷德伍德的一封信中，他写道，"任何自然科学都必须像神学一样否认真正的变化，因为它研究真相的有限方面必须而且被有用地归结为永恒的法则，因此对自然科学而言，变化只是不变真相的一种异常和短暂的表现而已。但是在历史科学中，令人感兴趣的恰恰是从普遍规律中产生的个别偏差，以及有违循环变化的不可逆之进步变化"[48]。他相信，发明不但发生，而且肯定以某种特定的顺序发生，而这种顺序是以人们对自然日增的理性控制为特点。然而，他并不认为这种顺序是超凡的，而且可以根据凌驾于实际顺序之上的一般原理来预测。[49]同理，经济史必须是经验性的，而非演绎的。只有一种经验方法才能为认识一种真正的历史顺序提供基础。[50]

柴尔德此时指出，他早年所宣称的历史发生了什么就是进化之真谛。[51]他坚称，社会科学家错将文化进化看作是"一种普遍性的魔力在塑造历史过程中发挥着个别因素的作用"[52]。他也观察到，进化的历史特点在于它的自决。他也重申，马克思并没有提倡机械的因果关系。尽管马克思确定，某特定技术只能在某合适的经济背景中发挥作用，但是他允许与该技术相伴的生产关系可以有很大的不同，甚至在宗教信仰和社会价值观上有更多的差异。[53]

于是，柴尔德将马克思的工作解释成为把社会真相视为一组复杂的事件，以及为证明用一种大体归纳方法来解释它的正当性提供了认识论的基础。没有普遍性的公式可以揭示历史的全部顺序——"那只是整个具体历史本身的重演，这部历史没有书和图书馆……所能包含"[54]。法则只是对所见现象的一般性描述而已，因此是一种应用程度不同的可能性陈述。[55]他并不欣赏那些根据非统计性涵盖法则（covering law）提出的演绎法解释，就像斯波尔丁（A. C. Spaulding）和其他新考古学家提倡的那种唯一适用于考古学的科学解释形式。[56]

不过柴尔德相信，有些塑造历史过程的基本因素要比其他一些因素更加明显，而马克思准确地指出了其中最具决定性的几种。即便历史不受超凡规律的制约，也并不意味历史是无序的，或无从了解其主要线索。如果学者无法详细预测未来，那么对过去的了解仍然能为规划未来提供一种基础。[57]因为考古学家永远无法从所知的相伴技术确定某特定史前社会系统或意识形态的性质，所以他们必须学会用直接与它们相伴的考古证据来重建这些其他方面。柴尔德相信，他们能像学会了解史前经济那样以相同的具体方式来学会解释社会结构。

科学史

柴尔德对因果律的看法，令他提出考古学的历史学化和通则化之间的关系与他当时作为经验主义者或今天新考古学家所持的观点大相径庭。对柴尔德而言，历史学和科学之间并无二分。[58] 好的历史学必定是根据人的行为得出明确通则，但是特定通则在特定的社会经济背景之外未必相关。因为科学史设法要明确指出这种背景，并将它们相互关联，于是它便成了社会科学的关键原理。科学史的综合性也使得它成为需要有自己规律的学科。只有在一种历史学（包括史前史）的框架里，其他社会科学才能彼此联系到一起。

柴尔德将历史学视为科学，乃因这门学科不单从普通常识来解释事件，而且也将它们解释为一般和习见过程与形态各自，也许是独一无二的掇合（conjunctures）。[59] 他把某特定历史事件的解释与地质学家对如何挑选水坝或矿井的特殊性做比较。地质学家一定会考虑现有矿石的一般特点，以及他们所见的地层褶皱、断层和侵蚀这些普遍适用的过程。[60] 然而，当研究人类的历史时，类比的通则却不能被看作永久不变。和他早年的想法相反，柴尔德谴责苏联考古学家未能解释文化之间的异同，特别是将差异看作毫不相关的内容而加以漠视。他写道，这样做令他们的历史不像是历史。考古学能成为科学，只因它设法构建有关人类行为的通则，而且运用这种通则来解释某一历史事件。

于是，与新考古学家不同，柴尔德并不认为寻找控制人类行为的法则是考古学的最终目标。考古学在很大程度上是一种可理解历史的材料来源，而非崇尚自然规律的通则。虽然他承认寻求人类行为法则对此目的有所贡献，但是在他最后几本书和几篇文章里，他坚称只有一种历史学方法才能为整合和解释所有考古材料提供必要的框架。[61] 于是，考古学应该和历史学为伍，而非要向以自然科学为模式的那些社会科学看齐。只有用这种方式，考古学才能在社会科学中发挥最大的影响力。[62]柴尔德相信，一旦考古学家用放射性碳测年解决了文化年代学的问题，日益强调他们材料的经济和社会阐释会有助于获得更好的历史学解释，那才是考古学的最终目标。[63]

小结

自 1943 年开始，柴尔德就设法构建一种能将考古学和其他社会   *135*
科学关系拉得更近的社会变迁模型。他决定，考古研究最一般性的目标是解释文化变迁。然而，在考虑了与后来美国新考古学建模相似的一种因果律模型之后，柴尔德将其放弃，而偏好一种基于马克思主义哲学的模型。后者把文化变迁看作是一种有序的过程，但是一种无法详细预测的过程。它也视对文化变迁的了解，最好从一种历史学模型中来获取最为有效。就目前来看，这种对新考古学某些基本许诺的复杂挑战并未受到应有的重视。柴尔德的新模型将他的马克思主义信念与一种归纳法加以协调，以解释考古材料。这使他能以一种与过去大致相同的方法来研究考古学。然而，这也把他的注意力更加有力地转向他在《人类创造了自身》和《历史发生了什么》两本书中所提出的考古学研究两大目标：更好地了解技术的发展和社会的发展。

第八章　科学的史前史

　　1940 年代，柴尔德开始发表一系列有关欧洲和近东重要技术项目起源和传播的文章。这些技术项目包括斧、锛、用来旋转的工具、弓、投掷器、四轮车和手推车、镰刀和銎柄斧。[1]这些研究构成了广泛思考考古学可以揭示哪些科学和技术发展的核心。

　　柴尔德声称，工具带有它们在不同社会和经济条件下生产的印记，因此能够提供有关这些条件的信息。[2]他也指出，16 世纪之前有关应用科学历史的文字记录是如此贫乏，以至于这段历史几乎完全要靠实物证据来推论。[3]由于其制作的方法和用途可以确定，所以某种工具的考古学类型可以作为体现制作它的社会的客观知识来研究，而一批器物组合可以作为某特定社会传统的实用和科学知识来研究。[4]虽然装饰特色对于推断文化的年代比较有用，但是工具的功能分析却有助于考古学家了解史前社会是如何运转的，并且分辨每个社会对于全世界技术发展所做的永久性贡献。[5]

社会与知识

　　柴尔德同意苏联考古学家和其他社会科学家的意见，认为技术的发展无法作为一种独立的甚或是一种纯粹的经济过程来研究。发明和发明的利用需要发展出新的思维方式，这会对社会各方面产生影响。[6]柴尔德认为，工具的存在是为了满足人的需要，但这种需要并非固定。一件马格德林鱼叉为一小群猎人的需求服务，就像拖网船为现代社会的需求服务一样有效。他继续坚称，一件工具或过程的相对重要性不能根据其运作的功效来衡量；单凭演替就足以证明不同工具和过程的相对功效。[7]知识的生物学功能是要确保人类物种的繁衍和兴旺。[8]

就像朱利安·赫胥黎（Julian Huxley）和 1940 年代、1950 年代的许多社会科学家那样，柴尔德对于确定有机体和文化进化之间平行发展的意义很感兴趣。起初他从传统上将文化看为等于其他动物的肌体适应（somatic adaptation）。[9]然而，他在觉察到涂尔干把社会比作生物有机体的缺陷之后改变了自己的观点。柴尔德开始将文化进化描述成一种累进的过程，而有机体的进化则是选择的过程。[10]他总结道，社会进化和生物进化有四个共同的机制：自然选择、适者生存、突变（或发明）和适应。但是他也总结道，传播不但是社会文化进化一个独特的方面，而且在生物进化和文化进化之间无法进行真正类比的方面发挥重要的作用。[11]他否认考虑传播会给文化进化研究带来一种随机或非理性的因素，因为个别社会只采纳那些适合于它们现有文化方式的特点。[12]

柴尔德将知识定义为一种真实世界的共享心智近似体，这使得人类能够通力合作对应真实的世界。[13]这和美国人类学家弗朗兹·博厄斯（Franz Boas）、科尼留斯·奥斯古德（Cornelius Osgood）和克罗伯所持的观念主义文化观相同，虽然它为一种唯物主义取向，却和莱斯利·怀特的观点最为接近。柴尔德也开始主张，人类适应的不是真正的自然环境，而是适应他们对这种环境的看法。[14]正因为如此，考古学家在他们有望了解这些社会所适应的环境之前，有必要先了解有关史前社会的社会结构和信仰。[15]于是，技术的进步也反映了社会整个共同知识（柴尔德所谓的"社会思想"）之进化。[16]

柴尔德声称，由"进步"社会所拥有的对世界的了解在时空上会不断扩张。若与我们自己的社会相比，原始社会对过去只拥有含糊且不正确的知识，并对离他们边界一百公里外发生的事情一无所知。[17]他走得更远，并接受亨利·法兰克福和卢西恩·列夫-布鲁伯尔（Lucien Lévy-Bruhl）的说法，即过去的知识世界与我们自己的知识世界在结构和详细内容上都不相同。甚至像数学那样看上去不证自明的知识，对于某特定文化而言就如文化工具和文化机器一样是特别的。柴尔德经同意引用了 C. G. 达尔文（C. G. Darwin）的论点：形式逻辑自亚里士多德时代以来就被迫改变，以接纳新的经验材料。[18]在此基础上，柴尔德坚称，每个社会有它自己的一套逻辑，而我们祖先思想所遵循的逻辑形式与我们自己的完全不同。正因为如此，他声称，要想用现代价值观和动机来解释史前人群的行为实在是荒谬之极。[19]

柴尔德相信，前现代的价值观和动机方面的准确知识，只能来自文献材料或现代小型社会的民族志。尽管不相信民族志的类比，但是他准备利用这些材料来得到技术上比我们落后的社会所用逻辑系统的某些大胆通则。有些通则类似他早已放弃的对"原始语言"性质的看法。例如他坚称，拥有简单技术的人群分不出生命体和无生命体之间的区别；他们反而将自然和社会混为一谈，并用社会关系作为他们与自然界打交道的方式。[20]他坚称，甚至苏美尔人也不明白自然秩序是不同的概念，他们就像和人一样与打碎的燧石说话。[21]他也声称，现代语言已经在石器时代形成，并保留着那个时期的多种想法。诸如印欧语系性别系统的残留，反映了石器时代的意识形态，并在某种程度上妨碍了现代思维。[22]

柴尔德也考虑，推测性思考和理论科学（与实用科学有别）最早出现在古代文明的书吏当中。在这些社会中，不劳而获的特权管理阶级与工匠和农民组成的下层阶级之间的二分，反映在有关大自然以及对其操控想法上的不同。这也无形中产生了思想和物质、主观和客观，以及后来社会和自然之间未知的二分。因果律如今被说成是个人和语言的过程。上帝被认为是奉命创造和管理世界，就像对其下属发号施令的一个官员。[23]

柴尔德也借鉴了心理学家让·皮亚杰（Jean Piaget）的论点，声称只要自然没有与社会区分开来，科学和巫术就仍然混为一谈。因此，原始科学是技巧和巫术的一种混合体，很像现代船员所使用的实用学问。在早期文明中，特定的技术过程充满了仪式和巫卜，它们被设计来确保神秘莫测和为一小撮特权阶级所独享。巫术也受到书吏和统治者的赞助，他们的权力大体有赖于他们所控制的宗教和军事活动。正因为巫术对于达官显贵的重要性，所以文字记载的巫术知识要比工艺知识更多。

柴尔德认为，现代科学因从巫术中吸收的工艺知识而兴起。[24]然而，他视因果律概念一直保留在个人的或万物有灵的层面，直到越来越多地采用无生命的力量来发动机器，于是产生了牛顿研究中所包含的机械因果律思想。比较晚近发展出来的电动机在操作上并不循环，所以激发了一种较为或然性因果律观点之发展。[25]

柴尔德也从马克思主义在真假意识之间的二分来优化他的知识观。他把真意识看作是对事实的看法与外部真相本身之间具有操作上的一致性。假意识却缺乏这种一致性。个别社会的成员大多无法区分真假意识。然而柴尔德相信，霍乱的下降最终会揭示，焚烧垃圾要比烧死巫师更有效。[26]于是，他同意柯林伍德的看法，只有对事实加以检验才是一种可行的做法；思想若与实践脱节是无法被理论验证的。真知的最终功用是提供行动的准则。人类在生物学上的成功，证明了有用的知识既是习得的，也是累加的。[27]

柴尔德还主张，所有考古材料必须作为人类思想和目的之表现来进行研究。若非如此，这种研究就没有什么价值，而其科学价值也与集邮无异。[28]在他看来，无言的思想和未实施的意图并未被考古记录保留下来，从而无关紧要，因为它们没有历史意义。对他来说，历史只关注有效的社会活动。[29]

然而，柴尔德早就认识到，他所谓的一般没有长远意义的"假意识"在考古记录上十分丰富，并与人类对大自然控制不断发展的证据相伴。他也承认，考古学家不可能完全做到唯物主义，因为考古材料明显含有非物质性的人类思想和意志的表现和象征。[30]此外，他也对个人的思想和目的（这些肯定是客观存在的）本身是否具有历史或考古意义表示怀疑。他声称，因为社会的复杂性，任何社会进程的最终结果是解决无数个别愿景之间的冲突，所以在某种意义上是种事与愿违的自然事件。[31]他也声称，从个人心理学来解释工具生产，就社会学和历史学而言是毫无意义的。标准化的工具类型是超越任何个人思想的石化表现。简言之，这是一种社会概念。[32]因此，这是推断的自然事件和社会概念，而非人类个体的真实思想和目的，这被柴尔德视为塑造了考古记录中可见的整体形态。

文化相对主义

柴尔德只关心进化和进步而否认当时人类学界流行的文化相对论，在很大程度上，后者今日依然流行。文化相对论指出，没有一种适用于所有文化的绝对价值标准，而每一种文化必须根据其本身的价值系统来判断。相反，柴尔德却声称，一个社会愈小，其内部的异质性就愈少，而能赋予其成员的自由也愈少。[33]我们当代工业文明所处置的知识系统要比以往任何知识系统更全面且更有条理。相反，澳大利亚一个土著部落可获得的知识也只能集中系统处理几百号人的经验，他们并没有过去流传下来的记载。因为较复杂系统更为全面和更有条理，所有这种系统的运转要比土著的系统更好，在这种意义上，它能给很多的行动提供可靠的规则。[34]据此，他便毫无顾虑地宣称，他自己的文明要比所有古代文明更优越。

柴尔德把知识扩增的趋势看作是朝着实现一种大同社会的发展，最终可能会超越当时人文主义理想的制约。[35]这并不像某些评论者所言[36]，是指马克思主义的理想世界，而是指人类的一种生活，它应当对大自然承认一种责任，把后者看作在人类的利用上也拥有各种权利。可以这样断言，在柴尔德明确否认文化相对论的同时，他的想法预示了当时流行的一种和谐社会观念。但是，他很可能想到了马克思的预言，即研究人与自然之间的互惠关系，最终肯定会形成一门自然科学和人文科学相互融合的统一学科。[37] *141*

采取否定文化相对论，柴尔德建立了一个解释文化进化的新基础。现在他把科学知识的发展作为一种辩证过程来分析，其中真正的知识是通过否定错误而获得的。柴尔德的错误知识意指那些无法令人类操纵物质世界的信念，并将其看成是"通过理论可予修正，但并非脱离实践的那些理论"[38]。他视与实际应用相脱离的知识追求是知识增长的主要障碍。他甚至坚称，不能解决实际问题的知识不是真知识。

考古学的启示

柴尔德还不确定，这些看法对考古材料的分析有何意义。他承认，考古学家无法直接窥知史前社会的知识或世界观。不像民族学家，他们无法听见或目击信仰、希望、意愿或他们所研究人群的情感。因此，史前人类的想法只能从考古记录中它们产生的行为痕迹来分析。[39]

在 1956 年出版的《社会与知识》一书中，柴尔德声称，一位史前学家必须把器物和纪念物当作"人类思想和意识——知识——的具体表现和体现"来对待。[40]由于人工制品是思想的具体表现，所以工具的发展便是知识发展的"最佳指标"。[41]可是，知识得到的含义非常有限。他承认，宗教信仰、巫术和迷信在考古记录上会留下印迹，但不像实用知识那么明显。然而，因为巫术和宗教概念的细节变化是无穷的，而且不同人群的思想遵循不同的逻辑系统，所以考古学家要想以任何精确度来推测这些信仰的内容是无望的。相反，任何技术问题的实际解决办法极其有限。这就能让考古学家用

142 相当高的精确度和细节来推断这种过程。因而，史前知识的研究必须限定在技术知识，并从这种知识的实用功效而非拥有这种知识的人群的主观目的来构建。[42]

因此柴尔德建议，考古学能为技术知识的进化研究提供基础，摆脱个别社会特有的那种错误、妄想和迷信，而这类知识从其本质而言是非累进的。尽管错误的信仰和迷信会在考古学上留下大量痕迹，但是建议考古学家干脆就忽视这类材料。他们应当探寻材料"真正的历史作用"，而非制作者的主观愿望。这意味着，他们需要设法确定他们材料中包含着哪些科学知识，以及它们所发挥的社会和经济作用。他进而提出，史前人群的动机就像他们的情绪一样已经永逝，因为它们都是些幻想。[43]相反，在客观上有助于人们更好适应其环境的任何概念永远是容易理解的，正因为这种概念对人类进步有所贡献。从这种意义上说，过去最好的思想仍然鲜活，而且在现代社会中仍具有影响力。[44]在这种谨慎论证的意义上，柴尔德宣称，考古学家能够重构某一时代真正的科学，并为科学史提供真实的论据。[45]

柴尔德对如何运用这种方法最重要的具体论证，是一篇题为《作为科学应用的史前人类器物》（"The Artifacts of Prehistoric Man as Application of Science"）的文章。这篇文章是为人类科学与文化发展史国际委员会（the International Commission for a History of the Scientific and Cultural Development of Mankind）所准备的，并于1954年在《世界史杂志》（*Journal of World History*）上分两部分发表。[46]在此研究中，他设法描述史前期技术知识的发展过程。

柴尔德建议考古学主要目的之一应当是研究史前期的科学发展，这代表了他职业生涯中对技术关注的顶点。由于他不相信民族志类比，所以他对技术的研究方法仍然是偏社会和经济的而非民族学的。一些评论家把这点看作是柴尔德缺乏文化差异的意识，这本来能令他更好地开拓这种方法。[47]然而，柴尔德对技术变迁本身细节的关注，并不比他对环境和生态的研究更甚。他首要和最大的嗜好是社会和政

治问题，并倾向基本上从与这些行为领域的关系来研究技术。此外，　*143*
柴尔德对技术的关注是想给考古学研究的发展指明一个方向。然而，
他认为这只是考古学努力的几个方向之一，而他在另辟蹊径的探索上
可谓是开山鼻祖。

第九章　社会考古学

144　　追求他早年对马克思主义和涂尔干学派之社会分析共同特点的承诺，柴尔德把现实等同于社会。他声称，人类有意而为的事情不能脱离社会的存在来看待，因为社会是一个自我维持和自给自足的实体。倘若没有民众就没有社会的话，那么同样真实的是，没有社会，个人也就无法生存。每个社会都有它自己的社会传统，这种传统是累加的，而且代代相传。考古学家所要研究和解释的也就是这些传统。[1]

社会与技术

　　为了将社会当作一个自我维持和自给自足的创造性过程来研究，柴尔德声称需要有一种为所有社会学科所共享的分类系统，特别是要能用它来比较古今所有人群的生活方式。然而，早在 1944 年，柴尔德就放弃了苏联对史前文化的分类。该框架是根据控制不同工具使用方法的产权关系而非根据不同工具本身制订的。[2]他考虑到，考古记录在有关无文字社群的社会结构方面是含糊不清的；因此，苏联考古学家试图将考古材料按照前氏族、氏族和阶级社会套到这个框架中会有潜在的误导。他也指出，苏联分类框架的某些方面，诸如推定母系的血缘关系总是早于父系是错误的，还有苏联考古学家对根据何种基础将特定考古学文化指认为某特定发展阶段并无共识。[3]但一般而言，柴尔德反对"苏联分类框架明确预设要证实哪些考古学事实"的做法。[4]柴尔德声称，基于技术的传统分类系统之所以能通用，乃因它能让考 *145* 古学家来寻找人工制品或物质生产力与生产关系之间的矛盾。[5]他也坚称，因为人们主要用工具来作用于或改造环境，所以将工具类型用作不同社会分类的基础是合适的。[6]因此，他二十年来坚持努力论证石器、青铜器和铁器的传统时代具有其社会和经济的意义，还能将它们与和摩尔根—恩格斯的蒙昧、野蛮和文明的框架加以协调。然而柴尔德主要关注经济发展，摩尔根为其原始框架提出的与物质的对应关系尽管靠不住，但是使得这些想法在考古学上对他很有吸引力。[7]

柴尔德在试图把这些单线的技术和经济框架套用到考古材料时，遇到了无穷的困难。在世界各地，两种系统的划分无法显示彼此遵循完全相同的方式。他坦率承认，摩尔根的九段划分是行不通的，而他三个主要时代的划分也只是在细枝末节的意义上有效，比如没有一个社会能够直接从蒙昧时代进入文明时代。[8]甚至在他社会发展的最一般构架里，柴尔德也没有拒绝多线演进。1954年，他提出了由祭司集团所统治的"庙宇城市"和由神授国王统治的"征服城市"来作为早期文明的不同形式。[9]柴尔德也注意到，青铜时代并非到处都介于石器与铁器工具使用之间，而汤姆森的技术时代用类型学的细分只适用于单一考古地区。[10]他坚称，技术发展是歧异而非单线的，而个别序列是有例外的。[11]尽管如此，他不愿承认汤姆森的技术分期完全是武断的。[12]1940年代，柴尔德仍然把切割工具看成重要得足以塑造和决定社会结构，而冶金术的发展足以标志手工业生产和农业的分化。[13]

柴尔德很慢但极不情愿地被迫承认，将技术时代和经济阶段相对应是不可能的。在《人类创造了自身》一书中，他已声称，尽管近东青铜加工的发明导致了城市的出现，但是在欧洲，一直要到引进铁器

146 加工之后才产生了相同的结果。[14]由此他下结论，青铜加工的发明在重要性上有别于农业的发明。[15]在《历史发生了什么》这本著作中，他进而指出，尽管所有的旧石器时代社会可以等同于摩尔根的蒙昧期，但是野蛮期涵盖的社会有的是新石器时代，而有的拥有青铜时代或铁器时代技术，而文明则建立在青铜器和铁器的使用之上。[16]后来，他注意到玛雅文明是建立在石器技术之上。尽管柴尔德坚称，铁器时代文明的制度在某些关键方面与青铜时代文明有所不同，但是他并不认为技术标准为野蛮期的细分提供了基础。[17]

在1944年的赫胥黎纪念讲演会上，柴尔德大力论证了传统的考古学时代代表了生产力发展的重要阶段。[18]特别是，他设法捍卫铜器时代的完整性来反对里卡德（T. A. Rickard）提出将青铜时代和铁器时代合并为金属时代的建议。他也试图反驳格林·丹尼尔的说法，即认为经济变迁未必紧随技术变迁的萌芽而发生，以及实质性的新石器时代经济与显著使用金属的真正分野是在青铜时代晚期之初。为了恢复青铜时代这个概念，柴尔德定义了铜—青铜使用的四个模式：零式是新石器时代把铜当作一种石头来处理的模式，而其他三个模式（模式1、2、3）则是金属被首先用作武器和装饰品，然后用作手工业的工具，最后用作农业和其他的重型工具。他把铁器时代分为两种模式。第一种是重型铁器取代此前的石器和青铜器；第二种是新的工具类型如钳子、锤子、剪刀、刨和钻添加到工具组合中。他指出，特定模式在各地并非同时出现，而个别文化序列并非以固定次序从一个模式进化到另一个模式。例如在意大利北部，青铜器的使用直接从第一模式跳到第三模式。这些模式也未必呈阶序；也就是说，它们在世界各地未必与文化总体发展水平相当。青铜模式2等于古王国和中王国时期的埃及文明，但相当于欧洲的野蛮期社会。柴尔德指出，青铜模式3同时出现在埃及、安纳托利亚、爱琴海和中欧，并认为这是由于这些地区金属成本的普遍降低，进而引发了一系列相关的复杂历史事件。[19]在解释整个欧洲和近东所见这些模式的序列和相关性时，传播被赋予了重要的作用。

柴尔德继续把铜铁之使用与完全不同的文明的产生拉上关系。青　*147*
铜时代文明是以一种古代社会秩序为特点，然而即使在美索不达米
亚、埃及和中国引入了铁器，也尚未孕育出这种秩序来。在这些文明
中，适合于青铜技术的生产关系变成了（马克思所谓的）"新力量发
展的阻力"。这使得埃及贵族皮托席利西（Petosiris）的奴隶在铁器
模式 1 已经引进埃及两个世纪之后，仍用青铜模式 2 的悲惨工具来断
腕。[20] 当时只是在边远地区，铁器时代技术才能自由地产生新型的文
明。柴尔德声称，地中海城市国家的发展若没有铁器工具制造的有效
运输设施是不可能的。

在 1951 年出版的《社会进化》一书中，柴尔德搜集了温带欧洲、
地中海地区、埃及和近东各地许多有关野蛮期社会演变特定文化序列
的材料。每个序列被再三推敲之后以决定食物生产、技术、运输、贸
易、战争、聚落、人口、家庭结构、祭祀、财产所有权、酋长制和奴
隶制等所知的趋势。对于这些类别的每一个，他设法确定每个地区以
何种序列出现哪些特定的特征。他的结论是：所有这些社会都是从基
本相同的新石器基础发展而来，而这种经济扩展到不同地区之后造成
文化的趋异（divergence），而后又被文化趋同（convergence）所抵
消。[21] 就他意识形态的偏好，柴尔德很可能会设法将文化趋同的过程
归因于各社会的经济制度以及社会结构和意识形态之间一种理想契合
的力度。但他仍将其解释的主要侧重点放在传播上。事实上他坚称，
变迁过程过快而无法让传播有效地将社会整合为稳定的构造。[22] 他将
文明看作是具有一种抽象多样性结构的某些共同特征以平行方式发展
所产生之序列的终极产品，但是他把较为特定的文化相似性归因于文
化传播。

1954 年柴尔德最后一次强调，所有的社会都可归入构成一条单
线序列的几个抽象类型，它们在等级和年代上均有效。然而，他提出
的特定序列比较粗糙，只区分了食物采集、新石器和都市社会。[23]　*148*
1950 年以后，柴尔德放弃了将技术阶段与社会发展相对应的努力。
他之所以被迫如此，主要是因从中美洲玛雅获得的知识。由此他意识

到，一个高度发达文明的存在可以没有灌溉、冶金术、耕犁、帆船、轮车或家畜——这些都是他解释近东文明的先决条件。[24] 从此，这些标准没有一个可以被作为通向文明之路某确定阶段的标志。结果，都市和文明的标准变得日趋一般性和功能性而非技术性。[25] 早在他采纳这些观点之前，因为铜和青铜的稀缺，它们在经济上从未像它们在技术上本应具有的潜力那么重要。[26] 后来，当他发现波利尼西亚人只用石器和鲨鱼牙齿来雕刻精美的木器时，他觉得自己完全高估了青铜加工技术的重要性。[27]

于是，柴尔德逐渐开始承认他在考古研究所就职演讲中提出的一种说法之含义，即我们试图用考古材料来了解社会进化时，技术标准可能会产生误导。他认为这有两个原因：一是切割工具并不代表所有生产力，生产力也包括运输工具这类要素；二是生产方式而非特定生产力决定了社会结构。[28] 柴尔德继续提倡，我们需要一种新颖而不那么肤浅的社会分类法，并且根据考古学家易于察觉的标准，但也要对民族学家和历史学家有意义。制定这样一种框架是他永远难以实现的抱负。而他只是将其研究更加集中在描述社会的变迁。

社会学方法

为了把握社会进化的问题，柴尔德开始盘点考古学家希望了解相关个别史前社会的清单。他继续将自己说法寄托在科西纳的名言上，即某特定的考古文化总是单一人群的产物。然而他很早就发现，很难将原史时期的文化与历史上已知的人群相对应。他日益明白，这种困难包括如何确定哪种社会或政治群体与某特定的考古学文化相伴，并假定某一文化与某一社会是重合的。[29] 他注意到，在各历史时期里，某一物质文化可能被不同部落或国家所分享，而在其他例子中，一个国家会包含几种不同的文化，或其疆域跨越不同的文化边界。因此他被迫得出这样的结论，文化不同方面的边界未必重合。如果史前学家

149

要想描绘社会的发展，他们必须首先设法从经验上将他们的文化与社会制度相联系。[30]

于是，柴尔德愈来愈注重材料的社会学阐释。[31]就像克里斯多夫·霍克斯那样，他相信考古学家能够重建一种合适但不完整的史前群体技术和生业经济的图像。这使得他们能够了解生产方式和生产手段。他也认为，考古学家能够了解有关劳动分工（虽然他认为性别分工仍然比较模糊）、贸易（他仍认为这是涵盖许多不同过程的术语）以及社会剩余产品集中与分配的某些内容。[32]

柴尔德也更加相信，考古学家能有效地研究史前人口的密度和分布，但他把社会制度看得比较虚幻。[33]他认为考古学家能探知家户中经济差异之存在，并依此探知包括阶级在内的社会等级划分的存在。[34]进而能够推测奴隶制、女性地位和财产继承制之存在，还能找到与政府形式、家庭性质、等级系统和战争有关的某些线索。他对能否了解居住形态、继承系统和法律不那么有把握。[35]他相信的一点是，有可能将国王的陵墓或住宅与一个头人的墓葬或住宅分开来，但在他的"告别辞"中，他对此又无把握。[36]

柴尔德认为，甚至意识形态也能作为"小心假设"的课题。不过，艺术和宗教的表现变幻无常，其范围实在太大而无法做肯定的详细解释。[37]他把"母神"雕像看成是代表了老年男性性冲动的一种无害宣泄，而否认对其可能意义的推测。[38]他相信，从考古证据难以获得史前习俗、法律、语言或神话方面的了解。[39]然而，尽管他总体上很悲观，但是与他同辈的朱利安·斯图尔特仍形容柴尔德努力从考古材料来写社会意义"令人印象非常深刻"[40]。这也反映了柴尔德治学的原创性特点。

柴尔德设法获得对史前社会性质更加详细洞见的一个途径是，通过研究考古学的聚落形态。这自然可追溯到他在苏格兰对斯卡拉布雷和其他居址的早期研究。1949年，他发表了一篇文章，总结了中欧发现的新石器时代房屋类型的情况，翌年发表另一篇文章，介绍了俄国对旧石器时代住舍的发掘。[41]在1950年出版的《史前的迁移》

150

（*Prehistoric Migrations*）一书中，他声称从长屋向单户住舍的转变，代表了氏族作为社会基本单位的解体。[42]尽管柴尔德对考古学采用量化方法的价值持保留态度，但他也建议要根据考古材料来对史前聚落形态做些量化的总结。他建议，如果知道某些聚落的栖居是同时的，那么聚落间距离的一半就是它们各自的地盘大小。[43]他也估计，欧洲新石器时代大多数村落占地 1.5～6.5 英亩，人口为 8～35 户，或110～600 人。[44]据此他认为，他参观过的美国西南部普韦布洛（Pueblo）印第安村落的居民有 1 000 多人，很可能超过了新石器时代的水平。[45]但是，他没有注意到战争和生态适应的不同方式对欧洲以外新石器时代社群的影响。他提出，最早的城市是已知欧洲新石器时代村落的十倍。[46]

　　然而，柴尔德在用考古材料来加深对史前社会结构的了解上乏善可陈。他并没有从聚落形态研究中得到有价值的结果，也没有以一种缜密或全面的方法来深化这些研究，尽管他起初的成果具有显著的价值。他也没有把他的量化观察扩大到文化的其他方面。柴尔德的不少努力是放在了从考古材料来推断社会结构，比如他随便但经常提及的女性雕像可能是母系社会的象征，或者把寡妇殉夫（sati）说成是父系社会的证据。这些被他的同侪认为十分可疑，最后他自己也感觉不妥。[47]在其他例子中，他奇怪地不愿从他的材料中得出结论。在《社会进化》一书中，他说欧洲有关狩猎采集文化的有限考古证据不足以支持社会学的推论，以证明总体上适用于蒙昧时代社会结构的制度和形式之通则。[48]但是，他提出的材料却证实，日益精致的技术和利用越来越多的资源与较大和较为定居的群体以及地位的日益分化有关。在此，柴尔德可能被他一生不愿意承认的狩猎采集经济社会会有重大文化变迁所拖累。

151

《苏格兰人以前的苏格兰》

　　这段时期柴尔德的社会学关注的主要趋势是努力从与社会系统进

化的关系来解释文化变迁。在这方面，他是受到了这种精神而非受到1930 年代苏联考古学通信以及英国社会人类学诸多方面的影响。《工具的故事》（*The Story of Tools*）和《苏格兰人以前的苏格兰》这两本书标志着柴尔德朝这个方向迈出的重要一步，前者在很多方面是对较长和较重要工作的一本尝试性著作。

《工具的故事》是 1944 年写给共青团的一本小册子。其目的是想把恩格斯在《家庭、私有制和国家的起源》一书中提出的一般性思想用考古记录来证明。这本书在得到英国共产党的欣赏和批准之后被翻译成匈牙利文、波兰文和中文。柴尔德在这本书中强调，生产手段所有权的转变是社会发展的关键变量。在民众拥有工具的社会中，人们会创造性地和灵活地利用它们，而在资本家拥有昂贵机器的社会中，工匠变成了工薪劳力，社会变得等级化和固化。[49] 他说，新石器时代妇女从事农作会提高她们的地位，只要她们种植的庄稼是主要食物来源。[50] 他同意恩格斯的看法，即野蛮人征服罗马帝国改造了欧洲。因为征服者没有高利贷、工业奴隶和土地私有制，所以他们能够重新激发被罗马极权主义所扼杀的创造性。[51]

《苏格兰人以前的苏格兰》一书是根据柴尔德 1944 年在苏格兰古物学会上的林德演讲（Rhind Lectures）所写成，该书声称是尝试将苏联考古学的阐释方法用于苏格兰的史前史。这本书比柴尔德的其他著作引发了更多的争议。它被形容为离别时对苏格兰人的一种侮辱以及企图冒犯传统的礼节。然而，如果确实如此的话，我们不清楚侮辱的对象是谁，以及如何冒犯。柴尔德根据经济、房屋、生产工具、贸易和相关的社会发展推断，把苏格兰史前史分为六期。他把苏格兰新石器时代社会的最早期说成以平等氏族为特点，其成员共有牲畜和墓地。[52] 日益的专门化和日用品生产鼓励个人所有制来作为促进经济交易增长的手段。结果，氏族瓦解而形成个别的延伸家庭，畜群成了头人的财产。然而，生产的剩余产品如此之少，以至于当地首领必须集中许多这类家庭的剩余产品来支持云游的工匠。柴尔德猜想，这些首领的权威来自他们的辈分，或他们在贸易和战争中所发挥的作用。

152

他遵循涂尔干的想法，认为这些首领的权力因他们吸收了氏族的"灵质"（soul substance）而神化，从而成为王权神授的祖型。他们的墓葬不再是合葬，而成了氏族的神龛，对死去首领的祭拜成为部落繁衍仪式的主要内容。尽管如此，首领的权力仍然受到重要血缘义务的制约。[53]

柴尔德认为，扩大的青铜工业并没有被用来释放财富生产的新力量，而是用来制造武士的兵器和嫔妃的饰物。因此，它无法为日增的人口提供更多的食物，也无法为工商业提供更多的工作机会。结果，人口压力导致了频繁的战争。[54]铁器时代技术以高效为特点，但是也无法从根本上改变社会秩序。增长的生产力被用到营造更大的城堡和更加精美的装饰品上。战争首领和御车者（charioteers）用武力来获得高位，取代了较早的神圣首领。在苏格兰的某些地方，共和政府由已产生的地主委员会组成。这种社会秩序在诺曼人的支持下，一直延续到企业阶级能够发展，同时产生了拥有土地的贵族。[55]

柴尔德指出，《苏格兰人以前的苏格兰》一书设法证明，用苏联的发展途径来解释考古材料要比英国流行的迁移论解释更胜一筹。然*153*而，这本书还是摆脱不了用传播和迁移来解释文化变迁的毛病。在苏格兰农业最初出现的问题上，柴尔德写道："马克思主义者认为，最早的植物栽培和驯化动物并非从海上漂来，而是由来我们土地定居的植物栽培者和畜牧者带来的"[56]。如果不发生此事，苏格兰的文化发展很可能滞后数世纪之久。柴尔德认为，大口杯人群抵达英国，把平等氏族社会推向了终结，并加速了文化变迁，"这种变迁在逻辑上实在是必需的，但是它也可能无限期被推迟"[57]。部落社会的瓦解被归因于盖尔人（Goidels）、古挪威人（Norsemen）、撒克逊人（Saxons）和诺曼人的连续入侵。[58]

英国考古学家有充分的理由来质疑柴尔德从经验上随意而深切地用苏联发展时段来重建史前苏格兰社会结构和宗教的各个方面。然而，不论这些演讲所持的精神如何，这本书所遭到的批评可以与论证苏联方法的优点平分秋色。他的主要结论是，"苏格兰社会的内部发展，说明了单凭'普遍法则'无法解释苏格兰的考古材料"[59]。柴尔德把苏格兰描绘成偏远落后地区，这种贬损的图像与苏联的思想无关，后者只强调内部发展的重要性。正好相反，这反映了他拒绝苏联观点，赞同来自近东的传播和迁移是推动文化变迁的主力。具有讽刺意味的是，这本书长期以来被许多英国考古学家认为是教条式马克思主义的表现。

柴尔德的结论与他几年后公开反对的苏联单线发展框架相一致，而《苏格兰人以前的苏格兰》一书是根据苏联的单线发展框架来解释史前社会和宗教的。[60]这种态度与柴尔德私下对恩格斯《家庭、私有制和国家的起源》的冷漠，共同解释了为什么他一直没有时间与帕姆·达特合编这本书，该计划原本打算由柴尔德提供注释，将恩格斯的文本加以更新。[61]

柴尔德对苏联的文化单线进化论框架最强烈和最有影响力的谴责，以及他对苏联考古学总体上最直率的批评是在 1950 年斯大林的《论语言学中的马克思主义》发表之后，其中该苏联领袖谴责了马尔的语言学理论，指出苏联和沙皇俄国时期讲的是相同的俄语。彼得·盖瑟科尔指出，这篇文章无疑是给西欧共产党知识分子作茧自缚的当头一棒。[62]他认为，这给了柴尔德一个机会来批评那些与马尔主义为伍的苏联考古学基本概念，同时也让他能够自由地开发和表达对考古学具有另类意义的马克思主义观点。但是不要忘记，柴尔德早在 1938 年就已经公开对苏联考古学的许多方面提出了批评。[63]

更大的进步

柴尔德在 1950 年出版的《欧洲的史前迁移》（*Prehistoric Migrations in Europe*）一书在考古材料的社会学解释方面取得了进展。这本书是根据他 1946 年秋在奥斯陆所做的演讲写成，是有关欧洲史前期和原史时期民族迁移讨论会的一部分。其中，他回到了追溯印欧语系发祥地的老问题；虽然他后来伤心地指出，当时他对欧洲的最早印欧人是瓮罐葬人群的颇有把握的判断，因十年里线形文字 B 被定为希腊文之最早祖型，以及因在阿尔卑斯山之北发现了更早的轮车而被否定。[64]就像他以前对欧洲史前史所做的综述，柴尔德认为气候变化、人口增长和技术发展是推动社会和经济变迁的因素。他也强调传播和迁移的重要性；例如声称，青铜时代晚期的经济革命若没有来自近东的矿工和青铜工匠的新近介入是难以发生的（虽然无法从考古学上论证）。[65]

然而此书的概念要比《欧洲文明的曙光》来得更为扎实。这很可能鼓励了柴尔德强调相关文化之间共有的社会特点，而非区分它们之间的文化细节。他再度想从考古材料中观察平等主义氏族转变为自然家庭的历史，以及部落和酋邦首领开始集中社会剩余产品并利用战争和贸易来增加他们所占份额的发展。[66]柴尔德赞赏新石器时代晚期游牧部落的发展，把它看作是确认了恩格斯"几乎预言性的断言"，即游牧部落是从野蛮人群中分化而来的。[67]青铜时代以采矿的改善为特点，贸易和手工业进一步发展起来，并在某些地区出现了富庶的酋邦。虽然铁兵器要比青铜兵器为多，但它们并未产生一种更平等的社会。反而它们能使人口增长而发动更加频繁的战争，这导致铁器时代政治权力的进一步集中。[68]整个欧洲史前史完全是按照柴尔德用于《苏格兰人以前的苏格兰》一书的相同模式来阐释的。

1950 年，柴尔德在《城镇规划评论》（*The Town Planning Review*）杂志发表的《城市革命》（"The Urban Revolution"）一文中，试图把最早的城市和新石器时代村落区分开来。他对它们下了定义，而且用十项标准来标示文明：（1）规模；（2）居民类型，他们中的大部分或许曾是农民，但是所有城市都有工匠、商贾、官吏和祭司，他们由初级生产者的剩余产品供养；（3）初级生产者把剩余产品贡献给神祇或圣王；（4）纪念性建筑；（5）免于体力劳动的统治阶级；（6）信息记录系统；（7）精确而实用的科学的发展；（8）不朽的艺术；（9）经常进口原料，包括奢侈品和工业原料；（10）常驻的专业

155

工匠，政治上和经济上在地方官吏或宗教官员的控制之下。[69]现在一般认为，柴尔德认为文字是文明出现的一个先决条件是错误的，虽然当时大部分考古学家对此深信不疑。文字是他标准中最重要的。有的地方他以障眼法用"记录系统来代替文字"。这种比较含糊的表述可以涵盖秘鲁的结绳记事和达荷美人的卵石统计法，虽然这并不表明柴尔德知道有这样的办法。

一般而言，柴尔德的标准十分广泛，常以社会性为准。他深信这些共同特征，包括文字是以一种平行或趋同进化的方式进化的，而非历史关系的结果。为了支持这一点，他注意到，尽管一些次生文明是建立在少数初级文明的文化资产之上，但是各次生文明与其祖先的区别要大于后来次生文明之间的差异。[70]在他看来明显的是，各文明共有的最大特点是那些抽象的特点，这些特点在任何社会系统的复杂水平上就功能而言是内在固有的。于是，它们可以用来定义社会发展的一个阶段。与这些文明相伴的具体细节，还有它们社会制度的性质是高度异质性的。那些独有的相似性最好从历史过程来解释。[71]

在《社会进化》一书中，柴尔德对社会发展的关注因他对传播的偏好而黯然失色。然而，他试图从宽泛的角度调查考古学可以揭示史前社会性质的哪些内容。他也开始犹豫地并首次对社会概念和文化概念做出区分。他声称，作为一种自我延续的社会关系网络，某社会具有一种独立的有机性质，而文化特点因易受传播的影响而无此性质。尽管作为史前学家，考古学家的责任是区分和描述尽可能多的考古学文化，但根据比较社会学建模的一种方法有望用无视小的文化差异和根据社会系统的共性来指称各文化而减少这样的多样性。柴尔德担心，后一方法包含的抽象性可能会抹杀许多重要的具体差异。但是他声称这是值得的，这种方法会从适当考古材料的仔细遴选中得到结果，而非盲目接受考古记录中的那些缺点。就像社会人类学家，他开始把社会关系看作是人类行为的结构方面，而把文化看作碎片化的因素，这些因素通过它们与特定社会行为系统之间的关系而在功能上彼此关联。[72]

1952 年，柴尔德为《剑桥欧洲经济史》（*The Cambridge Economic History of Europe*）写了一篇有关自野蛮欧洲到罗马时期贸易和工业方面的短文。虽然他主要提及得考古材料验证的物品，如海菊蛤贝类，但是他试图从区域经济和社会变迁的背景来处理长途贸易的发展。这需要强调经济变迁所涉及的社会因素。[73]

柴尔德所写的有关欧洲和近东文化发展之间关系的长篇综述，被作为《欧洲的传承》（*The European Inheritance*）一部分于 1954 年出版，后来遭到"难以想象之差"的毁评。对其主要的异议在于，这篇论文"通篇是过高估计东方作用的陈词滥调，完全忽略了史前欧洲的个性"[74]。然而，此文在许多方面提供了他对旧大陆西部文化发展所获得的最广泛且最完整的视野。由于其简洁扼要，它过于强调社会结构而非文化细节。虽然此研究的主题是将欧洲的作用看作是近东新石器时代的殖民地化和市场扩张的原料供应地，但是他对欧洲和近东之间关系的看法与他自 1930 年代以来发表的其他著作中的观点没有明显差别。这也预示了他把欧洲与近东文明加以区别对待的最后努力，其根据是欧洲的工匠和经济总体上能够长期地享有不受国家控制的自由。[75]

在 1955 年修订《欧洲文明的曙光》第六版时，柴尔德放弃了第三版中"教条式的东方主义态度"。他否定了欧洲一直是近东文化影响的被动接受者。在其前言中，柴尔德将这项改动归功于苏联考古学家亚历山大·蒙盖特（Alexander Mongait）为四年前出版的俄译本《欧洲文明的曙光》所作序中的批评。[76]柴尔德比以前更加谨慎地评估近东对欧洲的可能影响。他开始怀疑与近东的贸易是刺激西欧巨石文化发展的主力。[77]他也费了不少笔墨介绍苏联有关文化进化本土说的理论。[78]然而，尽管他比过去赋予了可能残留的中石器时代文化以更多的历史意义，但是他仍然坚称，很可能是迁移的牧人和栽培者把新石器时代经济从近东带到了欧洲。[79]他仍然认为还是值得推定，很可能是第一王朝初从尼罗河三角洲逃离的难民为基克拉迪群岛（Cyclades）文明的发展做出了贡献。[80]他把近东看作是这样一个区域，那里

157

干燥的气候必须要靠一致和严格的原则才能支持很高的人口密度，而新石器时代欧洲分散的人口鼓励相对小型社会之间的独立性和文化多样性。正因如此，欧洲人群无法集中足够多的社会剩余产品来允许冶金术革命。因为近东社会生产的剩余产品以及他们对资源的需求，冶金术被传到欧洲，欧洲民众若无对政治统一的相同需求的体验以及严格的阶级划分，近东腹地也无发展的余地。[81]柴尔德相当天真地坚称，史前欧洲发展对近东资本的依赖和 19 世纪日本对欧洲和美国的依赖十分相似。[82]

《欧洲社会的史前史》

柴尔德的社会学研究方法在他去世后出版的《欧洲社会的史前史》（*The Prehistory of European Society*）一书中发挥到极致。这本书中，他回到了《欧洲文明的曙光》和《雅利安人》两本书提出和设法回答的问题：欧洲野蛮人是如何超越他们的东方主人，以及欧洲如何最终在科学和技术上执世界之牛耳的？[83]他声称，在准备写《欧洲文明的曙光》和《最古老东方的新认识》的最后一版时，才意识到克里斯多夫·霍克斯 1940 年出版的《欧洲的史前基础》（*The Prehistoric Foundations of Europe*）一书所持的许多观点是正确的，那就是许多进步的显著的欧洲特征在青铜时代就已经出现。[84]柴尔德在 1956 年 10 月写给布雷德伍德的信中表示，他现在相信可以解释为何如此了，而且他希望能写一本小书来回答霍克斯之观察所提出的问题。[85]除了《欧洲文明的曙光》最后一版之外，柴尔德在为他《欧洲社会的史前史》所写的序中修正了他以前的著作给人的印象：欧洲青铜时代文化只不过是近东文明原始而蹩脚的翻版而已，近东文明的广泛成就在《最老古东方的新认识》和《历史发生了什么》中予以了称颂。[86]柴尔德显然忘记了，1939 年版《欧洲文明的曙光》提出的"东方主义"是用来对抗国家社会主义的，他说国家社会主义令他完全漠视了欧洲野蛮主义所有的积极面。很有可能的是，霍克斯对史前欧洲文化新经验和创造性方面的赏识是来自柴尔德的早期著作，包括第一版《欧洲文明的曙光》，该书的主题之一是赞扬史前时代欧洲人的创造性。至多，霍克斯和蒙盖特促使柴尔德无意中回到了他学术生涯早期所持后来又放弃的立场。

依柴尔德之见，欧洲文明的独特性可以从近东城市革命早于欧洲这个历史事实来解释："欧洲永远瞠乎其后"[87]。他认为不可避免的事实在于，财富和权力的极权主义集中在近东的大河流域发展起来，由于这些地区土壤生产力较高而且分布受到限制，拥有这些土壤的地区易于耕作，而这些地区的文明有赖输入的原料。[88]在雨量充沛的地方，新石器时代人口增加的解决之道就是通过战争或移民另觅新的土地。只有在近东才找到了不同的解决办法，但在柴尔德看来付出了可怕的社会代价。[89]上位的国王能够敛聚足够的剩余产品（特别是食物），借以确保全职冶金工匠的安全，以及实施和完善他们技能所需的原料。然而，必须开发新技术这一条件，将这些工匠贬低到经济奴隶的状态，迫使他们和养活他们的农民放弃自己的权利，而委身于他们的统治者——祭司和武士而谋生。[90]

从一种目的论观点，柴尔德认为，如果其他地区的人想要有效控制他们环境的话，那么近东建立冶金业和文明所需的不平等和剥削是必需的付出。他仍然相信，近东的技术是由那些想找新客户或寻找近东所急需的新原料的工匠后代带到欧洲去的。[91]柴尔德认为，由于欧洲不可能有效地聚集大规模的剩余产品，所以冶金业自发产生的可能性甚至要比北美印第安土著还低，虽然后者拥有大量的天然铜，却没有发展出冶金术来。[92]在欧洲，工匠并未被极权主义的主人所控制。相反，他们被迫从一个部落中心流动到另一中心，以便将他们的产品推销给那些首领，因为后者没有资源来全职雇用他们。有了这种经验之后，欧洲工匠习惯于把他们的技术出售给最高的出价者。于是，即便是欧洲的生产力已发展到首领可雇用全职工匠的程度，商贾和工匠仍能保持不受政治之控制。[93]

为了应对欧洲大片森林和硬土之苦，当地居民们只好采用节省劳力的工具，而好战小国之多也刺激了改进武器之需要。对更高质量的物件以及技巧更高的工匠的竞求刺激了欧洲技术大规模的发展，其规模为近东最早文明发展以来所未见。

柴尔德认为，欧洲的工匠和学者自青铜时代到现代，一直在超国家经济里保持着他们的行动自由，即使在希腊君主制和罗马帝国时期的奴隶制和极权主义暂时阻碍了这种方式，而农民往往沦为更悲惨的奴隶，比古代近东所见的情况更糟。对自由企业之风进行奇怪的颂扬，他声称雅典的外邦人、中世纪的熟练工匠和 19 世纪流徙的联邦分子（unionists）都是他猜测的这批青铜时代冶金匠的精神后裔。同样，自古典时期以降，学者们可借出版、通信和云游自由地交换思想。柴尔德抗议，这种方式被冷战以一种史无前例而且完全非欧洲式的做法破坏。[94]

柴尔德提出的解释，与写作《欧洲社会的史前史》时想做的初衷颇为矛盾。他在序中提出，《欧洲文明的曙光》最后一版提出的论点，是以简明的方式予以表达的，并无深奥不实的考古论证。[95]这表明，这本书只不过是《欧洲文明的曙光》的简本或普及本。另外，在《回顾》一文中，柴尔德声称，"就从考古发现中提取人们认可的历史而言，《欧洲社会的史前史》要优于我知道的所有其他研究"[96]。他也认为此书是对那些过高估计近东在欧洲发展中所起作用的学者的一个"最终答案"。

《欧洲社会的史前史》远非《欧洲文明的曙光》的浓缩版。在此书中，柴尔德用比以前更明确的方式将社会概念和文化概念区分开来。他提出了社会是结构基质（structural matrix）的思想，文化的个别物体通过该基质才能获得其功能意义。他也清楚表明，功能制约严重限制了政治系统、血亲行为和其他社会关系形式的变异范围。结果，社会结构倾向于对应一批颇为有限的类型，这些类型相对易于分类和比较。另外，文化的特定细节差异极大。从社会分析的观点来看，大部分文化细节可以被看作是历史的偶然。在这种意义上，一种特征相对于其他特征的存在往往是有一个文化的特定祖先，以及特定群体之间曾经相互来往的结果。正因如此，社会系统要比文化方式更易通过跨文化比较进行定义。

于是，柴尔德对于如何从考古材料来研究社会系统关系所提出的独到创见，在许多方面很像戈登·威利（Gordon Willey）几年前在《秘鲁维鲁河谷的史前聚落形态》（*Prehistoric Settlement Patterns in the Virú Valley，Peru*）一书所获的见地。[97]后者的研究标志着美国考古学真正聚落形态分析的开始，也是考古材料社会阐释的开端。威利所用的主要文化概念是区分维鲁河谷发展的相继阶段，借此将大致属于同一阶段的遗址归组。各阶段的墓地、居址、庙宇、城堡和灌溉系统为重建维鲁河谷不同历史阶段的社会和政治结构提供了基础。威利不是将社会和政治系统看作是具体考古学文化的特征，而是试图将维鲁河谷的文化遗存作为一个演进的社会系统来阐释。尽管柴尔德并没有提出一种聚落考古学的方式，但是他和威利所提出的社会方法实际上是相同的。这也许并非巧合，对聚落形态的关注一直在柴尔德的思想演进中发挥着指导作用。

然而，尽管有这样重要的成就，《欧洲社会的史前史》仍有其缺点。在讨论目的和方法时，他常为研究史前社会能学到什么而感到困惑，看来它只限于劳动分工、社会等级和政府等某些方面。[98]柴尔德看来更加关注问题的细节和这种方法的局限性而非论证其潜力。相比其他的后期著作，此书更加侧重概括而非证明其论点，也反映了他的思路范围现已被他久已定型的概念所拖累，他也从未对这些概念做严格的检验。他认可这些概念时间过久，以至于无法对它们做批判性评估。他仍毫无根据地把狩猎采集者形容为寄生虫，把来自近东的勘探者和工匠看作是把近东技术传播给欧洲的主要因素。他也推测，那些有经验的冶金匠到欧洲是寻找原料的，在满足了当地的最低需求之后，将它们的剩余产品运回地中海东部。

来自近东工匠的扩散，本有望使欧洲大部分地区的陶器和冶金术风格存在广泛的一致性。柴尔德设法用这些工匠很快使他们的产品符合当地人的口味来说明缺乏这种一致性的原因。[99]他把冶金业看成是"摆脱新石器时代野蛮性刻板限制的第一步",并是推翻野蛮社会秩序和培养一批全职专业人士的主要因素,此时他也退回到了较早的一种观点。[100]这样做,他也放弃了切割工具不能代表所有的生产力这一来之不易的结论。柴尔德比以前更加强调欧洲青铜时代的工匠的独立性,以及他们到处来往的自由,这种观点大体基于他对古希腊时期工匠行为的了解,以及荷马对更早吟游诗人和工匠的描写。[101]他对伦纳德·帕尔默(Leonard Palmer)的说法感到困惑,后者将线形文字 B 文本中的工匠指认为迈锡尼社会中的最低层,但有些文本又把他们说成农人,意味着他们是半专业人士。他只是不太有力地反驳此说,提出在迈锡尼时期工匠可能像荷马时代一样自由,这始终是他依赖的证据。[102]柴尔德也一直随意采用这样的说法,即陶制阳具和特里波列文化塑像艺术中的大量公牛预示着向父系社会的转变。尽管他现在承认寡妇殉葬的证据常常并不足信,但是他也据此提出战斧人群是父系社会的结论。[103]他声称,特别就两者均涉及从主要发展中心输出资本而言,青铜时代文明之扩张可与现代殖民主义比肩。他不加鉴别地坚持这些理论,不但限制了他的原创性,而且看来也使他走到了这样的地步——无视与这些理论相左的证据或新理论的意义。

攀登尼波山

柴尔德的早期研究完全是凭借器物类型的详尽知识,以及它们在欧洲考古记录中的时空分布。这种形式主义研究方法在柴尔德之前的进化考古学全盛期已经成熟,但是在进化考古学之后仍久盛不衰,这得益于奥斯卡·蒙特柳斯和约瑟夫·德谢莱特这些考古学家的运用和改善。柴尔德将其余生花在了研读考古报告、参观欧洲和近东的博物馆与考古遗址上。为了满足对土耳其梅尔辛(Mersin)遗址地层的好奇心,他在 1946 年圣诞节用了数周时间与约翰·加斯唐(John

163 Garstang）一起进行了发掘。柴尔德的笔记本写满了陶器、青铜器和石器粗糙而准确的草图。他对这批材料无与伦比的了解，令他对文化历史的综述驾轻就熟，但这并不能为他的经济研究提供完全满意的基础，更不足以令他研究史前的社会结构、科学知识和意识形态。他对聚落形态材料缺乏条理的观察，明显是想用它们来补救这方面的缺陷，但是它们并未带来方法论上的突破。要探索考古材料的社会意义，就必须具备较他所能处置的更系统的民族志知识。而且，这种不足并非柴尔德所独有。只是到了最近，才有人考虑用金属加工的系统民族志视角来解释欧洲青铜时代的考古记录。[104]此外，格拉厄姆·克拉克显然明白，如果田野工作没有创新，那么也就无法利用这种知识来深入理解考古材料。尽管柴尔德要求发掘者记录诸如手推磨的凹陷是椭圆的还是垫枕形的这类更多的细节[105]，但是他对革新田野工作缺乏兴趣，他满脑子的类型学方法也使他根本无法展开这种研究。

柴尔德的创造性想象愈来愈僵化，这也明显见于他对量化分析的态度上。在《人类创造了自身》一书中，他称赞量化分析是克服研究者个人偏见的一柄利器。[106]他也像许多美国考古学家所做的那样，认为考古学文化概念大体是统计学意义上的一种概念。[107]然而尽管如此，柴尔德仍然对量化分析持反对态度。他声称，从功能观来了解考古材料的需要，排除了用数学公式来定义文化。大多数器物类型中能够用统计学处理的标本实在太少，而仔细定义器物类型的需要也会将一种主观成分带入任何统计学分类之中。[108]柴尔德引用了一些甚至更不足信的难度，比如声称不可能将器物的频率分布标示在地图上。[109]尽管他同意，统计学可用来比较有地层的单一遗址的不同文化层出土的人工制品，但是他相信，出于一般目的，统计学方法不大可能代替类型学方法。[110]

柴尔德晚年这种思想看似日趋僵化的症状，在对欧洲史前发展过
164 程无法提出有意义新解释的同时，他也开始严重怀疑考古材料是否能用来支持他所偏好的观点。柴尔德很早就明白，考古学的阐释是由一种先入为主的设想和主观的偏见所决定的。[111]但是现在他却想更系统

地审视和推广他著作所立足的设想，并试图证明他设想的可能性是站得住脚的，即便他无法证明它们是真的。[112]这种关切的重要体现就是，他1956年出版的《历史的重建》，该书是立足于他用考古材料重建历史时所采用的考古学分类、术语和概念的几篇讲稿。[113]

当柴尔德再次强调史前欧洲文化的创新性时，他承认，他一直依赖的欧洲文化发展的东方主义观只是一种设想而已，而另类设想完全可以对发生的事情得出根本不同的解释。[114]由于他日益明白功能对结构变异的限制，他也开始对欧洲野蛮社会和近东文明之间的所有相似性能从来自近东的传播进行解释产生了怀疑。[115]这和他1935年的主张迥异，即新的考古发现倾向于确认了东方主义的假设和他自己的短年表。最新的进展也使柴尔德相信，即便是证据最扎实的考古学阐释，至多也是一时之说。[116]他准备承认，一种并非不可接受的断代变动可以表明，铜器加工在匈牙利是独立发明的。这也允许将该地区最早青铜斧的形状说成是模仿了本地的石器或骨器工具。不过，他觉得这种"铸造术的独立发明难以接受"[117]。

近东前陶新石器时代文化的发现，对了解欧洲的农业起源产生了始料未及的困扰。[118]看来也有可能的是，陶器是由斯堪的纳维亚中石器时代的埃特博莱（Ertebolle）文化独立发明的，而非来自近东的传播。[119]所设想的陶器发明和农业起源之间对应关系一旦被否定，就迫使考古学家首次把他们对农业起源的研究完全根据古生物材料来研究。柴尔德承认这不可避免，然而就他对类型学的情有独钟而言，他几乎不可能欢迎这种方法。

柴尔德也认识到，伊比利亚铜石并用时代陶器受到迈锡尼亚文化启发的观点是靠不住的。[120]他指出，地中海西部的考古背景中没见一件公元前1800年之前地中海东部生产的器物。如果来自地中海东部的勘探者造访过地中海西部的话，"他们几乎没有把他们的任何技艺传授给当地的学徒"[121]。他也看到，无法将金属工具和西欧巨石墓的建造相对应，是对他这种观点的严重打击，即他把"巨石宗教"看作是寻找锡、琥珀和黄金的早期爱琴海人的一种意识形态畸变。然而尽

165

管如此，他仍然相信，"地中海东部人群的实际殖民看来是对这种现象最佳的说明"[122]。但是他承认，当时的考古证据表明，巴勒斯坦遗址如爱伊（Ai）和耶利哥（Jericho）遗址的城市化是在没有埃及资本的情况下取得的，并且表明其明显不是和埃及进行贸易的结果。[123]罗伯特·亚当斯（Robert McC. Adams）还记得，他在1956年春拜访柴尔德时，有过一次很长的讨论，在讨论过程中，柴尔德对考古材料任何解释的持久价值表示了最深的绝望，并坚称只有新材料才能真正增长知识。[124]一种相同的观点也主导着他对《欧洲社会的史前史》一书的最后评价："我的所有说法可能会被证明不实，我的公式可能不妥，我的解释也许理由不够充分，我的年代学框架——无此框架，所有掇合就无从谈起——坦白说不太牢靠。"但尽管如此，他觉得研究结果还是值得发表。[125]

柴尔德对他欧洲史前史解释的怀疑显然与他意识到他的大部分解释与他对年代学关系所做的设想相连有关。放射性碳测年的发明为有朝一日独立于考古学设想构建欧洲史前年表带来了希望。[126]尽管他对放射性碳测年潜在意义的评估是谨慎的[127]，但是对这种紧迫判断的期望，很可能令他担心，他对欧洲史前史的解释会前功尽弃。这进而可能会令他希望，是他的解释概念而非他特定的解释被公认是他对考古学做出的最原创性和不朽的贡献。柴尔德显然并未把他工作的这两个方面看作是如此彼此关联，以至于它们是起落与共的。我们的推测也许并不离谱，那就是柴尔德因日益意识到他的类型学方法不适合处理社会分析和史前知识的问题而深感沮丧，而这些问题现在已是他关注的重点。

1956年柴尔德提前几个月退休，是为了便于把考古学研究所搬到戈登广场（Gordon Square）的现址。他接受了印度政府的邀请，前去参加1957年1月在加尔各答举行的一次科学会议，然后短暂返英。[128]该年4月，自1922年离开澳大利亚后他首次回国，周游全国，探亲访友。为了鼓励对史前研究的兴趣，他在墨尔本大学做了两次讲座，一次相同主题的电台广播。6月他在堪培拉澳大利亚国立大学做了一系列的讲座，所讲的内容都收入他将出版的《欧洲社会的史前史》一书，他仔细地把这些演讲概括成《青铜时代》一文，手稿在10月寄到了《古与今》杂志的编辑手中。[129]柴尔德接受了悉尼大学颁发的荣誉博士证书。

柴尔德为他同胞对澳大利亚博物馆和本地史前史不感兴趣，还有他们仍对他所认为的国家大事漠不关心而感到沮丧。史密斯（F. B. Smith）回忆，柴尔德用"澳大利亚波澜不惊的乡村生活与10世纪爱尔兰生机勃勃的文化做无情的比较来打动墨尔本听众"[130]。柴尔德用其余暇来完成《欧洲社会的史前史》，并写了一篇自传式的《回顾》短文。他也花不少时间登山，研究悉尼附近蓝山山脉的岩石构造，这片地区与他年轻时代愉悦的回忆相伴。据说，他计划写一本有关该地区的书。[131]柴尔德抱怨他的身体欠佳、头晕和视力下降。也有人说他在登山时喜欢冒险。[132]1957年10月，他登山后一去不归，后来被人发现摔死在卡通巴（Katoomba）附近戈维特断崖（Govett's Leap）1 000英尺下的地方。

对柴尔德之死有各种不同的说法。虽然他害怕老年多病和依赖他人，但是他同父异母姐姐埃塞尔（Ethel）声称，柴尔德希望能够再回英国[133]，即便对他的许多同行而言他已经从那里退休。有些人试图把他的死亡与他对苏联或马克思主义的幻灭联系起来，据说，柴尔德最终意识到那是个破产的哲学。但证据绝对与此相左。后来柴尔德公开批评苏联考古学的缺点，尽管他希望不要损害与苏联考古学家的联系。不过，尽管一直晚到1951年，他还喜欢在文章和公开演讲中把斯大林当作权威来引用，但是很久之前他的私人通信就显示，他明白德国和苏联所犯下的极权主义邪恶罪行。[134]不管他对苏联外交政策感到如何失望，不管他为匈牙利人民感到如何遗憾（他曾在1955年访问过匈牙利），像1956年苏联入侵匈牙利这样的悲剧事件给柴尔德的冲击未必比英国介入苏伊士运河危机的行动来得大。

因为早年介入澳大利亚政治，柴尔德学会了在不利的政治环境中随遇而安，他把这种情况看作是世界不完美之故。[135]他对冷战的恐惧

167

似乎未必比对英国战后的经济不振更甚（他曾对后者极为不满），并认为西方国家对战败德国的处理过于慷慨。[136]约翰·莫里斯正确地看待柴尔德的马克思主义是一种思考方式而非一堆教条。[137]同样明显的是，对柴尔德来说，马克思主义和苏联是两回事。他在《告别辞》里对马尔主义的批判，按他的理解是对马克思主义的再度认可而非拒绝。[138]柴尔德远非背信弃义，他对马克思主义不拘一格的解释，在战后的年代里启发了他大部分的原创性工作。作为马克思主义者的柴尔德与作为考古学家的柴尔德从未像这样接近。

柴尔德显然把他生平的最后几年用来进行总结。在《告别辞》和《回顾》两文中，他以谦虚而非常客观的态度自觉检讨他一生的工作。《欧洲社会的史前史》也是这样一种总结，其中他试图回答在《欧洲文明的曙光》一书中首次提出的有关欧洲社会性质的问题。但是这本书也显示，柴尔德大部分考古分析所立足的类型学方法，并不能为他目前最为关注的知识和社会问题提供一个适当的基础。他已经走过了可望对其分析方法做出重新定位的阶段。因此，尽管《欧洲社会的史前史》是为考古学未来发展指明方向的一座里程碑，但是也标志着作者无法逾越的局限性。就像摩西＊一样，柴尔德本应能从尼波山（Mount Nebo）山顶去勘查应许之地（the Promised Land），却让其他人进入并占据了这块地盘。

＊《圣经·出埃及记》记载，摩西受耶和华之命，率领受奴役的希伯来人逃离古埃及，前往富饶之地迦南。经历 40 多年的艰难跋涉，在快要到达目的地的时候，上帝令摩西上尼波山，在山顶上帝指给他看应许之地，唯他不能进入。在遥望应许之地后，摩西就死在了山上。——译注

第十章　新考古学之外

　　柴尔德一生的声誉主要是以他对欧洲和近东考古记录的解释为基础的。他要比其同时代的任何学者都善于从考古记录中令人信服地解读其意义和重要性。可是近年来，特别是自放射性碳测年可受年轮校正后，柴尔德对欧洲史前史的重建以及这种重建所立足的许多概念都受到了严重的挑战。目前的趋势表明，柴尔德对于考古学家的意义（就像他所想的那样），主要在于他是一位一般的理论家，而非一位史前学家或田野工作者。尽管柴尔德在考古材料阐释中采用的一些概念，特别是他职业生涯的早期阶段的一些概念，可能就像这些阐释本身一样陈旧[1]，但是他的原创性理论工作不像一般人所说的那样在1930 年代就停止了，而是一直持续到他离世为止。

　　为了了解塑造柴尔德晚年思想发展的那些观点，我们就必须把他的著作作为一个整体来考虑。尽管从他文化历史学著作中所见的解释趋势无法与他理论概念的发展保持一致，但是没有理由将柴尔德作为人文学家和作为马克思主义者或社会学家分开对待。在很大程度上，他早期的理论取向来自他所受训练和工作中的考古学传统。看过他的参考书目和留下的笔记[2]，就能发现这些年他主要是靠其他考古学家发表的文献来获取材料和思想的。最后，柴尔德思想的发展可以从某些相当主观的阶段来概念化，但是我们没有理由认为，这个过程曾有重要的危机或断裂。一次擦肩而过的危机，就是1933年他对希特勒掌权的反应。然而，尽管这个危机大体也只是一个催化剂，促使他将早期对史前经济的关注扩大到对各种社会问题的兴趣上。这很可能也鼓励他更多关注文化进步的研究，否则说不定他会另辟蹊径。

169　　柴尔德的兴趣逐渐从设法了解欧洲和近东史前史的主要趋势，转向从较为一般意义（虽然并非较广泛的地理背景）上来设法解释文化的发展。他逐渐努力从整体和功能的形态来了解考古材料的关系。这也令他去研究比技术更难读懂的史前文化诸多方面；首先是经济，而后是社会结构和科学知识的发展。为了解决这些问题，他采用了涂尔干的思想，以弗朗兹·博厄斯和莱斯利·怀特研究为代表的美国人类学派，以及从语言学、社会学、历史学和科学哲学中获取的各种概念。他也更加系统地采用了从感情上和学术上都予以认同的卡尔·马克思的唯物主义方法。虽然这些思想从未压倒柴尔德对其材料以及将考古学作为一门学科职业关注所承诺的根本责任，但是它们赋予柴尔德著作的丰富学识是除柯林伍德之外任何同代考古学家所难以企及的。

　　柴尔德著作的主要力量在于他对欧洲考古材料的详尽了解，而对近东的了解略有不足。像奥斯卡·蒙特柳斯一样，这种知识包括对人工制品和器物类型的烂熟于胸。这种研究方法源自19世纪的进化考古学。柴尔德的主要弱点是缺乏民族志比较，特别是与诸如冶金过程有关的知识，而这些知识对他构建理论至关重要。在他学术生涯中意识到这点（如果有的话）而想要补救时为时已晚。尽管这妨碍了他对人类行为变异范围之大的领悟，但是这也许鼓励了他试图从考古材料的研究来直接提取有关经济、社会和意识形态方面的更多信息，而不是像老一辈考古学家所做的那样不加批判地滥用民族志的类比。

早期工作

柴尔德的第一项重大成就是，证明了考古学文化概念如何取代单线发展阶段的老旧概念，或与其一起重建自旧石器时代晚期以降的欧洲史前史。《欧洲文明的曙光》一书令英国考古学家相信用这种单位 *170*来系统分析考古材料的价值。诚如格林·丹尼尔所云，这本书"标志着史前考古学的一个新起点"[3]。柴尔德借鉴了科西纳的考古学文化概念，但是他摒弃了科西纳的种族主义和民族主义偏见而使其在西欧受到重视。他用蒙特柳斯强调欧洲较发达文化来自近东传播的框架，以取代科西纳强调来自德国的迁移作为欧洲文化变迁的主要解释。蒙特柳斯的阐释一度在英国考古学界相当流行。

采纳科西纳和柴尔德的考古学文化概念，反映了一种普遍信念，即除了过去所做技术一般演化之外，考古材料可以（而且应该）被用来追溯特定人群的起源和发展。这种兴趣看来在世界各地独立发展出与此非常类似的概念。早在 1903 年，在俄亥俄河谷工作的考古学家就开始用考古学文化概念（他们就是这样命名的）来组织他们的材料。[4]当他们日益察觉到考古记录中的年代学差异开始充实美国考古学组合地理分布差异的研究之后，他们在考古学中采纳民族志的文化单位概念。然而，它和欧洲考古学文化概念之发展完全相反。在欧洲，是对器物组合地理差异日增的关注，逐渐开始补充一种早已存在的对历时和进化差异的关注。1920 年代和 1930 年代，在美国西南部和密西西比河河谷工作的美国考古学家所建立的一套文化单位概念与俄亥俄谷构建的一套概念相似，而这些概念很快地就被普遍用来分析北美的考古材料。根据"文化"这一术语所称之为"点"（focus）或"段"（phase）的新单位已经以太多的方式被采用。它们在美国建立起来的时候，要么柴尔德的工作还没有开始，要么美国考古学家对他的工作根本就一无所知。[5]

从一开始，柴尔德的考古学文化概念就和美国的不同，特别是中
171 西部分类法的文化概念，他的概念是用功能观来研究考古材料。[6]而美
国考古学家却专注于类型学，并试图从异同的量化测定来定义文化单
位。可是后来，他们日益明白这种伪客观性的局限性，以及功能分析
的重要性，于是他们逐渐开始重视柴尔德的著作。[7]

然而，在柴尔德出版了《欧洲文明的曙光》和《雅利安人》两书
之后，他认为，对族群史的关注基本上是非解释性的。他也完全否认
这样的观点，即语言之间的本质区别可能是塑造史前史的一种重要力
量。我们本应期望这种发展可将柴尔德的思想与西里尔·福克斯、克
劳福德、莫蒂默·惠勒、格拉厄姆·克拉克和斯图尔特·皮戈特等几
位对生态学和经济学的关注比肩，这些学者的工作对英国史前史做出
了革命性贡献。虽然柴尔德采用了这方面的许多成果来解释欧洲史前
史，但是对这种方法从不挂怀。

究其原因，柴尔德一直把器物的类型学研究看作是最重要的考古
学实践。这种方法最初是用来分析考古背景不明的博物馆标本。正因
如此，他也不太喜欢让新的分析技术发挥积极的作用，如用孢粉学解
释考古材料，或用新技术发掘考古遗址和从考古材料中提炼信息。
1920 年至 1940 年，这些方面的发展从根本上扩大了考古学家所能获
得的材料种类。[8]像斯塔卡（Star Carr）遗址的发掘凸显了早年材料采
集的局限性。克拉克在他《史前欧洲》（*Prehistoric Europe*）一书中
指出了用老材料来研究新问题的弊病。[9]柴尔德在田野工作创新领域缺
乏基础，可以被看作他与大部分著名英国考古学同侪兴趣殊异而难以
沟通的原因与结果。

另一个原因是，虽然柴尔德是一位唯物论者，但他更多关注克里
斯多夫·霍克斯所谓侧重"人类专有的而非一般动物性的行为方
面"[10]。就像积极参与政治活动的年轻人，柴尔德的兴趣也许很自然
地集中在研究思想和社会，而非史前人类吃喝拉撒这类细节上。这种
172 态度也反映在他把技术视为一种思想系统，而非一种适应策略的组成
部分，这种取向很难与柴尔德的文化功能观相符，而是与文化规范观

相合。他对适应缺乏起码的兴趣也反映在他对狩猎采集者观点的表述上，认为他们是寄生虫、贫穷和靠天吃饭。即使后来他也提及"富裕的"狩猎采集社会，但是他仍把它们看作是穷途末路而不屑一顾。他也没超越刀耕火种和灌溉农业传统概述去考虑特定生活方式的细节。他唯一细致观察的手工业是青铜加工，其次是木器加工。即使他对这些方面的处理也是强调社会而非技术的方面。

柴尔德对史前经济的原创性贡献十分有限，虽然他的工作对某些理论如气候干旱假设要比本应加以吸收的理论予以较大关注。他的经济学方法的主要贡献是鼓励考古学家相信，他的材料可以作为了解史前社会之经济，乃至社会和意识形态方面的基础。这曾经是早期进化考古学家如丹尼尔·威尔逊的一种抱负，但是当考古学家愈来愈专注于将器物当作标准化石来处理，借以定义特定的进化阶段，并专注于用随意的民族志类比而非考古材料来定义这些阶段的文化内涵，这种抱负也就无疾而终了。

进化

如今，特别是在美国，大部分的考古材料解释采取了进化论的视角，再度假定社会结构和信仰系统的某些类型可以与某些生存模式相对应。但是，这种进化论在二战结束时享受了一段短暂的欢乐之后，不再将永远进步视为理所当然。[11]这种悲观情绪与 20 世纪上半叶在社会科学中流行的特殊论和反进化论态度如出一辙，最初柴尔德大体上是接受这种态度的。然而，1930 年代和 1940 年代，柴尔德因主张文化进步而赢得了考古材料阐释家的世界声望。《人类创造了自身》和《历史发生了什么》两书都是缘于柴尔德对政治危机加深的关注，他像许多其他人一样担心西方文明的毁灭。他想确定国家社会主义的病态和转瞬即逝特征的愿望令他比以往更加依赖马克思主义，这种哲学被视为比其他任何分析系统保留了更多启蒙运动（和早期进化考古

173

学）的理性主义和乐观主义成分。

柴尔德再次点燃了对实质性进步信念的努力，在美国考古学家中赢得了许多拥趸，他们对这门学科只关注文化年表和器物分类的问题感到不满。他的著作直接或间接帮助激发了美国考古学家如罗伯特·布雷德伍德、罗伯特·亚当斯对近东以及理查德·麦克尼什对新大陆的关注，发起了意在更好了解农业起源和城市生活兴起之研究的重要计划。1950 年代，柴尔德的研究开始在美国广为人知。他和朱利安·斯图尔特和莱斯利·怀特一起被誉为推动进化人类学发展的关键人物。[12]尽管如此，他的文化进化观在美国曾经和仍然被人误解。

柴尔德是一位唯物论者，但不像怀特，他不是一位技术决定论者。他有时也谈论生产手段，甚至小到切割工具（考古发现中很常见）最终可能决定社会进化这样的想法。然而，他总是将一种创造性作用归因于生产方式而非生产资料而告终。他也没有贬低社会和意识形态因素的重要性，至少当这种因素阻挠或妨碍进步发展时。

柴尔德作为一位进化论者因将传播作为进化的一个整体部分来对待而有异于他习见的陈规老套。他视传播有助于抵消因文化漂变和环境适应而造成的趋异发展。然而，尽管他把欧洲和近东作为单一的传播区来对待，但是他强调，特定技术在欧洲的社会影响和近东不可同日而语。他也把各技术看作会影响到社会的趋异发展，以至于与其被发明的社会十分不同。这是当时进化论者几乎未予关注的理解文化差异的问题。

然而，如今有些证据显示人们重新认识到文化接触在造就考古材料和文化总体发展中发挥的重要作用。人们再次质疑，任何残存的狩猎采集社会是否真的从未接触过相邻较进步的人群，以至于可被作为新石器时代之前狩猎采集文化的例子。[13]莫顿·弗里德（Morton Fried）声称，为民族学家一般了解的部落是扩张的国家系统文化同化的产物。[14]人们也意识到，北美东部的土著文化不但种植源自中美洲的作物，而且各种政治和宗教特征也与该地区相同，包括起源不明的繁缛的人祭仪式。尚不清楚，这些影响是如何塑造了北美土著社会

174

的发展，如果他们只采纳了中美洲的农作物的话，会令他们有什么不同。[15]最后，许多坚称原生文明与次生文明之间差别的进化论者默认了文化接触和传播的重要性。于是，尽管有新一代极端单线进化论者的努力，柴尔德的关注仍与我们同在。

柴尔德至少像关注社会为何变迁一样关注社会为何不变，或为何以一种进步的方式不断进化。他把文化看作是大体可以社会学方式来加以解释的一系列跌宕起伏的发展。过分强调把宗教看作是社会衰败的症状和原因。柴尔德的社会变迁观糅合了许多马克思主义的成分。但是他对阻碍社会变迁动力的关注却源自1880年代以来影响欧洲社会科学的浪漫悲观主义（romantic pessimism）。

柴尔德一直被误认是位单线进化论者。[16]然而，他把狩猎采集社会和新石器时代社会二分为进步类型和绝路类型，以及将美索不达米亚的庙宇城市与埃及的神授君主制加以对比。他和亨利·法兰克福的分歧并非在于埃及和美索不达米亚是不是平行进化的例子，但是诚如法兰克福所言，它们之间的差异是不是由无意识和大体上无法改变的祖型所造成，这个命题是作为马克思主义者的柴尔德所无法接受的。当我们考虑到柴尔德把欧洲文化的发展与近东的发展加以根本区分的事实，那么显而易见的是，柴尔德的进化观至少和斯图尔特一样是多线的。柴尔德自己就把多线进化观视为历史学的观点。柴尔德的工作与苏联考古学的单线进化阶段之间没有直接的关联。[17]也没有任何事实支持斯图尔特的说法，即认为柴尔德只是试图从普遍性阶段（universal stages）来制定文化发展的规律，而不是像斯图尔特那样，设法确定文化变迁的原因。[18]

柴尔德因把他主要社会发展阶段之间的过渡称为"革命"而广受批评。他把革命定义为"导致人口急剧增长或与之相伴造成社群之经济结构和社会结构不断进步和发展的顶点"[19]。他承认，他是从总体上而非根据考古材料的论证来假设史前的人口变化。不过，他赋予革命的价值与恩格斯量变导致质变以解决先前矛盾的原理相合。虽然美国考古学家承认他们受到了柴尔德革命概念的影响，但是他们总体上拒绝社会突变的概念而偏好社会变迁渐进的观点，如罗伯特·雷德菲尔德所表述的转变概念。[20]美国考古学家也批评柴尔德没有给予新大陆的考古材料以足够的关注，那里的材料显示了缓慢而渐进的城市革命。[21]柴尔德反驳美国学者的批评，辩称他并不认为革命是"突发的暴力灾变"[22]，然而他继续将它们视为与加速变迁相关的事件。如今，他的革命概念与十年前相比似乎并未过时。罗伯特·亚当斯批评考古学家把所有变迁的进步视为一种优雅、连续和不可逆转的轨迹。他指出，早期文明的变迁常常以一种"令人目眩的突变"而发生。[23]科林·伦福儒也试图把法国数学家勒内·汤姆（René Thom）提出的"灾变论"用到考古学上以解决同样的问题。[24]

尽管柴尔德引用了许多社会变迁的例子来回应他所谓的"矛盾"，但是他甚至没有从公开的阶级冲突来分析等级制的早期文明，这令许多马克思主义者感到失望。总体来说，他倾向于将社会视为社会整合的实体，并避免以有意识的利益冲突来讨论社会变迁。很可能部分原因是他希望作为一位避免用人类主角和他们主观意愿来构建解说的考古学家。然而，阶级一直被形容为马克思最重要的概念，以协调辩证法的主客观性。[25]虽然柴尔德像他同辈的英国社会人类学家一样对变迁感兴趣，但他发现像涂尔干以及后来的马林诺夫斯基和拉德克里夫·布朗所提出的那样，理想化的功能整合社会是一种融洽的概念（congenial concept），许多费边社会主义者（Fabian socialists）也是*176* 那样认为的。于是，他倾向于将其革命视为在缺乏公开阶级冲突时解决经济矛盾的机制。

因果律

柴尔德生平的最后 15 年，被作为马克思主义者的柴尔德和作为考古学家的柴尔德之间的持续对话所主导。这种对话很大程度上集中在两个主要话题上，这两个话题首先是在《人类创造了自身》和《历史发生了什么》两本书中提出的，即科学知识的发展和社会进化。虽然该对话是以一系列出版的图书和发表的论文来进行探讨，但是这基本属于一种私下的对话，同时代的英国考古学家并不想了解这种对话，也常常拒绝认真对待。为进一步完善和发展柴尔德思想做出了贡献的主要批评是由美国人类学家以回顾和评论的形式出现的，而且这些批评范围有限。

柴尔德认为自己这段时间里的工作是试图了解社会变迁后面的动力，特别是社会中的长时段趋势。朱利安·斯图尔特形容柴尔德的这种说法过于天真，即社会进化无须考虑超自然因素对于解释文化进化的必要性。[26]斯图尔特所不了解的是，在以前的研究里，柴尔德把所有的文化变迁的决定论解释，包括环境决定论和技术决定论在内，都归在超自然的名下。柴尔德坚信，历史是自我决定的过程。它是一种有序的并能从行为方式予以说明的产物，但也是能产生真正新事物的过程，所以它绝无可能用少数公式来予以解释。正因如此，无须（以任何重要意义）预测未来也能解释过去。柴尔德对把解释与预测相提并论的看法不表同情，至少在人类行为方面是这样的。

1946 年，柴尔德相信，考古学目的之一是寻找能够解释人类行为和文化变迁的普遍规律。这意味着，这些规律应该与人性及社会系统的普遍特点相关，或用现代术语来说，与普遍的系统性相关。但是作为一位马克思主义者，柴尔德偏好相信，人性是变幻无常的，人性和主导社会的规则会因社会发生根本改变而变化。正因如此，他认为寻找普遍有效的规律是难以接受的目的论做法。

考古学家无法同意因果律的本质。有些学者仍然否认人类行为能够参照任何规律来解释。然而，这种自由意志信条极端看法的口头拥护者已经很少了。在美国，考古学家的观点在"规律（law）和法则（order）"进化论者之间加以区分，一类主张影响人类行为的关键变项数量很少，而且很容易分辨；另一类将因果律看得很复杂，而且背后的规则难以辨识。人们注意到，后者倾向于以一种系统论方法来分析考古材料。[27]这两类人的共性是，他们都想寻找放之四海而皆准的规律。可是，如果柴尔德的分析甚至部分属实的话，那么寻找这种规律对社会科学而言并无多大价值。他的思考，以及他思考所立足的马克思主义分析应该得到比迄今所见的更加仔细的考虑。他不仅提倡一种较为归纳的方法来解释人类行为，而且也建议有关因果律的另类设想，这种设想就是新考古学立足的所有想法。

虽然斯大林 1950 年抛弃马尔主义鼓励了柴尔德用一种较自由和较个人的方式来解释马克思主义，但是他至少在三年前就已经在出版物里开始重新评估考古分析的一种马克思主义方法。[28] 他对苏联考古学的不满远非表明其对马克思主义的幻灭，而是代表了一种对其重燃的和更具洞察力的兴趣。他早年的马克思主义并非像某些批评家所说的那样是机械的或教条的。相反，他只是比较随便地将马克思主义用于考古材料的阐释。他的思想很大程度上仍带有当时社会科学流行的特殊论和反进化论的色彩。拉弗茨敏锐地注意到，柴尔德重新努力用马克思主义来研究考古材料的主旨，就是他坚称这些考古材料必须成为考古学理论的出发点。[29] 柴尔德批评苏联考古学家事先假定哪些考古事实必须予以证明。[30] 他也为纳粹时期的德国考古学家进行辩护，不管他们从考古材料中得出的结论如何，他们对考古发现的报道是准确的。[31]

柴尔德越来越将社会发展作为历史学和考古学解释的主要关注。他把社会结构和社会关系视为与所有文化变迁阐释相关的结构基质。虽然源自马克思主义并关注文化变迁的阐释，但是他用来表述马克思主义概念化和术语的结构主义基础与被非马克思主义读者认可的英国社会人类学基础非常接近。他在《欧洲社会的史前史》一书中所持的立场，在许多方面与威利在维鲁河谷聚落形态研究中所持的立场是一样的。这两位考古学家都是从一种与变化的社会系统之关系来解释文化遗存，而非像以往考古学家正常所做的那样，将社会和政治结构视为文化的不同方面。他们的工作帮助奠定了社会学方法的基础，此后被罗伯特·亚当斯、科林·伦福儒和许多其他考古学家所采用。[32] 于是，柴尔德在 1925 年将考古学文化作为考古学的操作概念建立之后，

₁₇₈

在他学术生涯快要结束之时帮助发起了一个运动，即用社会概念辅助或取代文化概念来弥补后者的不足。

柴尔德生前因采用一种"理性—实用主义"观点而过分简化他的论题而被人诟病。索尔基·雅各布森（Thorkild Jacobsen）抱怨，柴尔德写得"好像文字的发明和引入是泛美索不达米亚全体祭司建议的一种措施，并考虑到它们当时和未来的用途而采纳的"[33]。亚当斯也反对柴尔德推测的"功利性动机"，这点无法在他解释埃及和美索不达米亚文明起源的文字证据中得到支持。[34]然而，无论柴尔德如何偏好功利性解释，他的观点并非那么天真。在经过适当考虑之后，他断言，巫术和宗教是虚假意识的表现，而科学知识（包括实践的和理论的）构成了真意识，单凭后者就能用考古材料获得相当程度的了解。或许带有某种故意的诡辩成分，柴尔德把考古学在了解宗教和巫术个别系统性质上的全然无能，用宣称只有真意识才是累加的予以合理化，因此才宜用来了解过去的发展如何塑造了现在。

彼得·盖瑟科尔声称，采取这种立场，柴尔德舍弃了人类学和马克思主义的方法。[35]柴尔德无疑是想通过确定各种发明的经济、社会和用途意义，用考古材料来研究史前科学知识的发展，这完全偏离了民族学家想从整体性来研究文化的想法。后一方法的主要目的是想决定这些文化对于其成员的意义。然而，研究史前科学知识的发展只是柴尔德为考古学所提出的诸多目标之一。而且，盖瑟科尔指出，有些马克思主义者承认，能从性质上改变和控制物质世界的信息和技能超越了阶级利益的制约。[36]柴尔德明显没有把他这样做看成是对马克思主义知识理论的否定。他不但证明考古材料构成了扩增和充实的科学史的主要成分，而且认为在该领域可以比其他领域做更加具体的研究。虽然自柴尔德的时代以降，史前考古学的发展总的来说并未与科学史紧密相关，但是他的意见值得深入思考，特别是由于工业考古学发展的结果。

虽然柴尔德的马克思主义取向使他相信发展水平相同的社会基本是相同的，可是他从未消除他对民族志广泛类比有效性的疑虑。这种

179

疑虑自 19 世纪摒弃了单线演化概念之后一直是考古学的特点。柴尔德早期的民族志知识来自涂尔干的社会学以及阅读霍布豪斯、惠勒和金斯伯格合著的《简单人群的物质文化和社会制度》（*The Material Culture and Social Institutions of Simpler Peoples*）一书。柴尔德和美国人类学家的交往太晚，使得民族志信息在解释考古材料价值上的论证没有激起他对民族学更大的兴趣。虽然他对社会功能分析启示的日益了解令他相信文化不同方面（或子系统）的自由变异度比以前认为的要小，但是他只会偶尔和非正式地用民族志材料来推断无法用考古材料直接证明的史前文化某些方面。斯图尔特徒劳地希望，柴尔德追求人类行为的规律，能让他更多关注摩尔根以后的人类学家，并用东亚、新大陆，还有欧洲和近东出土的考古材料做更多的比较研究。[37] 出于许多原因，柴尔德对美国新进化论学者的理论并不投入。

180　　　从他职业生涯开始，柴尔德要比大多数考古学家更加明白，一把斧头既是砍树的工具，也是一种历史传统的表现。或如布雷德伍德所言，他从未忘记"器物后面的印第安人"。当他 1935 年首次和苏联考古学直接交往之后，他将器物的功能观扩大到文化的功能观，使这种观点获得了新的力量和方向。在他职业生涯的其余时间里，柴尔德努力用他擅长的技能，尽可能地从考古记录中提取文化许多方面的信息。他最初关注史前人群的迁移，先是试图用分析他们史前的经济行为，而后再从研究他们的社会结构和实用知识来加以补充。虽然他对功能的兴趣反映在他对聚落形态的材料收集和人口规模的统计上，但是这并未令他在田野工作中去搜集各种新的信息，这些信息本可以帮他解决所提出的问题。相反，他的泛欧取向迫使他依赖现有的、仍以器物和类型学为主的大量材料，因此已经无法满足他的要求。这最终令他相信，考古材料无法回答他所提出的许多问题。

　　　就其整个职业生涯而言，柴尔德的声望在于他的宏观综述，而非对个别地区的深度研究。他在苏格兰主持的许多考古项目中，只有斯卡拉布雷在他的学术发展中发挥了重要的作用。诚如欧文·劳斯所言，柴尔德尽可能简化其概念工具，喜好用直觉来做研究，这种倾向一般来说是英国的而非美国考古学家的特点。柴尔德的关键概念仍是考古学文化，它被用来从时间上以同时性与其他文化看齐。他从不采用较复杂的整合概念，如共时性的期（horizon）和历时性的传统（tradition）。[38]他只信奉有限的几种文化过程解释，有些显然变成了固定观念（*idées fixes*）。而这些观念常常是基于含糊不清的证据，而且从未用民族志材料予以检验。也许这些解释中最有影响力的，乃是他独立的和云游的欧洲青铜时代冶金匠的概念。

尽管近来对柴尔德的欧洲史前史解释产生了挑战，以及日益意识到这些解释所立足之概念的缺陷，但是柴尔德考古学取向的多数观点仍然是这门学科的核心。虽然他并非1930年代唯一的考古学家，他们意识到这样的重要性，即：考古证据不只是过去留下来的孤立化石，而且也是功能性社会和文化系统组成部分[39]，但是他的著作在阐述和传播这种方法上居功甚伟。因为柴尔德是一位马克思主义者，并且因为他了解考古记录的主要力量在于它的时间视野，他拒绝将这些系统作为静止的实体来分析。这种做法与当时社会人类学的实践相左。他把解释系统如何变迁作为他晚年著作的核心。在有些解释中他对系统论陈述的预判，如今在考古学中十分流行。在这方面，就他信奉的唯物主义而言，柴尔德具体建立了某些关键概念甚至专业术语，它们自1962年来对美国考古学产生了革命性影响。尽管路易斯·宾福德的思想是从美国考古学传统中独立产生的，但是柴尔德的某些纲领性著作［如在《西南部人类学杂志》（*Southwestern Journal of Anthropology*）上发表的《考古学和人类学》（"Archaeology and Anthropology"）一文］，以及他几部闻名遐迩的进化论专著，有助于将这个传统至少在有限的程度上引向了新考古学这个方向。

在两个相关的主题上，柴尔德的想法和新考古学有所不同。像许多新考古学家一样，他希望考古学通则能与其他社会科学一起，为他思考的我们对社会环境之理性控制有所贡献。除此之外，他并不认可社会科学实证论将解释和预测相提并论的正当性，而这种演绎法为许多新考古学家所大力提倡。柴尔德也常用一种演绎的解释模式，但那只是在他兼顾归纳和演绎两种方法的"混合策略"时进行选择的一种原则问题而已。他把考古材料视为提供了解人类行为和社会演变动力的基础。然而在《告别辞》一文中，他宣称，考古学的未来将与历史学为伍，而非建立通则来宣扬自然规律的尊贵。[40]他反对这样的原则，即有关人类行为的通则可以脱离他们的历史背景来得到，并不表明他反对解释人类行为和历史的努力。柴尔德并不将历史和社会科学视为相互对立的探究，而是将历史视为社会科学的一个组成部分，就像将古生物学被视为生物学的组成部分一样。他推崇用科学方法来研究历史就是根据这样的前提，即虽然所有的人类行为变化莫测，但仍然是能够做出解释的。历史还是一种特殊性研究，在个别事件的范围内，它试图解释的对象相当复杂，每个事件各有独一无二的法则过程。

柴尔德在其《告别辞》中主张，历史的解释是终极的目标，人类行为规律的总结是从属和附带的，这和沃尔特·泰勒（W. W. Taylor）、戈登·威利和菲利普·菲利普斯（Philip Phillips）等美国考古学家所持的立场正好相反，他们把历史的重建仅看作是解释人类行为最终目标的第一步。[41]这种立场截然相反的解释远非说明了这样的事实，即美国考古学家把历史学等同于年代学，所以认为历史是描述性的，然而柴尔德把它看作是科学的和阐释性的。就如我们已经提及，美国考古学家把有关人类行为的最终知识，视为以一系列人类行为的通则形式来体现，这些通则放之四海而皆准。作为一名马克思主义者，柴尔德对除了变化本身之外，人性都是不变的这种看法极其怀疑，所以他对这类通则持极为怀疑的态度。依他之见，为了解释历史变迁如何发生，历史学成了具有自身规律的独立科学。这些规律超越了大部分其他社会科学的规律，一般只适用于一种生产方式或社会发展的某一阶段。它们在类别上与当时讨论的一般系统论论题比较类似。柴尔德将规律定义为真实过程的速写。这使得他强调，尽管大部分历史过程的描述内容是孤立的和解说的，但是没有一般性公式可用来完整揭示整个历史次序；"它只能在具体完整的历史本身中重建，这种历史之大，以至于没有一本书，也没有任何图书馆能涵盖"[42]。

尽管柴尔德对普遍性法则的批评尚不够完备，但是他所立足的一种哲学传统就像逻辑实证论一样值得敬重。他代表了对新考古学家所持因果律观点的一种有力的另类选项，并具有方法论的重要启迪。新考古学家无法对较高层次的通则达成共识，宾福德最近提倡中程理论通则，二者都突显了这种批评的意义。[43] 柴尔德是否比新考古学看得更远，抑或纯粹是对"应许之地"的幻觉，仍有待判定。

考古学的相关性

柴尔德穷其一生来试图回答他认为极为重要的历史问题：什么是　*183*
欧洲社会独一无二的东西，甚至在史前期也使它成为人类精神特有的和个性上的表现？也许有人认为这个问题并不重要，甚至不是一个恰当的问题。然而，它赋予了柴尔德的工作以统一性，并令他研究更多的问题。20 世纪前半叶，求助于机械的概念如传播和迁移，褊狭地关注于定义考古学文化和解释它们之间的关系，结果严重威胁到了欧洲和美国的考古学，因其漠视了对社会和知识问题更广泛的了解。柴尔德认识到了这点，并通过设法从功能角度来解释史前文化的经济、社会和实用知识加以对抗。他的工作站在了改变考古学发展的前沿。

今天的美国考古学尽管在过去二十年里成就显著，但正受到一种新的不相关性的威胁。在其他文章中我曾指出，新考古学"包括了沿许多路径发展的极其分散的个体和个别团体，就问题而言彼此差异很大。虽然它们由某些共同视野团结在一起，但只是一种坚信或信念的行为，而非聚焦于共同的问题。用涂尔干的话来说，新考古学的团结是机械的而非有机的"[44]。出现这种情况，仍因考古学家试图详究考古材料孤立方面的结果，他们要么践行技术上或理论上的偏好，要么力图构建有关人类碎片化行为的通则。这些互不相干的研究从学术和社会的不合理性上威胁着考古学。这种情况因这样的事实而变得更糟，即当考古材料仅被用来总结人类行为的规律，那么考古材料会与民族志或社会学材料比较而相形见绌。下面这种说法经常被用来说明这种方法的正当性，即考古学就是考古学家之所为——回避问题的实质。如果考古学要比采集蝴蝶标本更有学术价值，那么它采取的目标应该既符合其材料，也与了解人类的情况有关。

184 　　柴尔德的晚年工作聚焦于该问题的两个目标：了解技术的和社会结构的发展。他研究这些问题，不是分析考古材料孤立的碎片，而是从它们的社会、经济、政治和生态学意义来了解发展的历史序列。如今，考古研究所花费的经济和人力资源是史无前例的。虽然存在缺点，但是柴尔德的工作在为塑造这门学科的目标上对现代考古学家提出了挑战，从长远来看，这能使考古学为社会科学做出独特的贡献。尽管有二十多年的坎坷，衡量柴尔德的学术声望肯定在于：他在晚年所考虑的主要问题对考古学之未来，现在看来要比他最初提出这些问题时更加至关重要。

注 释

第一章

1. Renfrew 1969：169；Spriggs 1977：5—9.
2. Daniel 1958：66.
3. Braidwood 1958：736.
4. Steward 1953a.
5. Clark 1976：6.
6. Piggott 1958a：312.
7. Movius 1957：42.
8. Braidwood 1958：733.
9. Piggott 1958a：312.
10. Wheeler 1957.
11. Mulvaney 1957：93.
12. Ravetz 1959；Allen 1967；Gathercole 1971，1976；Clark 1976；我所知道的未发表的研究包括 Gathercole 1974，1975；Green 1976；Wheatley 1972。
13. Gathercole 1976：5.
14. Kuhn 1970.
15. Piggott 1958a：309.
16. Piggott 1958b：77.
17. Ravetz 1959.
18. Gathercole 1976.
19. Childe 1958b：69.
20. Renfrew 1969：167.
21. Childe 1936a：vii.
22. Childe 1935a：xi.
23. Childe 1928：xiii—xiv.
24. Daniel 1965：x.
25. Piggott 1958a：308.
26. Ravetz 1959：56.
27. Daniel 1965：xi.
28. Braidwood 1958：734.
29. Rouse 1958：82.
30. Daniel 1958：66.
31. Artsikhovskii 1973：247.
32. Miller 1956：151.
33. Thomson 1949；Ravetz 1959：66.
34. Morris 1957.
35. Dutt 1957a，b.
36. Gathercole 1976：5.

37. Gathercole 1974.

38. Ravetz 1959：65－66.

39. Wheeler 1957.

40. Piggott 1958a：311 － 12；1971：219.

41. Daniel 1958：66－67.

42. Daniel 1977b.

43. Clark 1976：3.

44. Spriggs 1977：5－7.

45. Rouse 1958：82.

46. Ravetz 1959.

47. Mulvaney 1957：94.

48. Gathercole 1971：231－32.

49. Gathercole 1976：5.

50. 查阅 Piggott 1958a：310 and Clark 1976：1。

51. Piggott 1958a：310；Mallowan 1977：235.

52. Lindsay 1958：136.

53. Clark 1976：2－3.

54. Piggott 1958a：310－11.

55. Clark 1976：3；Gathercole 1976：5.

56. Lindsay 1958：135－36.

57. Daniel 1977b.

58. Wheeler 1957.

59. Braidwood 1958：735.

60. Piggott 1958a：312.

61. Green 1976.

62. Piggott 1958a：311.

第二章

1. Daniel 1975：13－40.

2. Harris 1968：34.

3. Klindt-Jensen 1975：49－52.

4. Daniel 1975：78，92.

5. Nilsson 1868.

6. Wilson 1851.

7. Daniel 1975：89－93；查阅 Childe 1955a。丹尼尔的材料最初发表在 1950 年。

8. Daniel 1975：45.

9. Childe 1932a：207.

10. Daniel 1975：57－67，85－121.

11. Harris 1968：144.

12. Lubbock 1882，1913.

13. Pitt-Rivers 1906.

14. Trevelyan 1949，Volume Ⅳ：119.

15. Collingwood 1946：146.

16. G. E. Smith 1933：235.

17. Myres 1911：9.

18. Petrie 1939.

19. Reisner 1906：5－6.

20. Montelius 1899.

21. Kossinna 1911，1926；Klejn 1974.

22. Rouse 1972：72.

23. G. E. Smith 1923；Perry 1923，1924.

24. Wilson 1851：353，359.

25. Chantre 1875–76.

26. Daniel 1975（1950）：110–11；查阅 Childe 1953a：8。

27. Daniel 1975：108，125.

28. A. J. Evans 1890；Childe 1953a：9；Abercromby 1902.

29. Daniel 1975：149–50.

30. Ratzel 1882–91.

31. Kossinna 1911.

32. Daniel 1975：78，100.

33. Gradmann 1906.

34. Childe 1958b：70；J. Evans 1956：372.

35. Daniel 1975：305–8.

36. Pumpelly 1908：65–66.

37. Childe 1953a：13–14.

38. Daniel 1975：180.

39. Ibid.

40. A. J. Evans 1896；Myres 1933：284；Daniel 1975：180–81.

41. Myres 1911.

第三章

1. Piggott 1958a：305. 其他传记材料，参见 Piggott 1971 and Times Obituary 1957。

2. Childe 1958b：69；J. Evans 1977.

3. Clark 1976：4.

4. Childe 1958b：69.

5. Daniel 1975：233–34.

6. Childe 1915.

7. Dutt 1957a.

8. Lindsay 1958：134–35.

9. F. B. Smith 1964：v.

10. Childe 1923.

11. F. B. Smith 1964：viii.

12. Ibid. ，vii.

13. Gathercole 1974：3.

14. Childe 1923：xi.

15. Ibid. ，179.

16. F. B. Smith 1964：v.

17. Dutt 1957a.

18. F. B. Smith 1964：ix.

19. Childe 1958b：70.

20. Childe 1929：v.

21. Childe 1956e：5.

22. Delaporte 1925；Moret and Davy 1926；Homo 1926. 柴尔德也以德文翻译了波洛夫卡（Borovka）的《斯基泰艺术》（*Scythian Art*）（I. F. Smith 1956：296）。

23. Childe 1922a.

24. Childe 1922b.

25. Childe 1925b.

26. Childe 1925a，1926.

27. Childe 1925a：xiii.

28. 查阅 Childe 1958b：69 and 1958c：2。

29. Fraser 1926.

30. Crawford 1926.

31. Piggott 1958b：76.

32. Fox 1923：18；Peake 1922；Peake and Fleure 1927a，b，c，d.

33. Daniel 1958：66.

34. Clark 1976：5.

35. Childe 1930a：42.

36. Childe 1932a：207.

37. 查阅 Childe 1929：414 and 1937a：11。

38. Childe 1950a：4；Childe and Burkitt 1932：187.

39. Clark 1976：10.

40. Childe 1929：417.

41. Ibid.，v-vi.

42. Binford 1965.

43. Childe 1929：248.

44. Ibid.，vii；Childe 1930a：42-43.

45. Childe 1956a：33.

46. Childe 1929：vi-vii.

47. Childe 1930a：43-45.

48. Childe 1935b：1-2；1956a：33-34，38.

49. Childe 1929：following p. 418.

50. Childe and Burkitt 1932.

51. Rouse 1972：116-18.

52. Childe 1929：vii.

53. Childe 1935b：7.

54. Childe 1922a.

55. Childe 1929：v-vi.

56. Fox 1923：18，67，236，317，318.

57. Peake 1922：31，32，66；Crawford 1921：78-79.

58. Myres 1923a：2.

59. Myres 1923b：67，71.

60. Daniel 1975：247.

61. Childe 1958b：70.

62. Childe 1956a：28.

63. Childe 1935b：3.

64. Childe 1929：vi.

65. Childe 1925a：216；1926：167.

66. Piggott 1958b：77.

67. 一个例子，参见亨利·贝尔（Henri Berr）为 Moret and Davy 1926 所写序。

68. Childe 1928：227；1930a：

10，12.

69. Childe 1925a：150.

70. Childe 1922a：255.

71. Childe 1926：149.

72. Childe 1926：200；1929：vii.

73. Childe 1938a，1939b.

74. Childe 1939a；查阅 Renfrew 1973a：39－41。

75. Renfrew 1973a：36－37.

76. Childe 1925a：216；柴尔德 1945 年 8 月 1 日致布雷德伍德的信。

77. Childe 1926：198－200.

78. Childe 1925a：226.

79. Ibid.，xiii.

80. Ibid.，132－37；Childe 1926：193.

81. Childe 1926：193.

82. Childe 1958b：70.

83. Childe 1926：101. 柴尔德引用 Peake 1922：55－60. 亦参见 Childe 1946c and 1948。

84. Childe 1925a：285.

85. Ibid.，271－301.

86. Daniel 1975：343；Collingwood 1946：57 也讨论了四大帝国概念。

87. Childe 1925a：137，171，195，200.

88. Ibid.，xiv－xv.

89. Ibid.，xiv，29.

90. Ibid.，151.

91. Ibid.，302.

92. Ibid.，108.

93. Childe 1926：116.

94. Ibid.，210，136.

95. Childe 1925a：242，259.

96. Peake 1922：61.

97. Childe 1926：143－44.

98. Ibid.，3.

99. Ibid.，3－4.

100. Ibid.，4.

101. Ibid.，5.

102. Ibid.，4.

103. Ibid.，211.

104. Ibid.

105. Ibid.

106. Childe 1925c；亦参见 Childe 1933a：417。

107. Childe 1940a：3.

108. Childe 1958b：70.

109. McKern 1939.

110. Childe 1926：3－4.

111. Childe 1929：v，413.

第四章

1. Childe 1930a：240－47.

2. Childe 1958b：70.

3. Childe 1928，1929，1930a，1934a.

4. Green 1976.

5. 柴尔德存放在伦敦大学考古研究所的笔记本第53号。

6. Childe 1929：1，9.

7. Ibid.，20-21，414.

8. Ibid.，392.

9. Ibid.，314.

10. E. g.，ibid.，68-97.

11. 查阅 ibid.，vi and pp. 34-35。

12. Renfrew 1973a：97.

13. Childe 1958b：70；亦参见 Childe 1925a：13，20。

14. 参见第十一章。

15. Childe 1929：3，161.

16. Childe 1930a：225. 这一原理首次以印刷形式见于 Fox 1926。

17. E. g.，Childe 1925a：193，200.

18. Childe 1929：31.

19. Ibid.，97，215-22，414-15.

20. Ibid.，109-10.

21. Ibid.，240.

22. Ibid.，238.

23. Ibid.，246.

24. Childe 1944a：62.

25. Childe 1929：247.

26. Ibid.，413.

27. Daniel 1977a：3-4. 有关阿伯克龙比与苏格兰古物学会的争吵，参见 Piggott and Robertson 1977，item 91。

28. Piggott 1958a：307.

29. Childe 1947b：49；1953a：9.

30. Piggott 1958a：307.

31. Hall 1930.

32. Childe 1951a：22.

33. Childe 1935b：7；查阅 Peake 1927，and Peake and Fleure 1927c。

34. Childe 1928：2.

35. Childe 1944a：12.

36. Childe 1928：41.

37. Peake and Fleure 1927c：14.

38. Childe 1928：42.

39. Perry 1924：29-32. 彻里的文章 1921 年发表在维多利亚州的《农业学报》（*Journal of Agriculture*）。

40. Childe 1928：42-44.

41. Ibid.，46.

42. Ibid.，105.

43. Ibid.，170.

44. Ibid. , 197, 221.

45. Ibid. , 9-10.

46. Ibid. , 218-19.

47. Frankfort 1956.

48. Childe 1928：169.

49. Ibid. , 170；查阅 Adams
    1972。

50. Childe 1928：221.

51. Ibid. , 222.

52. Childe 1950a：40-41.

53. Childe 1928：221.

54. Ibid. , 221-22.

55. Ibid. , 221.

56. Ibid.

57. Ibid. , 3.

58. Ibid. , 11.

59. Childe 1929：274；1930a：239.

60. Childe 1928：2-3.

61. Ibid. , 10-11.

62. Childe 1940a：41.

63. Childe 1928：46.

64. Ibid. , 234-35.

65. Ibid. , 120，144-45；查阅
    Emery 1961。

66. Childe 1928：120.

67. Ibid. , xiii.

68. Childe 1930a：60.

69. Childe 1958b：71.

70. Childe 1930a：xi.

71. Childe 1951a：24-25.

72. Childe 1930a：23-24.

73. Ibid. , 10.

74. Ibid. , 24-27.

75. Ibid. , 4；Childe 1936a：136.

76. Childe 1951a：25.

77. Childe 1930a：10.

78. Childe 1942a：163.

79. Childe 1930a：12.

80. Ibid. , 10.

81. Ibid. , 39.

82. Ibid. , 8-11.

83. Ibid. , 17.

84. Childe 1951a：26.

85. Childe 1930a：3-7.

86. Ibid. , 1-2.

87. Ibid. , 18.

88. Ibid. , 146.

89. Ibid. , 168.

90. Ibid. , 193.

91. Fox 1923；Childe 1935b：8.

92. Childe 1930a：167.

93. Ibid. , 14-15.

94. Ibid. , 238.

95. Childe 1934a：xv.

96. Childe 1958b：71.

97. Childe 1934a：42.

98. Ibid. , 41.

99. Ibid. , 296-97.

100. Ibid. ，284.

101. Ibid. ，298−301.

102. Ibid. ，150，181.

103. Ibid. ，284.

104. Ibid. ，184.

105. Ibid. ，285，287−88.

106. Ibid. ，291−92.

107. Ibid. ，300−1.

108. Ibid. ，290.

109. Ibid. ，292−93.

110. Hawkes 1954.

111. Trevelyan 1949，Volume Ⅲ：48−51.

112. Childe 1934a：186.

113. Hobhouse et al. 1915.

114. Rowlands 1971.

115. Childe 1940a：163，180.

116. Childe 1958b：71.

117. Crawford 1921.

118. Childe 1934a：300−1.

119. Ibid. ，301.

第五章

1. Piggott 1958a：307−8；Braidwood 1958：734；Mulvaney 1957：94.

2. 柴尔德 1931 年 6 月 23 日致伊瓦特（H. V. Evatt）夫人的信。〔澳大利亚阿德莱德（Adelaide）弗林德斯大学（Flinders University）图书馆〕。

3. Piggott 1958a：308.

4. Childe 1952c，1956d.

5. Piggott 1958a：308.

6. 柴尔德 1931 年 6 月 23 日致伊瓦特夫人的信。

7. Anderson 1886.

8. Childe 1935a：1.

9. Ibid. ，xi.

10. 柴尔德 1945 年 3 月 28 日致布雷德伍德的信。

11. Childe 1931a.

12. 更详细的相似性，参见 Curwen 1938。

13. Mulvaney 1957：94.

14. Marwick 1932.

15. Childe 1931a：104，181.

16. Ibid. ，163.

17. Piggott et al. 1936.

18. Childe 1938d.

19. Childe and Grant 1939，1947.

20. Childe 1940a：84.

21. Childe 1943c.

22. 霍华德·基尔布赖德−琼斯 1978 年 4 月 2 日的私人通信。

23. Childe and Forde 1932；Childe 1933d，1933e，1936b，1941b，1941c.

24. Childe 1935d.

25. Childe 1935c；Childe and Thorneycroft 1938.

26. Childe 1938c.

27. Childe 1937d，1954g.

28. Childe 1936c，1938e.

29. Childe 1930c，1931b，1932b，1933c，1934b，1937c.

30. Childe 1952c，1956d.

31. Childe 1942d；查阅 Renfrew 1973a：132−37。

32. Piggott 1958a：308；Clark 1976：2.

33. Childe 1935a：xi.

34. Childe 1940a：v.

35. Ibid. ，9.

36. Childe 1935a：1.

37. Childe 1940a：252.

38. Ibid. ，1−2.

39. Ibid. ，7−11.

40. Ibid. ，42.

41. Ibid. ，206−7.

42. Ibid. ，30，81.

43. 查阅第四章注 7。

44. Childe 1945b：9.

45. Childe 1940a：141−45.

46. Ibid. ，176−78.

47. Childe 1935a：18，116.

48. Ibid. ，113.

49. Ibid. ，56−57.

50. Ibid. ，24.

51. Childe 1934c.

52. Childe 1935a：49−50.

53. Renfrew et al. 1976.

54. Childe 1935a：52.

55. Childe 1940a：46−47，52−53，69.

56. Childe 1935a：60−61，77−78.

57. Ibid. ，78.

58. Ibid. ，59−60.

59. Childe 1940a：78.

60. Childe 1935b：13−14.

61. Childe 1936a：127−30.

62. Childe 1939a：301−2.

63. Childe 1954a：69.

64. Childe 1957a：220.

65. Childe 1940a：180.

66. Ibid. ，178−80.

67. Ibid. ，187.

68. Ibid. ，194.

69. Hawkes 1940.

70. Clark 1940.

71. Childe 1937a：4.

72. Childe 1933a：417.

73. Childe 1940a：80.

74. Childe 1933a.

第六章

1. Childe 1933b.

2. Childe 1933a.

3. Childe 1937a：15.

4. Childe 1958b：71−72. 被列为影响了柴尔德的同一些考古学家，在柴尔德 1945 年 8 月 1 日致布雷德伍德的信中提到。

5. Miller 1956：73−84.

6. Ibid.，75−89.

7. Tallgren 1936.

8. Clark 1936；Anonymous 1939.

9. Childe 1940b.

10. Miller 1956：108−11.

11. Childe 1958b：72.

12. 查阅 Childe 1928：11 and 1930a：2。

13. 柴尔德 1945 年 8 月 1 日致布雷德伍德的信。有关恩格斯对摩尔根的修改，参见 Leacock 1972：13−14。

14. Childe 1958b：72.

15. Farrington 1936，1939.

16. Childe 1935b.

17. 亦参见 Childe 1946b：246；

1951a：167；1956a：157−58。

18. Childe 1958b：72.

19. Childe 1946b：250.

20. Childe 1944a：78.

21. Childe 1935a：21；1935b：12；1942a：15；1946a：47−50.

22. Childe 1946b：250.

23. Childe 1936a：9；1947a：65，72.

24. Childe 1936a：35−36；1944a：78−79；1945a：13.

25. Childe 1946b：250.

26. Childe 1956a：53.

27. Childe 1936a：9.

28. Childe 1936a：7；1944c：23；1946b：250；1956a：53.

29. Childe 1935b：14.

30. Childe 1936a：110.

31. Childe 1935b：14.

32. Childe 1942a：130.

33. Childe 1935b：14；1942a：9−10.

34. Childe 1954a：102，118.

35. Childe 1947a：75.

36. Childe 1942a：11.

37. Childe 1936a：146.

38. Childe 1942a：11−12，124.

39. Childe 1942a：10.

40. Ibid.

41. Childe 1936a：112.

42. Childe 1942a：11－12；
    1956b：103.

43. Childe 1947a：73.

44. Childe 1936a：181.

45. Childe 1950c：16.

46. Childe 1936a：14－16，
    39－41.

47. Ibid. ，51－53，110－11.

48. Ibid. ，52－53.

49. Childe 1942a：38.

50. Childe 1956a：49－51.

51. Childe 1946b：250.

52. Childe 1942a：77.

53. Curwen 1938；Clark 1951.

54. Childe 1936a：82.

55. Childe 1958c：6.

56. Childe 1936a：145－46；
    1950a：10.

57. Childe 1946a：41.

58. Childe 1937a：18.

59. Childe 1936a：146－47.

60. Childe 1950a：10.

61. Childe 1936a：74.

62. 查阅 ibid. ，105 with Childe
    1942a：51－52 and 1944b：9。

63. Childe 1937a：4.

64. Childe 1947a：12.

65. Ibid. ，10－11.

66. Childe 1936a：118.

67. Childe 1956a：154.

68. Childe 1937a：4；1951a：167.

69. Childe 1937a：18；1944a：
    76－77；1944d.

70. Childe 1937a：14－18.

71. Childe 1942a：16－17.

72. Childe 1945b：6.

73. Childe 1944d；1956a：152－53.

74. Childe 1958c：5.

75. Childe 1945b：6.

76. Childe 1940b.

77. Childe 1951a：36－37.

78. Childe 1957a：173－74.

79. 柴尔德 1945 年 8 月 1 日致
    布雷德伍德的信。

80. Childe 1958b：73；查阅 He-
    ichelheim 1958：1（最初以
    德文发表于 1938 年）。

81. Childe 1936a：1－2.

82. Childe 1935b：11.

83. Childe 1936a：270；1942a：11.

84. Childe 1942a：26.

85. Ibid. ，37－38；Childe 1941a：
    128；1944a：16.

86. Childe 1942a：41.

87. Childe 1936a：110.

88. Ibid. ，112－16.

89. Ibid. ，113－16，260.

90. Childe 1942a：53.

91. Childe 1936a：118-19.

92. Ibid.，123；Childe 1942a：63.

93. Childe 1936a：126-27.

94. Ibid.，153.

95. Ibid.，176，183，187-88；
Childe 1937a：14.

96. Childe 1936a：98-99.

97. Ibid.，146.

98. Ibid.，256.

99. Ibid.，251.

100. Ibid.，248.

101. Ibid.，212-13.

102. Childe 1942a：189.

103. Childe 1936a：259-60；
1942a：123-24.

104. Childe 1936a：262-66.

105. Ibid.，260-62.

106. Ibid.，267-68.

107. Ibid.，145-46.

108. Childe 1958b：72.

109. Gathercole 1976：5.

110. Childe 1958b：73；1942a：1.

111. 柴尔德1941年1月3日致
克劳福德的信［牛津大学
波德林图书馆（Bodleian
Library）韦斯顿女士
（Western Ms）藏品］。

112. Childe 1958b：73.

113. Childe 1942a：83 - 96，
107-12，123.

114. Ibid.，59-61.

115. Ibid.，62；1950a：157.

116. Childe 1942a：123.

117. Childe 1944a：35.

118. Childe 1942a：94.

119. Ibid.，104.

120. Ibid.，92.

121. Ibid.，132-37.

122. Ibid.，116-17，267-68.

123. Ibid.，272.

124. Childe 1936a：268.

125. Childe 1942a：144 - 45，
148，273.

126. Ibid.，247-53.

127. Ibid.，275.

128. Childe 1958b：72-73.

129. Childe 1950c：16.

130. Childe 1944a：115.

131. Ibid.，1-2.

132. Ibid.，109-13.

133. Ibid.，16.

134. Ibid.，24.

135. Childe 1957b：212.

136. Childe 1954g.

137. Childe 1944a：48.

138. Childe 1942a：260.

139. Childe 1944a：71.

140. Ibid. , 58.

141. Ibid. , 67−70.

142. Winters 1968.

143. Childe 1944a：78−97；1945a.

144. 亦参见 Childe 1946：
75−76。

145. Childe 1944a：107−8.

146. Ibid. , 1.

147. Kroeber 1919；Kroeber
and Richardson 1940.

148. Childe 1944a：109−14.

149. Childe 1936a：4；1946b：
250.

150. Childe 1943a.

151. Childe 1941a.

152. Childe 1950b.

153. Childe 1939a：xiii.

154. Childe 1958b：72.

155. Childe 1939a：220.

156. Childe 1936a：95−96.

157. Childe 1958b：72.

158. Childe 1939b：10.

159. Childe 1939a：327.

160. Childe 1935b：14.

161. Childe 1939a：265 − 66；
1942a：140−41.

162. Childe 1936a：200.

163. Childe 1939b：25−26.

164. Childe 1939a：265−66.

165. Ibid. , 321.

166. Childe 1947a：65，81.

167. Ibid. , 75.

168. Ibid. , 83.

169. Ibid. , 76.

170. Childe 1944a：25.

171. Ravetz 1959：66.

第七章

1. Childe 1958b：73；Rouse
1958：83.

2. Childe 1958b：73.

3. 柴尔德 1945 年 8 月 1 日、11
月 22 日致布雷德伍德的信。

4. Miller 1956：110−12，133−46.

5. Daniel 1958：66

6. Ibid. ；亦参见 Childe 1958a：
140。

7. Childe 1958b：73；1944d.

8. Childe 1942b；1944a：74−75.

9. Childe 1944d.

10. Childe 1937a.

11. Childe 1937b.

12. 柴尔德 1945 年 7 月 24 日、
1945 年 8 月 1 日、1946 年 1
月 9 日致布雷德伍德的信，
布雷德伍德 1945 年 7 月 14
日、1945 年 11 月 5 日、
1946 年 7 月 18 日致柴尔德

的信。

13. 布雷德伍德 1946 年 7 月 18 日致柴尔德的信，柴尔德 1956 年 10 月 4 日致布雷德伍德的信。

14. Childe 1937b.

15. Childe 1942a：14−15.

16. Childe 1950a：1.

17. Childe 1958b：71.

18. Daniel 1975：343.

19. Dragadze 1978：119.

20. Childe 1938a：182−83.

21. Childe 1943a：22.

22. Ibid.；查阅 Collingwood 1939：122−27。

23. Childe 1944d.

24. Childe 1947b：51.

25. Ibid., 53−56.

26. Childe 1956a：13.

27. Childe 1947a：61.

28. Steward 1955：209.

29. Childe 1951a：35.

30. Childe 1946b：243；亦参见 Childe 1949b：57 and 1951a：15−16。

31. Childe 1950a：2−3；1953a：3−5；1956c：13.

32. Childe 1944d：19.

33. Childe 1958c：5.

34. Childe 1951a：16.

35. Childe 1946b：247 − 50；1949a：4；1951a：9, 16.

36. Childe 1944d.

37. Ibid.

38. Childe 1956b：5.

39. Childe 1946b：250；1947b：60.

40. Childe 1947a：1−3.

41. Ibid., 43−59.

42. Collingwood 1946：54−55.

43. Childe 1947a：82.

44. Childe 1958b：74.

45. Childe 1947a：80.

46. Childe 1956a：43.

47. Childe 1949a：23；1956b：123.

48. 柴尔德 1945 年 8 月 1 日致布雷德伍德的信。

49. Childe 1947a：11.

50. Ibid., 59.

51. Childe 1946b：248.

52. Childe 1951a：1.

53. Childe 1956a：53.

54. Childe 1947a：69.

55. Ibid., 3；Childe 1958b：74.

56. Spaulding 1968.

57. Childe 1947a：68−69.

58. Ibid. , 3.

59. Childe 1958c：6－7；查阅
    Childe 1958b：74。

60. Childe 1958b：74.

61. Childe 1956a：1.

62. Childe 1947a：60；1958c：7.

63. Childe 1958c：2，6－7.

第八章

1. Childe 1942c，1943b，1950e，
   1951b，1953d，1954c，1954d，
   1954e，1954f，1954g.

2. Childe 1944b：1.

3. Childe 1956a：vi.

4. Ibid. , 10.

5. Ibid. , 38.

6. Childe 1936a：132.

7. Childe 1951a：8－9.

8. Childe 1956b：9.

9. Childe 1944a：56－57.

10. Childe 1947a：2；1949b：
    62.

11. 查阅 Childe 1944a：56－57；
    1947a：64－65；1950a：1；
    1957b：213。

12. Childe 1949b：60.

13. Childe 1956b：54.

14. Childe 1949a：6－7；1956a：
    163；1958b：73.

15. Childe 1949a：19.

16. Ibid. , 5.

17. Ibid. , 11.

18. Darwin 1938.

19. Childe 1949a：16 － 18；
    1950b：18；1958c：4.

20. Childe 1953c：13 － 14；
    1956b：86－87.

21. Childe 1956a：170.

22. Childe 1956b：94.

23. Childe 1949a：20－22；1953c：
    13.

24. Childe 1950b：7 － 9，13，
    18；1953c：13，17，21.

25. Childe 1956b：79－80.

26. Ibid. , 59－60，106.

27. Ibid. , 1949a：25，64，68，
    107，113，119.

28. Childe 1947b：60；1956c：11.

29. Childe 1956c：10.

30. Childe 1958c：8.

31. Childe 1947a：80.

32. Childe 1954e.

33. Childe 1956c：18.

34. Childe 1956b：111－12.

35. Ibid. , 131.

36. Rouse 1958：83.

37. McLellan 1975：36.

38. Childe 1956b：119.

39. Childe 1949a：24；1950b：
    3，18；1953c：13.

40. Childe 1956b：1.

41. Childe 1949a：25；1954a 8.

42. Childe 1938b；1950b：4，
    18；1956a：45.

43. Childe 1956a：172.

44. Childe 1949a：26.

45. Childe 1958c：5.

46. Childe 1954e，1954f.

47. Gathercole 1971： 231；
    Rowlands 1971.

第九章

1. Childe 1956a：8；1956b：97，
   130−31.

2. Childe 1944c：23.

3. Childe 1951a：28−29.

4. Ibid. ，29.

5. Childe 1944c：23.

6. Childe 1944a：25.

7. Childe 1951a：6−7.

8. Ibid. ，26 − 27；1949b：58.
   秘鲁沿海文明的发展可能成
   为柴尔德通则的一个例外，
   该通则认为食物生产阶段必
   然介于食物采集与文明之间
   （Moseley 1975）。

9. Childe 1954b：47−49.

10. Childe 1953a：6.

11. Childe 1956a：54，164.

12. Childe 1951a：22.

13. Childe 1944b：10−11.

14. Childe 1936a：40−41.

15. Childe 1935b：7.

16. Childe 1942a：17−19；1950c：
    3.

17. Childe 1951a：26−27.

18. Childe 1944c.

19. Ibid. ，17.

20. Ibid. ，23.

21. Childe 1951a：163−69.

22. Ibid. ，173.

23. Childe 1954b：40.

24. Childe 1950c：9；1951a：
    26−27.

25. 查阅 Childe 1950c：9 − 16
    and 1930a：2。

26. Childe 1944a：35.

27. Childe 1946a：56.

28. Childe 1947b：59.

29. Childe 1956c：19.

30. Childe 1951a：38−41.

31. Ibid. ，54.

32. Childe 1946b：249；1949b：
    61；1951a：34；1958a：
    12−14.

33. Childe 1946b：249.

34. Childe 1958c：3.

35. Childe 1951a：34，54−71.

36. 查阅 Childe 1958a：12−13 and 1958c：4。

37. Childe 1946b：249；1951a：33−34.

38. Childe 1958c：4.

39. Childe 1946b：249.

40. Steward 1953b：240.

41. Childe 1949c, 1950d.

42. Childe 1950a：98.

43. Childe 1951a：56.

44. Childe 1942a：52；1950c：5；1953b：201；1953c：15；1958a：50.

45. Childe 1950c：5−6.

46. Ibid.，8.

47. Steward 1953b：240；Childe 1958a：14.

48. Childe 1951a：84.

49. Childe 1944b：18−19, 24.

50. Ibid.，8.

51. Ibid.，22.

52. Childe 1946a：32−33, 37−38.

53. Ibid.，41，48−50.

54. Ibid.，78.

55. Ibid.，95−96.

56. Ibid.，24.

57. Ibid.，41.

58. Ibid.，96.

59. Childe 1958b：73.

60. Childe 1946b：250；1947b：60；1951a：29.

61. Dutt 1957a.

62. Gathercole 1974.

63. Childe 1938a：182.

64. Childe 1958b：73.

65. Childe 1950a：204.

66. Ibid.，92, 98, 107, 109, 157.

67. Ibid.，133.

68. Ibid.，222.

69. Childe 1950c：9−16.

70. Ibid.，17.

71. 亦参见 Childe 1951a：161，170。

72. Childe 1951a：41，167−68.

73. Childe 1952b.

74. Childe 1958b：73.

75. Childe 1954a：131−32.

76. Childe 1957a：iii.

77. Ibid.，220.

78. Ibid.，173−74.

79. Ibid.，14.

80. Ibid.，52−53.

81. Ibid.，343−345.

82. Ibid.，342；1958a：110−11.

83. Childe 1958a：7.

84. Ibid.，8；Childe 1958b：

74.

85. 柴尔德 1956 年 10 月 4 日致布雷德伍德的信。

86. Childe 1958a：7-8.

87. 柴尔德 1956 年 10 月 4 日致布雷德伍德的信。

88. Childe 1958c：7.

89. Childe 1958a：76-77.

90. Ibid.，95-97.

91. Ibid.，103，111.

92. Childe 1957c：5.

93. Childe 1958a：113-14.

94. Ibid.，172-73.

95. Ibid.，8.

96. Childe 1958b：74.

97. Willey 1953.

98. Childe 1958a：12-14.

99. Ibid.，104；查阅 1950a：166；1954c：204。

100. Childe 1958a：78.

101. Ibid.，113-14.

102. Ibid.，157；对帕尔默工作的评价，参见 Childe 1955b。

103. Childe 1958a：63，74，141.

104. Rowlands 1971.

105. 柴尔德 1941 年 11 月 17 日致布雷德伍德的信。

106. Childe 1936a：2.

107. Childe 1956a：34.

108. Ibid.，36-38，80-82.

109. Ibid.，121-22.

110. 关于柴尔德的"对统计学性质有限的了解"，参见 Spaulding 1957。

111. Childe 1938a.

112. Childe 1950a：2.

113. Childe 1956a：v-vi.

114. Childe 1950a：6.

115. Childe 1956a：107.

116. Childe 1958a：14.

117. Childe 1957a：122-23.

118. Childe 1958a：43.

119. Childe 1957a：13.

120. Childe 1958c：6.

121. Childe 1958a：122.

122. Ibid.，123.

123. Childe 1952a：237.

124. 罗伯特·亚当斯的私人通信，1977 年 3 月 12 日。

125. Childe 1958b：74.

126. Childe 1958c：1-2.

127. Childe 1950f.

128. 柴尔德 1956 年 11 月 20 日致戈登的信。此信的复印件由芒斯特（G. Munster）提供。

129. Ghilder 1957c.

130. F. Smith 1964：ix.

131. 埃塞尔·柴尔德（Ethel Childe）1957 年 11 月 1 日致伦敦大学校长的信。查阅 Lindsay 1958：135-36。

132. Case 1957.

133. 埃塞尔·柴尔德的信，见上注 131。

134. 查阅 Childe 1937a：15；1956b：22，41；柴尔德 1940 年致克劳福德的信。

135. 柴尔德 1931 年 6 月 26 日致伊瓦特夫人的信。

136. 柴尔德 1946 年 5 月 29 日致布雷德伍德的信。

137. Morris 1957.

138. Spriggs 1977.

第十章

1. 查阅 Renfrew 1973a：20-119。

2. 柴尔德阅读的考古学以外的书籍，记录在他存于伦敦大学考古研究所的笔记本中，特别是第 44～48 号。

3. Daniel 1975：247.

4. Mills 1903.

5. Trigger 1978：75-95.

6. Braidwood 1958：734.

7. Steward 1955：181.

8. Sieveking 1976：xvi.

9. Clark 1974.

10. Hawkes 1954：162.

11. See，e. g. Harris 1977.

12. Steward 1953a.

13. Wobst 1978.

14. Fried 1975.

15. 马丁·沃伯斯特（H. Martin Wobst）的私人通信。1978 年 3 月 18 日。

16. Steward 1955：12.

17. Klejn 1973.

18. Steward 1955：5.

19. Childe 1950c：3.

20. Haury 1962：117.

21. Braidwood and Willey 1962：352.

22. Childe 1950c：3.

23. Adams 1974：249.

24. Renfrew 1978.

25. McLellan 1975：43.

26. Steward 1953b：241.

27. Leone 1975：197；亦参见 Flannery 1973。

28. Childe 1947a.

29. Ravetz 1959：62.

30. Childe 1951a：29.

31. Childe 1938a：182；1945b：6.

32. Adams 1966；Renfrew 1973b.

33. Braidwood 1958：736 引用

了《人类起源》。

34. Adams 1958：1241.

35. Gathercole 1974.

36. Ibid.

37. Steward 1953b：241.

38. Rouse 1958：84.

39. Clark 1939.

40. Childe 1958c：6.

41. Taylor 1948：41；Willey and Phillips 1958：5—6.

42. Childe 1947a：69.

43. Binford 1977：6—7.

44. Trigger 1978：17.

参考文献

戈登·柴尔德到 1956 年为止的考古学出版物几乎完整的参考文献参见史密斯（I. F. Smith 1956）。之后发表的重要著作包括 Childe 1956a，b，c；1957a，b，c；1958a，b，c。史密斯提到的 Childe 1954a 仅是该书的一部分。史密斯参考文献中被忽略的著作有 Childe 1923，1941d，1952d，1953b。

ABERCROMBY, JOHN, 'The Oldest Bronze-Age Ceramic Type in Britain: Its Probable Origin in Central Europe', *Journal of the Royal Anthropological Institute*, vol. 32: 373−97. 1902.

——*A Study of the Bronze Age Pottery of Great Britain and Ireland and its Associated Grave Goods*. 2 vols. Oxford, Oxford University Press, 1912.

ADAMS, r. McC. , 'Review of V. G. Childe, *The Prehistory of European Society*', *American Anthropologist*, vol. 60: 1240−41. 1958.

——*The Evolution of Urban Society*. Chicago, Aldine, 1966.

—— 'Patterns of Urbanization in Early Southern Mesopotamia', in *Man*, *Settlement and Urbanism*, P. J. Ucko *et al.* (eds), 735−49. London, Duckworth, 1972.

—— 'Anthropological Perspectives on Ancient Trade', *Current Anthropology*, vol. 15: 239−58. 1974.

ALLEN, JIM, 'Aspects of Vere Gordon Childe', *Labour History*, no. 12: 52−59. 1967.

ANDERSON, JOSEPH, *Scotland in Pagan Times*. Edin-

柴尔德：考古学的革命

burgh, Douglas, 1886.

ANONYMOUS, 'Science and Political Theory under the Soviets', *Nature*, vol. 144: 971–72. 1939.

ARTSIKHOVSKII, A. V. , 'Archaeology', *Great Soviet Encyclopedia: A Translation of the Third Edition*, vol. 2, 245 – 50. New York, 1973.

BINFORD, L. R. , 'Archaeological Systematics and the Study of Cultural Process', *American Antiquity*, vol. 31: 203–10. 1965.

—— 'General Introduction', in *For Theory Building in Archaeology*, L. R. Binford (ed.), 1 – 10. New York, Academic Press, 1977.

BRAIDWOOD, ROBERT J. , 'Vere Gordon Childe, 1892 – 1957', *American Anthropologist*, vol. 60: 733–36. 1958.

BRAIDWOOD, R. J. and G. R. WILLEY, 'Conclusions and Afterthoughts', in *Courses Toward Urban Life*, R. J. Braidwood and G. R. Willey (eds), 330–59. Chicago, Aldine, 1962.

GASE, H. J. , 'V. Gordon Childe', *The Times*, 13. 13 October, 1957.

CHANTRE, E. , *L'Age du Bronze*. 3 vols. Paris, Baudry, 1875–76.

CHILDE, V. G. , 'On the Date and Origin of Minyan Ware', *Journal of the Hellenic Society*, vol. 35: 196–207. 1915.

—— 'The East European Relations of the Dimini Culture', *Journal of the Hellenic Society*, vol. 42: 254–75. 1922a.

—— 'The Present State of Archaeological Studies in Central Europe', *Man*, vol. 22: 118–19. 1922b.

—— *How Labour Governs: A Study of Workers' Representation in Australia*. London, Labour Publishing Company, 1923.

—— *The Dawn of European Civilization*. London, Kegan Paul,

1925a.

—— 'When Did the Beaker-folk Arrive?' *Archaeologia*, vol. 74: 159-78. 1925b.

—— 'National Art in the Stone Age (review of M. Hoernes, *Urgeschichte der bildenden Kunst in Europa*)', Nature, vol. 116: 195-97. 1925c.

——*The Aryans: A Study of Indo-European Origins*. London, Kegan Paul, 1926.

——*The Most Ancient East: The Oriental Prelude to European Prehistory*. London, Kegan Paul, 1928.

——*The Danube in Prehistory*. Oxford, Oxford University Press, 1929.

——*The Bronze Age*. C. U. P. , 1930a.

—— 'The Early Colonization of North-eastern Scotland', *Proceedings of the Royal Society of Edinburgh*, vol. 50: 51 - 78. 1930b.

—— 'Excavations in a Chambered Cairn at Kindrochat, near Comrie, Perthshire', *Proceedings of the Society of Antiquaries of Scotland*, vol. 64, 264-72. 1930c.

——*Skara Brae: A Pictish Village in Orkney*. London, Kegan Paul, 1931a.

—— 'The Chambered Long Cairn at Kindrochat, near Comrie, Perthshire', *Proceedings of the Society of Antiquaries of Scotland*, vol. 65: 281-93. 1931b.

—— 'Chronology of Prehistoric Europe: A Review', *Antiquity*, vol. 6: 206-12. 1932a.

—— 'Chambered Cairns near Kilfinan, Argyll', *Proceedings of the Society of Antiquaries of Scotland*, vol. 66: 415-25. 1932b.

—— 'Is Prehistory Practical?' *Antiquity*, vol. 7: 410 -

18. 1933a.

—— 'Races, Peoples and Cultures in Prehistoric Europe', *History*, vol. 18: 193–203. 1933b.

—— 'Trial Excavations at the Old Keig Stone Circle, Aberdeenshire', *Proceedings of the Society of Antiquaries of Scotland*, vol. 67: 37–52. 1933c.

—— 'Excavations at Castlelaw Fort, Midlothian', *Proceedings of the Society of Antiquaries of Scotland*, vol. 67: 362–88. 1933d.

—— 'Excavations at Castlelaw, Midlothian, and the small Forts of North Britain', *Antiquaries Journal*, vol. 13: 1 – 12. 1933e.

——*New Light on the Most Ancient East : The Oriental Prelude to European Prehistory*. London, Kegan Paul, 1934a.

—— 'Final Report on the Excavation of the Stone Circle at Old Keig, Aberdeenshire', *Proceedings of the Society of Antiquaries of Scotland*, vol. 68: 372–93. 1934b.

—— 'Neolithic Settlement in the West of Scotland', *Scottish Geographical Magazine*, vol. 50: 18–25. 1934c.

——*The Prehistory of Scotland*. London, Kegan Paul, 1935a.

—— 'Changing Methods and Aims in Prehistory (Presidential Address for 1935)', *Proceedings of the Prehistoric Society*, vol. 1: 1–15. 1935b.

—— 'Excavation of the Vitrified Fort of Finavon, Angus', *Proceedings of the Society of Anliquaries of Scotland*, vol. 69: 49–80. 1935c.

—— 'Notes on some Duns in Islay', *Proceedings of the Society of Antiquaries of Scotland*, vol. 69: 81–84. 1935d.

——*Man Makes Himself*. London, Watts, 1936a.

—— 'Carminnow Fort; Supplementary Excavations at the Vitrified Fort of Finavon, Angus; and Some Bronze Age Vessels from Angus', *Proceedings of the Society of Antiquaries of Scotland*, vol. 70: 341-62. 1936b.

—— 'A Promontory Fort on the Antrim Coast', *Antiquaries Journal*, vol. 16: 179-98. 1936c.

—— 'A Prehistorian's Interpretation of Diffusion', in *Independence, Convergence and Borrowing in Institutions, Thought and Art*, 3-21. Harvard Tercentenary Publications. Cambridge, Harvard University Press, 1937a.

—— 'Symposium on Early Man, Philadelphia', *Antiquity*, vol. 11: 351. 1937b.

—— 'A Round Cairn near Achnamara, Loch Sween, Argyll', *Proceedings of the Society of Antiquaries of Scotland*, vol. 71: 84-89. 1937c.

—— 'On the Causes of Grey and Black Coloration in Prehistoric Pottery', *Man*, vol. 37: 43-44. 1937d.

—— 'The Orient and Europe: Presidential Address to Section H (Anthropology)', *Report of the Brilish Association for the Advancement of Science*, 1938: 181-96. 1938a.

—— 'The Oriental Background of European Science', *The Modern Quarterly*, vol. 1: 105-20. 1938b.

—— 'The Experimental Production of the Phenomena Distinctive of Vitrified Forts', *Proceedings of the Society of Antiquaries of Scotland*, vol. 72: 44-55, 1938c.

—— 'Excavations Carried out by H. M. Office of Works in the Bronze Age Levels at Jarlshof in 1937', *Proceedings of the Society of Antiquaries of Scotland*, vol. 72: 348-62. 1938d.

—— 'Doonmore, a Castle Mound near Fair Head, Co. Antrim', *Ulster Journal of Archaeology*, 3rd Series, vol. I: 122-

35. 1938e.

——*The Dawn of European Civilization*. 3rd edition, revised. London, Kegan Paul, 1939a.

—— 'The Orient and Europe', *American Journal of Archaeology*, vol. 44: 10−26. 1939b.

——*Prehistoric Communities of the British Isles*. London, Chambers, 1940a.

—— 'Archaeology in the USSR', *Nature*, vol. 145: 110 − 11. 1940b.

—— 'War in Prehistoric Societies', *The Sociological Review*, vol. 32: 127−38. 1941a.

—— 'The Defences of Kaimes Hill-fort, Midlothian', *Proceedings of the Society of Antiquaries of Scotland*, vol. 85: 43 − 54. 1941b.

—— 'Examination of the Prehistoric Fort on Cairngryfe Hill, near Lanark', *Proceedings of the Society of Antiquaries of Scotland*, vol. 85: 213−18. 1941c.

—— 'Man and Science from Early Times', *University Forward*, vol. 6 (5): 4−7. 1941d.

——*What Happened in History*. Harmondsworth, Penguin Books, 1942a. (all page numbers cited from the first American edition of 1946).

—— 'Prehistory in the USSR. II. The Copper Age in South Russia', *Man*, vol. 42: 130−36. 1942b.

—— 'The Antiquity and Function of Antler Axes and Adzes', *Antiquity*, vol. 16: 258−64. 1942c.

—— 'The Chambered Cairns of Rousay', *Antiquaries Journal*, vol. 22: 139−42. 1942d.

—— 'Archaeology as a Science', *Nature*, vol. 152: 22−23. 1943a.

—— 'Rotary Querns on the Continent and in the Mediterranean Basin', *Antiquity*, vol. 17: 19–26. 1943b.

—— 'Another late Viking House at Freswick, Caithness', *Proceedings of the Society of Antiquaries of Scotland*, vol. 77: 5–17. 1943c.

——*Progress and Archaeology*. London, Watts, 1944a.

——*The Story of Tools*. London, Cobbett, 1944b.

—— 'Archaeological Ages as Technological Stages', *Journal of the Royal Anthropological Institute*, vol. 74: 7–24. 1944c.

—— 'The Future of Archaeology', *Man*, vol. 44: 18–19. 1944d.

—— 'Directional Changes in Funerary Practices During 50,000 Years', *Man*, vol. 45: 13–19. 1945a.

—— 'Introduction to the Conference on the Problems and Prospects of European Archaeology', *University of London*, *Institute of Archaeology*, *Occasional Paper*, no. 6: 6–12. 1945b.

——*Scotland Before the Scots*. London, Methuen, 1946a.

—— 'Archaeology and Anthropology', *Southwestern Journal of Anthropology*, vol. 2: 243–51. 1946b.

—— 'The Distribution of Megalithic Cultures and their Influence in Ancient and Modern Civilization', *Man*, vol. 46: 97. 1946c.

——*History*. London, Cobbett, 1947a.

—— 'Archaeology as a Social Science', *University of London*, *Institute of Archaeology*, *Third Annual Report*: 49–60. 1947b.

—— 'Megaliths', *Ancient India*, vol. 4: 4–13. 1948.

——*Social Worlds of Knowledge* (L. T. Hobhouse Memorial Trust Lecture, no. 19). London, Oxford University Press, 1949a.

—— 'Organic and Social Evolution', *The Rationalist Annual*, 1949: 57–62. 1949b.

—— 'Neolithic Hoúse-types in Temperate Europe', *Proceedings of the Prehistoric Society*, vol. 15：77—86. 1949c.

——*Prehistoric Migrations in Europe*. Oslo, Aschehaug, 1950a.

——*Magic, Craftsmanship and Science*. Liverpool, Liverpool University Press, 1950b.

—— 'The Urban Revolution', *The Town Planning Review*, vol. 21：3—17. 1950c.

—— 'Cave Men's Buildings', *Antiquity*, vol. 24：4—11. 1950d.

—— 'Axe and Adze, Bow and Sling：Contrasts in Early Neolithic Europe', *Schweizerishe Gesellschaft für Urgeschichte*, *Jahrbuch*, vol. 40：156—62. 1950e.

—— 'Comparison of Archaeological and Radiocarbon Datings', *Nature*, vol. 166：1068—69. 1950f.

——*Social Evolution*. New York, Schuman, 1951a.

—— 'The Balanced Sickle', *Aspects of Archaeology in Britain and Beyond：Essays Presented to O. G. S. Crawford*, W. F. Grimes (ed.), 39—48. London, Edwards, 1951b.

——*New Light on the Most Ancient East*. 4th edition, revised. London, Routledge and Kegan Paul, 1952a.

—— 'Trade and Industry in Barbarian Europe till Roman Times', in *The Cambridge Economic History of Europe*, vol. 11, M. Postan and E. Rich (eds), 1—32. Cambridge, Cambridge University Press, 1952b.

—— 'Re-excavation of the Chambered Cairn of Quoyness, Sanday, on behalf of the Ministry of Works in 1951—52', *Proceedings of the Society of Antiquaries of Scotland*, vol. 86：121—39. 1952c.

—— 'Archaeological Orgamzation in the USSR', *Anglo-Soviet Journal*, vol. 13 (3)：23—26. 1952d.

—— 'The Constitution of Archaeology as a Science', in *Sci-*

ence, *Medicine and History. Essays on the Evolution of Scientific Thought and Medical Practice*, *written in Honour of Charles Singer*, vol. 1, E. A. Underwood (ed), 3—15. Oxford, Oxford University Press, 1953a.

—— 'Old World Prehistory: Neolithic', in *Anthropology Today*, A. L. Kroeber (ed.), 193—210. Chicago, University of Chicago Press, 1953b.

—— 'Science in Preliterate Societies and the Ancient Oriental Civilizations', *Centaurus*, vol. 3: 12—23. 1953c.

—— 'The Significance of the Sling for Greek Prehistory', in *Studies Presented to David Moore Robinson*, G. E. Mylonas and D. Raymond (eds), 1—5. Washington University, 1953d.

—— 'Prehistory', in *The European Inheritance*, E. Barker, G. Clark and P. Vaucher (eds), 3 — 155. Oxford, Oxford University Press, 1954a.

—— 'Early Forms of Society', in *A History of Technology*, vol. I, C. Singer, E. J. Holmyard and A. R. Hall (eds), 38—57. Oxford, Clarendon Press, 1954b.

—— 'Rotary Motion', *A History of Technology*, vol. I, C. Singer, E. J. Holmyard and A. R. Hall (eds), 187—215. Oxford, Clarendon Press, 1954c.

—— 'The Diffusion of Wheeled Vehicles', *Ethnographisch-Archäologische Forschungen*, vol. 2: 1—16. 1954d.

—— 'Archaeological Documents for the Prehistory of Science (I)', *Journal of World History*, vol. 1: 739—59. 1954e.

—— 'Archaeological Documents for the Prehistory of Science (II)', *Journal of World History*, vol. 2: 9—25. 1954f.

—— 'The Socketed Celt in Upper Eurasia', *University of London*, *Institute of Archaeology*, Tenth Annual Report, 11—25. 1954g.

—— 'The Significance of Lake Dwellings in the History of Pre-history', *Sibrium*, vol. 2, pt 2: 87-91. 1955a.

—— 'The Sociology of the Mycenaean Tablets', *Past and Present*, vol. 7: 76-77. 1955b.

——*Piecing Together the Past: The Interpretation of Archaeological Data*. London, Routledge and Kegan Paul, 1956a.

——*Society and Knowledge: the Growth of Human Traditions*. New York, Harper, 1956b.

——*A Short Introduction to Archaeology*. London, Muller, 1956c.

—— 'Maes Howe', *Proceedings of the Society of Antiquaries of Scotland*, vol. 88: 155-207. 1956d.

—— 'The Past, the Present, and the Future (Review Article)', *Past and Present*, vol. 10: 3-5. 1956e.

——*The Dawn of European Civilization*. 6th edition, revised. London, Kegan Paul, 1957a.

—— 'The Evolution of Society', *Antiquity*, vol. 31: 210-13. 1957b.

—— 'The Bronze Age', *Past and Present*, vol. 12: 2-15. 1957c.

——*The Prehistory of European Society*. Harmondsworth, Penguin, 1958a.

—— 'Retrospect', *Antiquity*, vol. 32: 69-74. 1958b.

—— 'Valediction', *Bulletin of the Institute of Archaeology, University of London*, No. 1: 1-8. 1958c.

CHILDE, V. G. and M. C. BURKITT, 'A Chronological Table of Prehistory', *Antiquity*, vol. 6: 185-205. 1932.

CHILDE, V. G. and C. D. FORDE, 'Excavations in Two Iron Age Forts at Earn's Heugh, near Coldingham', *Proceedings of the Society of Antiquaries of Scotland*, vol. 66: 152-82. 1932.

CHILDE, V. G. and W. G. GRANT, 'A Stone-age Settlement at

the Braes of Rinyo, Rousay, Orkney (First Report)', *Proceedings of the Society of Antiquaries of Scotland*, vol. 73: 6−31. 1939.

—— 'A Stone-age Settlement at the Braes of Rinyo, Rousay, Orkney (Second Report)', *Proceedings of the Society of Antiquaries of Scotland*, vol. 81: 16−42. 1947.

CHILDE, V. G. and W. THORNEYCROFT, 'The Vitrified Fort at Rahoy, Morvern, Argyll', *Proceedings of the Society of Antiquaries of Scotland*, vol. 72: 23−43. 1938.

CLARK, J. G. D. , 'Russian Archaeology: The Other Side of the Picture', *Proceedings of the Prehistoric Society*, vol. 2: 248 − 49. 1936.

——*Archaeology and Society*. London, Methuen, 1939.

——*Prehistoric England*. London, Batsford, 1940.

—— 'Folk Culture and the Study of European Prehistory', *Aspects of Archaeology in Britain and Beyond*, W. F. Grimes (ed.), 39−48. London, Edwards, 1951.

—— 'Prehistoric Europe: The Economic Basis', in *Archaeological Researches in Retrospect*, G. Willey, (ed.), 31−58. Cambridge, Mass. , Winthrop, 1974.

—— 'Prehistory Since Childe', *Bulletin of the Institute of Archaeology*, *University of London*, no. 13: 1−21. 1976.

COLLINGWOOD, R. G. , *An Autobiography*. Oxford, Oxford University Press, 1939.

——*The Idea of History*. Oxford, Oxford University Press, 1946.

CRAWFORD, O. G. S. , *Man and his past*. London, Oxford University Press, 1921.

—— 'Review of *The Dawn of European Civilization*', *The Antiquaries Journal*, vol. 6: 89−90. 1926.

CURWEN, E. C. , 'The Hebrides: A Cultural Backwater', *An-*

tiquity, vol. 12: 261-89. 1938.

DANTEL, GLYN, 'Editorial', *Antiquity*, vol. 32: 65 - 68. 1958.

—— 'Preface' to the 4th edition of *Man Makes Himself*, ix- xii. London, Watts, 1965.

——*A Hundred and Fifty Years of Archaeology*. London, Duckworth, 1975.

—— 'Editorial', *Antiquity*, vol. 51: 1-7. 1977a.

—— 'Of Archaeology and of Agatha, review of *Mallowan's Memoirs*', *The Times Literary Supplement*, No. 3940, 30 September, 1103. 1977b.

DARWIN, C. G. , 'Logic and Probability in Physics', *Report of the British Association for the Advancement of Science*, 21 - 34. 1938.

DELAPORTE, L. J. , *Mesopotamia*. London, Kegan Paul, 1925.

DRAGADZE, TAMARA, 'A Meeting of Minds: A Soviet and Western Dialogue', *Current Anthropology*, vol. 19: 119-28. 1978.

DUTT, R. PALME, 'Tribute to Memory of Gordon Childe', *Daily Worker*, 3. 22 October 1957a.

—— 'Prof. V. Gordon Childe', *The Times*, 14. 24 October, 1957b.

EMERY, WALTER B. , *Archaic Egypt*. Harmondsworth, Penguin, 1961.

EVANS, A. J. , 'Late-Celtic Urn-field at Aylesford, Kent', *Archaeologia*, vol. 52: 317-88. 1890.

—— ' "The Eastern Question" in Anthropology', *Proceedings of the British Association for the Advancement of Science*, 906-22. 1896.

EVANS, JOAN, *A History of the Society of Antiquaries*. London, The Society of Antiquaries, 1956.

—— 'Early Memories of Oxford', *Antiquity*, vol. 51: 179. 1977.

FARRINGTON, BENJAMIN, *Science in Antiquity*. London, Home University Library, 1936.

——*Science and Politics in the Ancient World*. London, Allen and Unwin, 1939.

FLANNERY, K. V., 'Archaeology with a Capital "S"', *Research and Theory in Current Archaeology*, C. L. Redman (ed), 47–53. New York, Wiley, 1973.

FOX, CYRIL, *The Archaeology of the Cambridge Region*. Cambridge, Cambridge University Press, 1923.

—— 'A Bronze Age Barrow on Kilpaison Burrows', *Archaeologia Cambriensis*, vol. 81: 1–35. 1926.

——*The Personality of Britain*. Cardiff, National Museum of Wales, 1932.

FRANKFORT, HENRI, *The Birth of Civilization in the Near East*. New York, Doubleday. 1956.

FRASER, A. D., 'A Review of *The Dawn of European Civilization*', *American Journal of Archaeology*, vol. 30: 196–97. 1926.

FRIED, MORTON, *The Notion of Tribe*. Menlo Park, Cummings, 1975.

GATHERCOLE, PETER, 'Patterns in Prehistory: An Examination of the Later Thinking of V. Gordon Childe', *World Archaeology*, vol. 3: 225–32. 1971.

—— 'Childe, Empiricism and Marxism', Ms. 1974.

—— 'Gordon Childe and the Prehistory of Europe', Ms. 1975.

—— 'Childe the "Outsider"', *RAIN*, no. 17: 5–6. 1976.

GRADMANN, ROBERT, 'Beziehungen zwischen Pflanzengeographie und Siedlungsgeschichte', *Gewgraphische Zeitshrift*, vol.

12：305-25. 1906.

GREEN, SALLY, *A Biography of Vere Gordon Childe*. Ms. 1976.

HALL, H. R. , 'Review of V. G. Childe, *The Most Ancient East*', *Antiquity*, vol. 4：247-49. 1930.

HARRIS, MARVIN, *The Rise of Anthropological Theory*. New York, Crowell, 1968.

——*Cannibals and Kings：The Origins of Cultures*. New York, Random House, 1977.

HAURY, E. W. 'The Greater American Southwest', *Courses Toward Urban Life*, R. J. Braidwood and G. R. Willey (eds), 106-31. Chicago, Aldine, 1962.

HAWKES, C. F. C. , *The Prehistoric Foundations of Europe to the Mycenaean Age*. London, Methuren, 1940.

—— 'Archaeological Theory and Method：Some Suggestions from the Old World', *American Anthropologist*, vol. 56：155-68. 1954.

HEICHELHEIM, F. M. , *An Ancient Economic History*, vol. I. Leiden, Sijthoff's, 1958.

HOBHOUSe, L. T. , G. C. WHEELER and M. GINSBERG, *The Material Culture and Social Institutions of Simpler Peoples*. London, Chapman and Hall, 1915.

HOMO, L. , *Primitive Italy and the Beginings of Roman Imperialism*. London, Kegan Paul, 1926.

KLEJN, L. S. , 'Marxism, the Systemic Approach and Archaeology', in *The Explanation of Culture Change*, C. Renfrew (ed.), 691-710. London, Duckworth, 1973.

—— 'Kossinna im Abstand von vierzig Jahren', *Jahresshrift für mitteldeutsche Vorgeschichte*, vol. 58：7-55. 1974.

KLINDT-JENSEN, OLE, *A History of Scandinavian Archae-*

ology. London, Thames and Hudson, 1975.

KOSSINNA, GUSTAF, *Die Herkunft der Germanen*. Leipzig, Kabitzsch, 1911.

——*Ursprung und Verbreitung der Germanen in vor-und frühgeschichtlicher Zeit*. Berlin, Germanen-Verlag, 1926.

KROEBER, A. L. , 'On the Principle of Order in Civilization as Exemplified by Changes of Fashion', *American Anthropologist*, vol. 21: 235-63. 1919.

KROEBER, A. L. and J. RICHARDSON, 'Three Centuries of Women's Dress Fashions: A Quantitative Analysis', *University of California Anthropological Record*, vol. 5: 111-54. 1940.

KUHN, T. S. , *The Structure of Scientific Revolutions*. Chicago, University of Chicago Press, 1970.

LEACOCK, E. B. , 'Introduction', to *The Origin of the Family, Private Property and the State*, by Frederick Engels. 7 - 67. New York, International Publishers, 1972.

LEONE, M. P. , 'Views of Traditional Archaeology', *Reviews in Anthropology*, vol. 2: 191-99. 1975.

LINDSAY, JACK, *Life Rarely Tells*. London, Bodley Head, 1958.

LUBBOCK, JOHN, *The Origin of Civilization*. 4th edition. London, Longmans, Green, 1882.

——*Prehistoric Times as Illustrated by Ancient Remains and the Manners and Customs of Modern Savages*. 7th edition. New York, Holt, 1913.

MCKERN, W. C. , 'The Midwestern Taxonomic Method as an Aid to Archaeological Culture Study', *American Antiquity*, vol. 4: 301-13. 1939.

MCLELLAN, DAVID, *Marx*. London, Fontana, 1975.

MALLOWAN, MAX, *Mallowan's Memoirs*. London, Collins, 1977.

MARWICK, H. , 'Review of V. G. Childe, *Skara Brae*', *Antiquity*, vol. 6: 104−5. 1932.

MILLER, MIKHAIL, *Archaeology in the U. S. S. R.* London, Atlantic Press, 1956.

MILLS, W. C. , 'Excavations of the Adena Mound', *Ohio Archaeological and Historical Quarterly*, vol. 10: 452−79. 1903.

MONTELIUS, OSCAR, *Der Orient und Europa*. Stockholm, Königl. Akademie der schönen Wissenschaften, Geschichte und Alterthumskunde, 1899.

MORET, A. and G. DAVY, *From Tribe to Empire: Social Organization among Primitives and in the Near East*. London, Kegan Paul, 1926.

MORRIS, JOHN, 'Gordon Childe', *Past and Present*, vol. 12: 2. 1957.

MOSELEY, M. E. , *The Maritime Foundations of Andean Civilization*. Menlo Park, Cummings, 1975.

MOVIUS, H. L. , 'Review of J. G. D. Clark *et al.* (eds). *Contributions to Prehistoric Archaeology Offered to Professor V. Gordon Childe*', *Man*, vol. 57: 42−43. 1957.

MULVANEY, D. J. , 'V. G. Childe, 1892−1957', *Historical Studies: Australia and New Zealand*, vol. 8: 93−94. 1957.

MYRES, JOHN L. , *The Dawn of History*. London, Williams and Norgate, 1911.

—— 'Primitive Man in Geological Time', *Cambridge Ancient History*, J. B. Bury, S. A. Cook and F. E. Adcock (eds). 1−56. Cambridge, Cambridge University Press, 1923a.

—— 'Neolithic and Bronze Age Cultures', *Cambridge Ancient History* (*op. cit.*), 57−111. 1923b.

—— 'The Cretan Labyrinth: A Retrospect of Aegean Research', *Journal of the Royal Anthropological Institute*, vol. 63: 269−312. 1933.

NILSSON, SVEN, *The Primitive Inhabitants of Scandinavia*. London, Longmans, Green. 1868.

PEAKE, HAROLD J. , *The Bronze Age and the Celtic World*. London, Benn, 1922.

—— 'The Beginning of Civilization', *Journal of the Royal Anthropological Institute*, vol. 57: 19−38. 1927.

PEAKE, HAROLD and HERBERT J. FLEURE, *The Corridors of Time*, vol. I. *Apes and Men*; vol. Ⅱ. *Hunters and Artists*; vol. Ⅲ. *Peasants and Potters*; vol. Ⅳ. *Priests and Kings*. Oxford, Oxford University Press, 1927.

PERRY, W. J. , *The Children of the Sun*. London, Methuen, 1923.

——*The Growth of Civilization*. London, Methuen, 1924.

PETRIE, W. M. F. , *The Making of Egypt*. London, Sheldon, 1939.

PIGGOTT, STUART, 'Vere Gordon Childe, 1892 − 1957', *Proceedings of the British Academy*, vol. 44: 305−12. 1958a.

—— 'The Dawn: and an Epilogue', *Antiquity*, vol. 32: 75−79. 1958b.

—— 'Childe, Vere Gordon', *Dictionary of National Biography 1951−1960*, E. T. Williams and H. M. Palmer (eds). 218−19. Oxford, Oxford University Press, 1971.

PIGGOTT, STUART *et al.* , 'Archaeology of the Submerged Land-surface of the Essex Coast', *Proceedings of the Prehistoric Society*, vol. 2: 178−210. 1936.

PIGGOTT, STUART and MARJORIE ROBERTSON, *Three Centuries of Scottish Archaeology*. Edinburgh, Edinburgh University Press, 1977.

PITT-RIVERS, A. , *The Evolution of Culture and Other Essays*. Oxford, Oxford University Press, 1906.

PUMPELLY, R. (ed.), *Explorations in Turkestan*. 2 vols. Washington, Carnegie Institution, 1908.

RATZEL, FRIEDRICH, *Anthropogeographie*. 2 vols. Stuttgart, Engelhorn, 1882-91.

RAVETZ, ALISON, 'Notes on the Work of V. Gordon Childe', *The New Reasoner*, vol. 10: 56-66. 1959.

REISNER, G. A. , *Archaeological Survey of Nubia*, *Bulletin* No. 3. Cairo, National Printing Department, 1909.

RENFREW, A. C. , 'Trade and Culture Process in European Prehistory', *Current Anthropology*, vol. 10: 151-69. 1969.

——*Before Civilization*: *The Radiocarbon Revolution and Prehistoric Europe*. London, Cape, 1973a.

——*Social Archaeology*. Southampton, The University, 1973b.

—— 'Trajectory Discontinuity and Morphogenesis: The Implications of Catastrophe Theory for Archaeology', *American Antiquity*, vol. 43: 203-22. 1978.

RENFREW, A. C. , D. HARKNESS and R. SWITSUR, 'Quanterness, Radiocarbon and the Orkney Cairns', *Antiquity*, vol. 50: 194-204. 1976.

ROUSE, IRVING, 'Vere Gordon Childe, 1892-1957', *American Antiquity*, vol. 24: 82-84. 1958.

——*Introduction to Prehistory*: *A Systematic Approach*. New York, MCGRAW-Hill, 1972.

ROWLANDS, M. J. 'The Archaeological Interpretation of Prehistoric Metalworking', *World Archaeology*, vol. 3: 210-24. 1971.

SIEVEKING, G. 'Progress in Economic and Social Archaeology', In *Problems in Economic and Social Archaeology*, G. de G.

Sieveking et al. (eds), xv-xxvi. London, Duckworth, 1976.

SMITH, F. B. , 'Foreword', *How Labour Governs*, by V. G. Childe. 2nd ed. , v-x. Victoria, Melbourne University Press, 1964.

SMITH, G. ELLIOT, *The Ancient Egyptians and the Origin of Civilization*. London, Harper, 1923.

——*The Diffusion of Culture*. London, Watts, 1933.

SMITH, I. F. , 'Bibliography of the Publications of Professor V. Gordon Childe', *Proceedings of the Prehistoric Society*, vol. 21: 295-304. 1956.

SPAULDING, A. C. , 'Review of V. G. Childe, *Piecing Together the Past* ', *American Anthropologist*, vol. 59: 564 - 65. 1957.

—— 'Explanation in Archacology', in *New Perspectives in Archaeology*, S. and L. Binford (eds), 33-39. Chicago, Aldine, 1968.

SPRIGGS, MATTHEW, 'Where the Hell are We? (or a Young Man's Quest)', in *Archaeology and Anthropology*, M. Spriggs (ed.). *British Archaeological Reports*, *Supplementary Series*, No. 19, 3-17. 1977.

STEWARD, J. H. , 'Evolution and Process', in *Anthropology Today*, A. L. Kroeber (ed.), 313-26. Chicago, University of Chicago Press, 1953a.

—— 'Review of V. G. Childe, *Social Evolution* ', *American Anthropologist*, vol. 55: 240-41. 1953b.

——*Theory of Culture Change*. Urbana, University of Illinois Press. 1955.

TALLGREN, A. M. , 'Archaeological Studies in Soviet Russia', *Eurasia Septentrionalis Antiqua*, vol. 10: 129-70. 1936.

TAYLOR, W. W. , *A Study of Archaeology*. Washington, American Anthropological Association, Memoir 69. 1948.

THOMSON, GEORGE, 'Review of V. G. Childe, *History*', *The Modern Quarterly*, N. S. vol. 4: 266-69. 1949.

TIMES OBITUARY, 'Prof. V. Gordon Childe: An Eminent Prehistorian', *The Times*, 12. 21 October, 1957.

TREVELYAN, G. M., *Illustrated English Social History*. 4 vols. London, Longmans, Green, 1949.

TRIGGER, B. G., *Time and Traditions: Essays in Archaeological Interpretation*. Edinburgh, Edinburgh University Press, 1978.

WHEATLEY, O. K., *Vere Gordon Childe-A Study of the Concepts He Employed for an Historical Interpretation of Archaeological Data*. Ms, 1972.

WHEELER, R. E. MORTIMER, 'Prof. V. Gordon Childe: Robust Influence in Study of the Past', *The Times*, 13. 23 October, 1957.

WILLEY, G. R., *Prehistoric Settlement Patterns in the Viru Valley, Peru*. Washington, Bureau of American Ethnology, Bulletin 135, 1953.

WILLEY, G. R. and P. PHILLIPS, Method and Theory in American Archaeology. Chicago, University of Chicago Press, 1958.

WILSON, DANIEL, *The Archaeology and Prehistoric Annals of Scotland*. London, Macmillan, 1851.

WINTERS, H. D., 'Value Systems and Trade Cycles of the Late Archaic in the Midwest', in *New Perspectives in Archaeology*, S. R. and L. R. Binford (eds). 175-221. Chicago, Aldine, 1968.

WOBST, H. M., 'The Archaeo-ethnology of Hunter-Gatherers or the Tyranny of the Ethnographic Record in Archaeology', *American Antiquity* 43: 303-9. 1978.

插图鸣谢

图 19　感谢罗伯特·布雷德伍德。

图 2　爱丁堡大学图书馆。

图 33　伦敦考古研究所，利维亚·摩尔根·布朗（Lyvia Morgan Brown）摄。

图 11、16、17、21、23、26、29、30、31　伦敦考古研究所提供的照片。

图 8、9　《皇家人类学研究所杂志》（*The Journal of the Royal Anthropological Institute*）卷 74。

图 22　扎罗斯拉夫·玛里纳（Jaroslav Malina）摄。

图 5　国家肖像画廊（National Portrait Gallery）。

图 32　奥利奥丹（S. P. O'Riordain）摄，感谢都柏林大学学院考古学系。

图 1、20、24、25、27　感谢斯图尔特·皮戈特提供的照片。

图 28　感谢科林·伦福儒提供的照片。

图 3　斯德哥尔摩瑞典国家遗产董事会（Riksantikvarieämbetet），ATA 照片。

图 7　承蒙劳特利奇 & 基根·保罗出版社（Routledge & Kegan

Paul Ltd）的许可复印。

图 13、14、15　皇家照片版权，苏格兰皇家古代纪念地物委员会。

图 12　皇家照片版权，承蒙苏格兰开发部（Scottish Development Department）的许可复制。

第 46 页的插图和第 78 页的地图由彼得·布里奇沃特（Peter Bridgewater）绘制。

索　引[*]

某页码后括号里的数字 2 或 3 是指该页里所谈论的话题有 2 或 3 个不同的参考文献。

---

* 页码为原书页码，即本书的边码。——译注

译后记

（一）

　　已经记不得确切的时间，大约是在 2010 年《考古学思想史》（第 2 版）中译本出版前后，我收到了何传坤先生的邮件，说他翻译了特里格的《柴尔德：考古学的革命》一书，不知是否能够在大陆找到出版的单位。由于《考古学思想史》的翻译、出版，我已经和谭徐锋先生建立起良好的关系，而且《柴尔德》一书也是特里格教授的一本名著，值得译介给中国考古学界。所以，我就把它介绍给了中国人民大学出版社，并期待着它的问世。

　　遗憾的是，2015 年 4 月听到了何先生离世的消息，颇感意外。因为之前不久，他还来复旦大学生命科学院参加谭婧泽老师的博士论文答辩，当时也未向他问及译稿的进展。后来，在 2016 年 11 月上海举行的中国人类学学会的会议上，我邂逅了前来参会的台中自然科学博物馆人类学家陈叔倬先生。他向我提及他受托对该书译稿进行校对的事情，感到比较棘手，因为该译稿漏译的内容很多。他请了一些学生参与，但由于对该书的学术背景和专业术语不很熟悉，难度很大，并问我是否能够帮忙。我当时因为课题尚未完成，实在是爱莫能助。

2018年9月，我收到了中国人民大学出版社王琬莹女士的邮件，提及该书译稿还有一些工作没有完成，希望我能够提供帮助，以便这本书能够顺利出版。当时，我的社科重大项目的最后两本译著已经基本完成，于是答应接手这本书稿的校对和后续工作。

在没有看到译稿之前，我对何传坤先生的英文和专业知识没有疑虑，只是担心台湾和大陆的中文表述会有所不同，特别是一些专业术语以及地名、人名在翻译习惯上会有较大差别。在收到译稿后，发现问题要比我想象的要大。首先，这本译稿漏译的部分非常多，各处加起来几近全书三分之一的篇幅。比如，原书的第三章有七节，他只翻译了"回归考古学"一节。译稿还全部略去了第五章"苏格兰考古学"，用第四章的"《青铜时代》"一节取而代之，以致体量完全不成比例。还有，书中涉及柴尔德的马克思主义倾向的论述多被略去，这可能反映了何先生作为台湾学者想淡化本书意识形态色彩的想法。柴尔德的马克思主义理论偏好主要反映在他采用诸如剩余产品、上层建筑和经济基础等概念，以及新石器革命和城市革命等术语来构建历史综述。而柴尔德的这些思想和理论正是值得我们学习的地方。其次，从技术上来看，译稿还只是非常粗糙的毛坯，几乎可以说是兴之所至，随手译来，对原书的章节编排和某些标题也有任意改动之处。原书的目录、前言、插图鸣谢、注释、索引和页码都没有翻译和标注。最后，何先生的中文表述和大陆的习惯还是很不相同。特别是在特里格教授的《考古学思想史》和《时间与传统》这两本著作的中译本出版后，这本译稿在表述、风格和术语上也需要保持一致。因此，这本译稿的后续工作不仅仅是补译或校对就能做好的。实际上，有时候校对还不如重译。所以，在征得王琬莹和何传坤夫人陈洁明女士的理解和同意之后，本人严格遵循原著，对译稿做了大幅度修订，与何传坤先生一起作为译者共同署名。

<h1 style="text-align:center">（二）</h1>

何传坤先生和我算是故旧了，1982 年从中国科学院古脊椎动物与古人类研究所硕士毕业后，我到上海复旦大学分校（后改为上海大学文学院）历史系任职。大约在 1984 年，我收到了何传坤先生的一封信，提及他将和美国考古学界泰斗路易斯·宾福德教授来华访问，拜访贾兰坡先生。基于中美学术交流考虑，他和宾福德计划邀请一些中国学者参加 1985 年 5 月初在美国丹佛召开的第 50 届美国考古学会年会，我当时也在他的邀请名单之中。会后，宾福德在他夫人南希·斯通女士和何先生的陪同下正式访华。就宾福德的计划而言，他想通过和贾兰坡先生的交流，能够在访问期间对周口店遗址出土的动物化石进行观察和再研究，以检验他根据埋藏学原理提出的另类解释，也即论证周口店的猿人洞可能并非中国猿人之家，许多动物骨骼堆积的动力乃至用火遗迹很可能为自然动力所造成。

但是，这次访问并没有按宾福德的预想进行，最后以不欢而散而告终。一方面这与宾福德对中国的国情一无所知有关，即他来中国访问，不大可能想要研究周口店的材料就能如愿以偿。中国学者开始只会做一种礼节性接待和交流，并对双方的合作意向做试探性的协商，不可能让外国学者一来就直接按自己的计划展开研究。访问期间，宾福德多次敦促何先生与中方交涉，希望能够按照他的原定计划把主要时间放在观察和研究周口店标本上。但是，中方的接待都是以参观和讲座为主，只安排了有限的时间让他简单观察考古标本。于是，宾福德因无法按计划达到访问目的而怀疑并迁怒于何传坤先生，认为他有私心而没有如实将自己的意图转告中国学者。其实，宾福德访华的行程都是中方事先安排好的，不会考虑他预设的研究计划。另一方面，当时中国刚改革开放不久，对国外的研究所知甚少，特别是宾福德从事的过程考古、中程理论以及埋藏学研究都为国人所不知，所以他的研究意义和价值并不会引起中国学者的重视。而且，宾福德对周口店的再研究完全是假设在先的演绎过程，希望能够观察实际材料来验证自己的假设和理论。但是，中国学者不可能理解过程考古学的这种演绎方法，而只会将这种假设视为一种设法否定自己既有成果和结论的不良企图。于是，宾福德在和贾兰坡交换意见过程中，直接就因意见不合而发生了激烈的冲突。贾先生后来也在国内《考古》杂志 1988年第 1 期上，针对宾福德和何传坤在美国《当代人类学》杂志 1985年第 26 卷第 4 期上发表的文章进行反驳。宾福德访华的失败对中国考古学而言是巨大的损失，两国学者的初次交流，无论在沟通上还是在理解上，相互之间都存在巨大的鸿沟。在某些回顾研究和对当时人的采访中，有人将这次失败的原因归咎于何先生与大陆学者沟通不力和另有打算，殊不知何先生对于大陆文化和学术传统而言，也是一个"旁人"或"外行"。宾福德想借助何先生的华人背景与中国学者沟通，但是中西学者在观念上和思想上的巨大鸿沟不是单凭双方语言之间的沟通就能轻易解决的。

1986 年，我赴加拿大麦吉尔大学留学，这也与何先生邀请我参加美国考古学会年会以及参观怀俄明大学、加州大学伯克利分校所留下的深刻印象有关。正是通过这次访问，我了解到了美国的新考古学，知道考古学方法除了类型学之外还有埋藏学、民族考古学和中程理论。宾福德在访华期间一共做了 12 场讲座，这些讲座都由何先生担任翻译。这些讲座内容对于改革开放不久的中国学界和高校师生来说，都是全新的和前所未闻的。虽然大家未必能够完全理解和消化宾福德所讲的内容，但是这些讲座给我国学界同人开启了一扇窗口，对世界考古学的发展有了一种具体的了解。

宾福德访华的失败也许是一种必然，因为不同文化传统相遇难免会发生冲突。虽然中国考古学是在 20 世纪初从西方传入的，但是在经过几十年的封闭发展之后已被我国自身的传统所同化和固化，其最大的特点就是成了历史学证经补史的工具。结果，这种被同化和固化的考古学范式在 80 年代重新与西方考古学相遇时，却将对方视为异类。由于不了解国际考古学范式变化的历史背景，于是在相当长的一段时间里，我国不少学者视美国新考古学为"旁门左道"而予以抵制，坚持认为我们从事的才是真正的和最纯粹的考古学。

《柴尔德：考古学的革命》这本书的翻译，正好为我们提供了反思传统的机会。因为，我国当初引入的考古学范式，就是柴尔德创立的文化历史考古学。阅读这本书，我们可以了解到柴尔德创立范式的背景和他个人的思想与努力。我们还可以了解到，我们所借鉴的文化历史考古学的范式只是模仿了他的一些主要概念和方法，如考古学文化和类型学，在一些定义和具体操作上并没有掌握其精髓。而且，柴尔德在建立文化历史考古学的范式之后，不断思考其缺点和不足之处，并试图加以完善。而这些变化和改进是我国学者所完全不了解的。虽然考古学文化和类型学成了我们的关键分析概念和方法，但是大家对这些概念和方法的来龙去脉以及优缺点不甚了解，过于刻板地用它来处理出土材料，以至于很少有人像欧美学者那样去思考和讨论其中的局限性和不足之处，这在一定程度上成为我们考古学理论方法进一步改善和提高的羁绊。

（三）

本书从开始翻译到完成几近十年，可谓历经了不少曲折。而初译者也已过世，本书也从一本期盼的成果变成了事后的纪念。雁过留声，在此也应该对初译者何传坤先生的生平稍费一些笔墨。何先生祖籍山东文登，1945 年 1 月出生于今韩国大邱市。在韩国完成小学和中学学业后，赴中国台湾读大学。1971 年毕业于台湾大学考古人类学系，就学期间随宋文薰教授参与台湾八仙洞旧石器洞穴的发掘，并修读李亦园教授的宗教人类学课程。他还在 1972 年至 1975 年参加了由张光直先生主持的"台湾省浊水溪与大肚溪流域考古调查计划"，后经张先生推荐赴美国华盛顿州立大学人类学系攻读硕士学位，1977年毕业后继续在该校人类学系攻读博士学位。他在美国留学期间经历了许多坎坷和辛苦。为了筹措学费和生活费，他寒假去拉斯维加斯打工，有时一天要打两份工。他曾在咖啡店烤过咖啡豆，也开过货车。

　　1982年春，宾福德前往华盛顿州立大学讲学和访问考古遗址，何先生与其相识。了解到宾福德对中国旧石器时代遗址特别是周口店感兴趣，何先生为宾福德收集和介绍了该遗址的研究情况，并合作在美国《当代人类学》杂志1985年第26卷第4期上联名发表了题为《远观埋藏学：周口店是北京人之家吗?》的论文，开启了上面提到的访华合作之行。何先生在与宾福德合作期间曾短暂在新墨西哥大学任职。宾福德访华失败后，他随即离开新墨西哥大学，于1992年返回台湾，就职于台中自然科学博物馆人类学组，后升任主任，一直到2010年退休。在任职期间和退休之后，何先生经常来往海峡两岸进行学术交流和访问，并指导大陆访台交流学生的学习和进修。在台中自然科学博物馆工作期间，何先生大力推动海峡两岸博物馆界和考古学界的交流，其中他经手和策划的大陆展览包括上海博物馆青铜器特展、上海博物馆良渚文化特展、秦兵马俑特展、秦代新出土文物大展——兵马俑特展、千古一帝秦始皇——地宫与兵马俑解密特展、沙漠中的明珠——敦煌石窟特展等。退休后，他积极推动博物馆文创产业的发展，努力提升博物馆教育水准，大力提倡文化遗产的保护，并促进人类学和考古学的公众教育。此外，何先生还与韩康信教授、谭婧泽副教授合作撰写了《中国远古开颅术》一书，2007年由复旦大学出版社出版。

　　译后记还要纪念的一个人，就是本书的作者布鲁斯·特里格教授，因为这本书是我第一次拜见特里格教授时获赠的礼物。1986年10月，我在经过了一个多月的延误之后到麦吉尔大学人类学系报到时，系办公室的罗斯玛丽女士让我约见特里格教授，当时他是负责全系研究生管理的老师。我在他办公室向他报到时，特里格教授说了一些表示欢迎和鼓励的话，然后从他书桌边的一摞书上拿了这本书，打开扉页，签上他的名字后送给我。当时，这本书离它的出版时间1980年已经过去了六年，能够得到这样的馈赠纯属意外和幸运。我后来知道，他自己门下以及与我同年入学的同学都没有获赠这本著作。

从本书前言可知柴尔德对特里格先生的影响。在他9岁时，他母亲将柴尔德的《历史发生了什么》作为送给他的第一本书。柴尔德这本书对于他的学术启蒙，以及他将一生献给考古学，并在考古学理论和哲学思辨上做出的巨大贡献有着密切的关系。张光直先生曾高度评价特里格教授"不仅有精深的见解，而且持论公平，不属于哪门哪派，对当代各种新旧说法都能客观地做正面、反面的检讨和批判、整理"。从特里格教授的许多论述和观点上，我们都能够发现柴尔德的影子。

（四）

我国考古学界目前流行的范式基本上仍然是柴尔德在20世纪初创立的文化历史考古学，其主要特点就是用类型学和地层学来构建考古学文化的发展序列，用传播论来追溯文化的来源和相互关系，并将文化作为族群的规范表现来处理，设法将有文献记载的族群和文化上溯到史前阶段。这一范式分别在20世纪60年代和80年代被过程考古学和后过程考古学所取代。虽然类型学和考古学文化在某种情况下仍然是处理经验性材料的一种手段，但是它们已经不再是考古学研究的核心问题。尽管柴尔德建立的范式已经时过境迁，然而他的学术馈赠仍然具有现实意义。在本书中，特里格探讨了柴尔德思想的原创性和生命力，以及许多远远超越时代的内容，这对于我们全面了解柴尔德的贡献和文化历史考古学的范式有很大的帮助。

在本书出版十二年后，伦敦大学考古研究所和英国史前学会在1992年5月主持召开了纪念柴尔德的学术讨论会，参会的都是国际著名的考古学家，包括英国的科林·伦福儒（Colin Renfrew）、迈克尔·罗兰兹（Michael Rowlands）、戴维·哈里斯（David Harris），美国的肯特·弗兰纳利（Kent V. Flannery），加拿大的布鲁斯·特里格（Bruce G. Trigger），澳大利亚的约翰·穆尔范尼（John Mulvaney），以及俄国的利奥·克莱因（Leo Klejn），等等。会后由戴维·哈里斯将各位学者的发言和文章整理成书，并以《柴尔德的考古学：当下的视角》的书名由芝加哥大学出版社和伦敦大学出版社于1994 年出版。

哈里斯为该书所写的前言，概括了这几位当代顶尖考古学家从不同角度对柴尔德成就的回顾和评价，以及其思想和方法对今天考古学研究的意义和价值。哈里斯认为，柴尔德的工作和生平实际上是史前学这门学科兴起过程的集中反映，他是第一位从整体上读懂欧洲史前史并将其延伸到近东的考古学家。当欧洲考古学家仍埋头梳理区域遗址、构建文化序列和年表的时候，柴尔德则具备了一种独到视野和能力，能将整个欧洲大陆的史前史作为一个整体来重建，并首次将近东的史前史梳理出一个头绪，对其做出全面的说明。柴尔德具有阅读多种语言的能力，这使他能够从欧洲各国的出版物中获得大量遗址的出土信息，将它们串联到一起，并做出全面的综述。特里格也提到，柴尔德具有一种过目不忘的非凡能力，能够发现相隔遥远的出土文物之间的共性，这是局地考古学家所难以察觉的。肯特·弗兰纳利认为，柴尔德是将混沌的考古学整理得井然有序的第一人。

但是并不令人意外，在放射性碳测年法出现之后，柴尔德用考古学文化和类型学建立的欧洲和近东史前史序列以及对大部分材料的时空解释基本上都被否定或得到了根本的修正。新增的材料也大大超过了他对出土文物的综述，他的阐释模式已被否定，或被认为是没有根据的。特里格指出，尽管柴尔德的阐释框架被否定，但是他的理论工作仍然对几代考古学家的视野以及考古学阐释的新方式带来启发，彼此之间产生共鸣。这就是柴尔德的思想在当下仍然具有价值，并在考古学史上占有重要一席之地的原因。

哈里斯总结了柴尔德理论工作的贡献以及与今天考古学的关系：(1) 考古学文化以及文化历史学方法的作用；(2) 文化进化论；(3) 对历史的马克思主义解释。在 1925 年《欧洲文明的曙光》一书中，柴尔德首先采用文化历史学方法，并结合传播论原理，使其成为世界流行的考古学阐释方式，并一直延续到 1960 年新考古学的兴起。他用考古材料的特征组合来定义考古学文化，并将文化等同于某个族群，希冀以此来构建欧洲的民族史。但是，他对考古学文化与族群的关系仍然采取一种谨慎态度，认为葬俗特点比较保守，可能在较长时间里体现族群的身份，但是工具和武器很容易在不同族群间传播，因此适宜用来建立文化关系。后来，柴尔德对采用这种方法是否能够将历史上所知的人群追溯到史前期日益感到怀疑。因此伦福儒指出，从这个意义而言，柴尔德仍然是一位历史特殊论者，他不愿意发展社会变迁的跨文化比较和归纳性研究，同时也漠视民族志证据的利用。虽然柴尔德摒弃了德国考古学家科西纳的种族主义观点，有时将族群的混合看作是一种充满活力的文化动态过程，但是他并未彻底放弃族群之间存在固有差异的看法。

柴尔德的第二项贡献是他的文化进化论，也即他最为原创和采纳最广的概念：新石器革命和城市革命。这两个概念最初在 1934 年的《最古老东方的新认识》中提出，然后在 1950 年发表的《城市革命》一文里得到完善。特里格提出，在 1920 年代末和 1930 年代初，柴尔德对以族群为基础的文化历史学方法产生了怀疑，开始转向从经济和技术来研究文化进化。这使得他将前后相继的新石器革命和城市革命的驱动力从人口、社会和政治变迁的角度来考量。这种社会进化是不可逆的，它通过人类的努力和创新而进步，而非由外来的力量所决定。结果，柴尔德逐渐变成了一位功能主义者，但不是一名环境和生态决定论者。柴尔德早期对经济和技术发明的关注，以及他对聚落形态及功能分析的先驱性工作，特别是他在苏格兰斯卡拉布雷等地的研究，使他成为 1960 年代过程考古学的先驱。正是柴尔德有关农业起源的"绿洲理论"和"城市革命"刺激了美国考古学家罗伯特·布雷德伍德（Robert J. Braidwood）开启了探索西亚农业起源的多学科探索，并促使美国考古学家理查德·麦克尼什（Richard MacNeish）和肯特·弗兰纳利相继探索中美洲的农业起源和文明起源。弗兰纳利认为，在将柴尔德的两大革命模式用到新大陆时，在它们之间应该加入一个"等级革命"（rank revolution），相当于酋邦阶段世袭等级化的出现。他还认为，在柴尔德提出的十大文明标准里，应该加入"战争"这一标准。特里格、伦福儒和罗兰兹都强调了柴尔德在一种整体的进化论框架中，将人类文化作为社会概念而非仅从其作为环境和技术背景的产物来进行构建的意义。伦福儒认为柴尔德在几个方面可谓过程考古学的先行者，但是需要对他的思想从进化论、过程论以及马克思主义思想方面进行区分。

柴尔德的第三项贡献是，用马克思主义理论来对社会变迁的历史做出阐释，这主要体现在他在《人类创造了自身》和《历史发生了什么》两书中用摩尔根的社会进化理论来编排欧洲和近东史前史的宏大综述。对马克思主义的偏好，说明了柴尔德文化历史考古学范式相对漠视环境和生态因素的原因。柴尔德在历史阐释上的这种原创性贡献，一方面是由于他早年对黑格尔和马克思哲学的偏好，一方面得益于他后来通过与苏联考古学家交往而获得的启发。但是柴尔德的马克思主义倾向在斯大林时代并未被苏联同行认可，反而被视为"一位危险的马克思主义者"。因为柴尔德对苏联学者教条主义地利用马克思主义来解释历史持严厉的批评态度，特别是其社会发展的单线进化理论。1940 年代和 1950 年代，出于对苏联考古学的日益失望，柴尔德开始转向从马克思主义的哲学思想来获取自己的灵感。他开始对人类行为采取一种较为全面的看法，比如采纳一种观念主义（idealism）的视角，承认观念是个人与其社会及自然环境之间互动的一种媒介。但是，总体上他是一名唯物主义者和理性主义者，强调考古学家能够通过了解过去文化如何发展来为考古学这门了解"进步的科学"做出贡献。

（五）

《柴尔德：考古学的革命》为我们提供了全面了解柴尔德思想发展以及文化历史考古学范式性质的一个背景。目前，文化历史考古学仍然是我国考古学研究的主导范式，类型学和考古学文化仍然是我们习用的概念与方法。如今，在文化历史考古学范式日趋式微和过程考古学与后过程考古学日益普及的情况下，我国考古学范式的更新和转型已经成为一种日益明显的趋势。

从上述本书的介绍可见，科学范式不是一成不变的东西，它会随时代的变化而发生变化，甚至出现革命。这种变化在柴尔德的身上就体现得淋漓尽致，他的思想反映了文化历史学、过程论、后过程论以及马克思主义哲学的交织和取代。对某种概念和方法的不满导致了对它们的持续反思和创新。虽然柴尔德的某些想法还只是一种萌芽，尚未成型，但是柴尔德生前的许多想法在他去世后的几十年里被学科的发展趋势所证实。这进一步证明了科林·伦福儒的论断：考古学史从根本上说是考古学思想的发展史。

中国考古学喜欢强调一统，还对自己有种盲目的自信。于是在一种范式固化后较难自我更新和改进，而且也很少有人设法另辟蹊径。因为这会被学界主流视为异端而遭到排斥。这和我们的专业训练只教授知识而不培养科学思辨和理性主义有关，老师希望学生掌握标准答案，提供的一些专业能力也只是局限于经验性技术（如陶片鉴定和分类、探方发掘和分层等），而非科学理论和逻辑思辨的训练。这使得培养出来的学生只具一种匠人水平，是照章办事的专业人才，无法成为科学开拓的先锋。

柴尔德说过，社会的进步来自不同文化的交流，封闭的文化是不可能发展的。这一教诲也适用于考古学学科本身的发展。柴尔德从古典学和语言学领域进入考古学，并对哲学有着很深的造诣。他从苏联考古学汲取有用的营养，但是又对其不足之处进行严厉批评。他从不故步自封，毕生进行着思考和反省。这是他的思想始终充满活力并对今天考古学发展仍具启发和现实意义的地方。

在去世前不久，柴尔德给他的一个朋友写了封信，要求这封信到1968年才能开封。在信里，柴尔德说到他害怕年迈，有自我了断的想法，并提到"生命最好在快乐和强壮的时候结束"。1957年10月19日，他攀登悉尼郊外的蓝山，在戈维特断崖上留下了自己的帽子、眼镜、烟斗以及风衣后，跳下300米深的悬崖。事后验尸官认为这是一场意外。当他写给朋友的那封信在1980年代发表之后，他的去世才被确证为自杀。这进一步证明了他写给伦敦大学考古研究所的《告别辞》是他的绝笔，在这篇文章里，他向考古界同行提出了这门学科发展方向的一些想法。其中，他提到，在年代学完善之后，对考古材料经济的、社会的以及最终的历史阐释，已经成为我们的一项主要任务。这会对人类历史做出很大的贡献，也将提升考古学的地位。

我觉得柴尔德在62年前写的这段话，正是我们中国考古学今天需要努力的方向。

陈淳

2019年5月22日

当代世界学术名著·第一批书目

心灵与世界	[美]约翰·麦克道威尔
科学与文化	[美]约瑟夫·阿伽西
从逻辑的观点看	[美]W.V.O.蒯因
自然科学的哲学	[美]卡尔·G·亨普尔
单一的现代性	[美]F.R.詹姆逊
本然的观点	[美]托马斯·内格尔
宗教的意义与终结	[加]威尔弗雷德·坎特韦尔·史密斯
帝国与传播	[加]哈罗德·伊尼斯
传播的偏向	[加]哈罗德·伊尼斯
世界大战中的宣传技巧	[美]哈罗德·D·拉斯韦尔
一个自由而负责的新闻界	[美]新闻自由委员会
机器新娘——工业人的民俗	[加]马歇尔·麦克卢汉
报纸的良知——新闻事业的原则和 　问题案例讲义	[美]利昂·纳尔逊·弗林特
传播与社会影响	[法]加布里埃尔·塔尔德
模仿律	[法]加布里埃尔·塔尔德
传媒的四种理论	[美]威尔伯·施拉姆 等
传播学简史	[法]阿芒·马特拉 等
受众分析	丹尼斯·麦奎尔
写作的零度	[法]罗兰·巴尔特
符号学原理	[法]罗兰·巴尔特
符号学历险	[法]罗兰·巴尔特
人的自我寻求	[美]罗洛·梅
存在——精神病学和心理学的新方向	[美]罗洛·梅
存在心理学——一种整合的临床观	[美]罗洛·梅
个人形成论——我的心理治疗观	[美]卡尔·R·罗杰斯
当事人中心治疗——实践、运用和理论	[美]卡尔·R·罗杰斯

万物简史	[美]肯·威尔伯
动机与人格(第三版)	[美]亚伯拉罕·马斯洛
历史与意志：毛泽东思想的哲学透视	[美]魏斐德
中国的共产主义与毛泽东的崛起	[美]本杰明·I·史华慈
毛泽东的思想	[美]斯图尔特·R·施拉姆
仪式过程——结构与反结构	维克多·特纳
人类学、发展与后现代挑战	凯蒂·加德纳,大卫·刘易斯
结构人类学	[法]克洛德·列维-斯特劳斯
野性的思维	[法]克洛德·列维-斯特劳斯
面具之道	[法]克洛德·列维-斯特劳斯
嫉妒的制陶女	[法]克洛德·列维-斯特劳斯
社会科学方法论	[德]马克斯·韦伯
无快乐的经济——人类获得满足的心理学	[美]提勃尔·西托夫斯基
不确定状况下的判断:启发式和偏差	[美]丹尼尔·卡尼曼 等
话语和社会心理学——超越态度与行为	[英]乔纳森·波特 等
社会网络分析发展史——一项科学社会学的研究	[美]林顿·C·弗里曼
自由之声——19世纪法国公共知识界大观	[法]米歇尔·维诺克
官僚制内幕	[美]安东尼·唐斯
公共行政的语言——官僚制、现代性和后现代性	[美]戴维·约翰·法默尔
公共行政的精神	[美]乔治·弗雷德里克森
公共行政的合法性——一种话语分析	[美]O.C.麦克斯怀特
后现代公共行政——话语指向	[美]查尔斯·J·福克斯 等
政策悖论:政治决策中的艺术(修订版)	[美]德博拉·斯通
行政法的范围	[新西兰]迈克尔·塔格特
法国行政法(第五版)	[英]L·赖维乐·布朗,约翰·S·贝尔
宪法解释:文本含义,原初意图与司法审查	[美]基思·E·惠廷顿

Gordon Childe: Revolutions in Archaeology

by Bruce G. Trigger

Published by arrangement with Thames and Hudson Ltd, London

ⓒ 1980Thames and Hudson Ltd, London

This edition first published in China in 2020 by China Renmin University Press Co. , Ltd, Beijing

Chinese edition ⓒ China Renmin University Press Co. , Ltd

All rights reserved.

图书在版编目(CIP)数据

柴尔德：考古学的革命/(加) 布鲁斯·特里格著；何传坤，陈淳译. —北京：中国人民大学出版社，2020.4
（当代世界学术名著）
ISBN 978-7-300-24008-4

Ⅰ.①柴… Ⅱ.①布…②何… Ⅲ.①戈登·柴尔德-人物研究 Ⅳ.
①K856.125.81

中国版本图书馆 CIP 数据核字（2017）第 021475 号

当代世界学术名著
柴尔德：考古学的革命
［加］布鲁斯·G. 特里格（Bruce G. Trigger）　著
何传坤　陈淳　译
Chai'erde：Kaoguxue de Geming

出版发行	**中国人民大学出版社**			
社　　址	北京中关村大街 31 号		**邮政编码**	100080
电　　话	010 - 62511242（总编室）		010 - 62511770（质管部）	
	010 - 82501766（邮购部）		010 - 62514148（门市部）	
	010 - 62515195（发行公司）		010 - 62515275（盗版举报）	
网　　址	http://www.crup.com.cn			
经　　销	新华书店			
印　　刷	北京宏伟双华印刷有限公司			
规　　格	155 mm×235 mm　16 开本		**版　　次**	2020 年 4 月第 1 版
印　　张	18 插页 2		**印　　次**	2020 年 4 月第 1 次印刷
字　　数	240 000		**定　　价**	59.00 元

版权所有　侵权必究　　印装差错　负责调换